TRANZLATY

El idioma es para todos

ภาษาเป็นสิ่งที่ทุกคนต้องการ

El llamado de lo salvaje

เสียงเพรียกจากพงไพร

Jack London
แจ็ค ลอนดอน

Español / ไทย

Hacia lo primitivo
เข้าสู่ความเป็นดั้งเดิม

Buck no leía los periódicos.
บัคไม่ได้อ่านหนังสือพิมพ์

Si hubiera leído los periódicos habría sabido que se avecinaban problemas.
ถ้าเขาอ่านหนังสือพิมพ์ เขาคงรู้ว่าปัญหากำลังเกิดขึ้น

Hubo problemas, no sólo para él sino para todos los perros de la marea.
มีปัญหาไม่เพียงแต่กับตัวเขาเองเท่านั้น

แต่กับสุนัขน้ำขึ้นน้ำลงทุกตัวด้วย

Todo perro con músculos fuertes y pelo largo y cálido iba a estar en problemas.
สุนัขทุกตัวที่มีกล้ามเนื้อแข็งแรงและมีขนยาวอบอุ่นจะต้องพบกับ

ปัญหาอย่างแน่นอน

Desde Puget Bay hasta San Diego ningún perro podía escapar de lo que se avecinaba.
ตั้งแต่ Puget Bay จนถึง San Diego

ไม่มีสุนัขตัวไหนหนีรอดจากสิ่งที่กำลังจะเกิดขึ้นได้

Los hombres, a tientas en la oscuridad del Ártico, encontraron un metal amarillo.
ชายคนหนึ่งกำลังคลำหาอะไรบางอย่างในความมืดของอาร์กติก

และพบโลหะสีเหลือง

Las compañías navieras y de transporte iban en busca del descubrimiento.
บริษัทเรือกลไฟและขนส่งกำลังติดตามการค้นพบนี้

Miles de hombres se precipitaron hacia el norte.

ผู้ชายนับพันกำลังรีบเร่งเข้าสู่ดินแดนตอนเหนือ

Estos hombres querían perros, y los perros que querían eran perros pesados.

ผู้ชายเหล่านี้ต้องการสุนัข

และสุนัขที่พวกเขาต้องการก็เป็นสุนัขตัวใหญ่

Perros con músculos fuertes para trabajar.

สุนัขที่มีกล้ามเนื้อแข็งแรงเพื่อใช้ทำงานหนัก

Perros con abrigos peludos para protegerlos de las heladas.

สุนัขที่มีขนยาวเพื่อปกป้องตัวเองจากน้ำค้างแข็ง

Buck vivía en una casa grande en el soleado valle de Santa Clara.

บัคอาศัยอยู่ในบ้านหลังใหญ่ในหุบเขาซานตาคลาราอันอบอุ่นไปด้วยแสงแดด

El lugar del juez Miller, se llamaba su casa.

บ้านของผู้พิพากษามิลเลอร์เรียกว่า

Su casa estaba apartada de la carretera, medio oculta entre los árboles.

บ้านของเขาตั้งอยู่ห่างจากถนนครึ่งหนึ่งซ่อนอยู่ท่ามกลางต้นไม้

Se podían ver destellos de la amplia terraza que rodeaba la casa.

สามารถมองเห็นระเบียงกว้างที่ทอดยาวไปรอบบ้านได้

Se accedía a la casa mediante caminos de grava.

บ้านหลังนี้เข้าถึงโดยทางเข้าที่เป็นกรวด

Los caminos serpenteaban a través de amplios prados.

เส้นทางคดเคี้ยวผ่านสนามหญ้าที่กว้างขวาง

Allá arriba se veían las ramas entrelazadas de altos álamos.

เหนือศีรษะมีกิ่งก้านของต้นป็อปลาร์สูงที่พันกัน

En la parte trasera de la casa las cosas eran aún más espaciosas.

บริเวณด้านหลังบ้านมีพื้นที่กว้างขวางมากยิ่งขึ้น

Había grandes establos, donde una docena de mozos de cuadra charlaban.

มีคอกม้าใหญ่ๆ มีคนดูแลม้านับสิบคนกำลังพูดคุยกัน

Había hileras de casas de servicio cubiertas de enredaderas.

มีบ้านพักคนรับใช้ที่สวมชุดเถาองุ่นเรียงรายกัน

Y había una interminable y ordenada serie de letrinas.

และมีห้องสุขาแบบเรียงรายอย่างเป็นระเบียบไม่สิ้นสุด

Largos parrales, verdes pastos, huertos y campos de bayas.

ซุ้มองุ่นยาว ทุ่งหญ้าสีเขียว สวนผลไม้ และแปลงผลเบอร์รี่

Luego estaba la planta de bombeo del pozo artesiano.

แล้วก็มีโรงงานสูบน้ำบาดาล

Y allí estaba el gran tanque de cemento lleno de agua.

และมีถังซีเมนต์ขนาดใหญ่ที่เต็มไปด้วยน้ำ

Aquí los muchachos del juez Miller dieron su chapuzón matutino.

ที่นี่ลูกๆ ของผู้พิพากษามิลเลอร์ลงเล่นน้ำในตอนเช้า

Y allí también se refrescaron en la calurosa tarde.

และพวกเขาก็คลายความร้อนในตอนบ่ายด้วย

Y sobre este gran dominio, Buck era quien lo gobernaba todo.

และเหนืออาณาจักรอันยิ่งใหญ่นี้ บัคคือผู้ปกครองมันทั้งหมด

Buck nació en esta tierra y vivió aquí todos sus cuatro años.

บัคเกิดบนดินแดนแห่งนี้และอาศัยอยู่ที่นี่เป็นเวลาสี่ปี

Efectivamente había otros perros, pero realmente no importaban.

จริงๆ แล้วมีสุนัขตัวอื่นด้วย แต่มันไม่ได้มีความสำคัญอะไรเลย

En un lugar tan vasto como éste se esperaban otros perros.

คาดว่าสุนัขตัวอื่นๆ จะอยู่ในที่กว้างใหญ่เช่นนี้

Estos perros iban y venían, o vivían dentro de las concurridas perreras.

สุนัขพวกนี้มาและไปหรืออาศัยอยู่ในคอกสุนัขที่พลุกพล่าน

Algunos perros vivían escondidos en la casa, como Toots e Ysabel.

สุนัขบางตัวอาศัยอยู่อย่างซ่อนๆ ในบ้าน เช่นเดียวกับที่ Toots และ

Ysabel ทำ

Toots era un pug japonés, Ysabel una perra mexicana sin pelo.

ทูทส์เป็นสุนัขพันธุ์ปั๊กญี่ปุ่น

และอิซาเบลเป็นสุนัขพันธุ์เม็กซิกันที่ไม่มีขน

Estas extrañas criaturas rara vez salían de la casa.

สิ่งมีชีวิตแปลกประหลาดเหล่านี้แทบจะไม่เคยออกไปนอกบ้านเล

ย

No tocaron el suelo ni olieron el aire libre del exterior.

พวกมันไม่ได้สัมผัสพื้นดิน หรือดมกลิ่นอากาศภายนอกเลย

También estaban los fox terriers, al menos veinte en número.

ยังมีสุนัขพันธุ์ฟ็อกซ์เทอร์เรียร์อย่างน้อย 20 ตัวด้วย

Estos terriers le ladraron ferozmente a Toots y a Ysabel dentro de la casa.

สุนัขเทอร์เรียร์พวกนี้เห่าทูทส์และอิซาเบลในบ้านอย่างดุร้าย

Toots e Ysabel se quedaron detrás de las ventanas, a salvo de todo daño.

ทูตส์และอิซาเบลอยู่หลังหน้าต่างปลอดภัยจากอันตราย

Estaban custodiados por criadas con escobas y trapeadores.

มีแม่บ้านพร้อมไม้กวาดและไม้ถูพื้นคอยดูแล

Pero Buck no era un perro de casa ni tampoco de perrera.

แต่บัคไม่ใช่สุนัขในบ้านและ ไม่ใช่สุนัขสำหรับเลี้ยงในกรงด้วย

Toda la propiedad pertenecía a Buck como su legítimo reino.

ทรัพย์สินทั้งหมดเป็นของบัคซึ่งถือเป็นกรรมสิทธิ์ของเขา

Buck nadaba en el tanque o salía a cazar con los hijos del juez.

บัคว่ายน้ำในถังหรือไปล่าสัตว์กับลูกชายของผู้พิพากษา

Caminaba con Mollie y Alice temprano o tarde.

เขาเดินเล่นกับมอลลี่และอลิซในช่วงเช้าหรือดึกๆ

En las noches frías yacía junto al fuego de la biblioteca con el juez.

ในคืนที่หนาวเย็น

เขาจะนอนหน้ากองไฟในห้องสมุดพร้อมกับผู้พิพากษา

Buck llevaba a los nietos del juez en su fuerte espalda.

บั๊กให้หลานชายของผู้พิพากษาขี่หลังอันแข็งแรงของเขา

Se revolcó en el césped con los niños, vigilándolos de cerca.

เขาพลิกตัวไปในหญ้ากับเด็กๆ โดยดูแลพวกเขาอย่างใกล้ชิด

Se aventuraron hasta la fuente e incluso pasaron por los campos de bayas.

พวกเขากล้าเสี่ยงไปที่น้ำพุและแม้แต่เลยทุ่งผลเบอร์รี่

Entre los fox terriers, Buck caminaba siempre con orgullo real.

ในบรรดาสุนัขพันธุ์ฟ็อกซ์เทอร์เรีย

บัคเดินไปด้วยความภาคภูมิใจเสมอ

Él ignoró a Toots y Ysabel, tratándolos como si fueran aire.

เขาเพิกเฉยต่อทูตส์และอิซาเบล

และปฏิบัติกับพวกเขาเหมือนพวกเขาเป็นอากาศ

Buck reinaba sobre todas las criaturas vivientes en la tierra del juez Miller.

บั๊กปกครองสิ่งมีชีวิตทั้งหมดบนดินแดนของผู้พิพากษามิลเลอร์

Él gobernaba a los animales, a los insectos, a los pájaros e incluso a los humanos.

พระองค์ทรงปกครองทั้งสัตว์ แมลง นก และแม้กระทั่งมนุษย์

El padre de Buck, Elmo, había sido un San Bernardo enorme y leal.

เอลโม พ่อของบัคเป็นเซนต์เบอร์นาร์ดตัวใหญ่และซื่อสัตย์

Elmo nunca se apartó del lado del juez y le sirvió fielmente.

เอลโมไม่เคยละทิ้งหน้าที่ของผู้พิพากษาและรับใช้เขาอย่างซื่อสัตย์

Buck parecía dispuesto a seguir el noble ejemplo de su padre.

บัคดูเหมือนจะพร้อมที่จะทำตามตัวอย่างอันสูงส่งของพ่อของเขา

Buck no era tan grande: pesaba ciento cuarenta libras.

บัคไม่ได้ตัวใหญ่มากนัก โดยมีน้ำหนักอยู่ถึงหนึ่งร้อยสี่สิบปอนด์

Su madre, Shep, había sido una excelente perra pastor escocesa.

แม่ของเขา ชื่อเชพ ซึ่งเป็นสุนัขเลี้ยงแกะสก็อตแลนด์ที่ดีมาก

Pero incluso con ese peso, Buck caminaba con presencia majestuosa.

แต่ถึงแม้จะมีน้ำหนักขนาดนั้น บัคก็ยังเดินได้อย่างสง่างาม

Esto fue gracias a la buena comida y al respeto que siempre recibió.

นี่มาจากอาหารที่ดีและความเคารพที่เขาได้รับเสมอ

Durante cuatro años, Buck había vivido como un noble mimado.

บัคใช้ชีวิตเหมือนขุนนางที่เอาแต่ใจมาตลอดสี่ปี

Estaba orgulloso de sí mismo y hasta era un poco egoísta.

เขาภูมิใจในตัวเองและมีความเห็นแก่ตัวนิดหน่อยด้วย

Ese tipo de orgullo era común entre los señores de países remotos.

ความภาคภูมิใจเช่นนั้นเป็นเรื่องธรรมดาในหมู่ขุนนางในชนบทห่าง ไกล

Pero Buck se salvó de convertirse en un perro doméstico mimado.

แต่บัคช่วยตัวเองไม่ให้ต้องกลายเป็นหมาบ้านที่ได้รับการเอาใจใส่

Se mantuvo delgado y fuerte gracias a la caza y el ejercicio.

เขารักษารูปร่างให้ผอมเพรียวและแข็งแรงด้วยการล่าสัตว์และออก กำลังกาย

Amaba profundamente el agua, como la gente que se baña en lagos fríos.

พระองค์ทรงรักน้ำอย่างมาก

เหมือนกับคนอาบน้ำในทะเลสาบที่เย็นยะเยือก

Este amor por el agua mantuvo a Buck fuerte y muy saludable.

ความรักที่มีต่อน้ำทำให้บัคแข็งแรงและมีสุขภาพแข็งแรงมาก

Éste era el perro en que se había convertido Buck en el otoño de 1897.

นี่คือสุนัขที่บัคกลายมาเป็นในช่วงฤดูใบไม้ร่วงปี พ.ศ. 2440

Cuando la huelga de Klondike arrastró a los hombres hacia el gélido Norte.

เมื่อการประท้วงของคลอนไดค์ดึงดูดผู้คนไปยังตอนเหนืออันหนา วเหน็บ

La gente acudió en masa desde todos los rincones del mundo hacia aquella tierra fría.

ผู้คนจากทั่วทุกมุมโลกแห่กันมายังดินแดนอันหนาวเย็น

Buck, sin embargo, no leía los periódicos ni entendía las noticias.

อย่างไรก็ตาม บัคไม่ได้อ่านหนังสือพิมพ์และไม่เข้าใจข่าวสารด้วย

Él no sabía que Manuel era un mal hombre con quien estar.

เขาไม่รู้ว่ามานูเอลเป็นคนไม่ดี

Manuel, que ayudaba en el jardín, tenía un problema profundo.

มานูเอลซึ่งช่วยงานในสวนมีปัญหาใหญ่มาก

Manuel era adicto al juego de la lotería china.

แมนนูเอลติดการพนันลอตเตอรี่จีน

También creía firmemente en un sistema fijo para ganar.

เขายังเชื่อมั่นอย่างยิ่งในระบบที่แน่นอนเพื่อการชนะ

Esa creencia hizo que su fracaso fuera seguro e inevitable.

ความเชื่อนั้นทำให้ความล้มเหลวของเขาเป็นเรื่องแน่นอนและไม่อาจหลีกเลี่ยงได้

Jugar con un sistema exige dinero, del que Manuel carecía.

การเล่นระบบต้องใช้เงิน ซึ่งมานูเอลไม่มี

Su salario apenas alcanzaba para mantener a su esposa y a sus numerosos hijos.

รายได้ของเขาแทบจะเลี้ยงภรรยาและลูกๆ หลายคนไม่ได้เลย

La noche en que Manuel traicionó a Buck, las cosas estaban normales.

ในคืนที่ Manuel ทรยศต่อ Buck ทุกอย่างก็เป็นปกติ

El juez estaba en una reunión de la Asociación de Productores de Pasas.

ผู้พิพากษาอยู่ที่การประชุมสมาคมผู้ปลูกลูกเกด

Los hijos del juez estaban entonces ocupados formando un club atlético.

ขณะนั้นบุตรชายของผู้พิพากษาได้ยุ่งอยู่กับการจัดตั้งชมรมกีฬา

Nadie vio a Manuel y Buck salir por el huerto.

ไม่มีใครเห็น Manuel และ Buck ออกจากสวนผลไม้ไป

Buck pensó que esta caminata era simplemente un simple paseo nocturno.

บัคคิดว่าการเดินเล่นครั้งนี้เป็นเพียงการเดินเล่นตอนกลางคืนธรรมดา

Se encontraron con un solo hombre en la estación de la bandera, en College Park.

พวกเขาพบชายคนเดียวที่สถานีธงในเมืองคอลเลจพาร์ค

Ese hombre habló con Manuel y intercambiaron dinero.

ชายคนนั้นพูดคุยกับมานูเอล และพวกเขาก็แลกเงินกัน

"Envuelva la mercancía antes de entregarla", sugirió.

"ห่อสินค้าให้เรียบร้อยก่อนที่จะส่งมอบ" เขาแนะนำ

La voz del hombre era áspera e impaciente mientras hablaba.

ชายคนนี้พูดด้วยน้ำเสียงแหบและใจร้อน

Manuel ató cuidadosamente una cuerda gruesa alrededor del cuello de Buck.

แมนนวลผูกเชือกเส้นหนาไว้รอบคอของบัคด้วยความระมัดระวัง

"Si retuerces la cuerda, lo estrangularás bastante"

"บิดเชือกสิ แล้วคุณจะรัดคอเขาจนขาดเป็นจุณ"

El extraño emitió un gruñido, demostrando que entendía bien.

ชายแปลกหน้าส่งเสียงครางออกมาเพื่อแสดงว่าเขาเข้าใจดี

Buck aceptó la cuerda con calma y tranquila dignidad ese día.

วันนั้นบัครับเชือกด้วยความสงบและสง่างาม

Fue un acto inusual, pero Buck confiaba en los hombres que conocía.

มันเป็นการกระทำที่ไม่ปกติ แต่บัคก็ยังไว้ใจคนที่เขารู้จัก

Él creía que su sabiduría iba mucho más allá de su propio pensamiento.

เขาเชื่อว่าภูมิปัญญาของพวกเขามีขอบเขตที่ไกลเกินกว่าความคิดของเขาเอง

Pero entonces la cuerda fue entregada a manos del extraño.

แต่ทันใดนั้นเชือกก็ถูกส่งไปอยู่ในมือของคนแปลกหน้า

Buck emitió un gruñido bajo que advertía con una amenaza silenciosa.

บัคส่งเสียงขู่ต่ำเพื่อเตือนด้วยความคุกคามอันเงียบสงบ

Era orgulloso y autoritario y quería mostrar su descontento.

เขาเป็นคนหยิ่งยะโสและชอบสั่งการและหมายความถึงการแสดงค

วามไม่พอพระทัย

Buck creyó que su advertencia sería entendida como una orden.

บัคเชื่อว่าคำเตือนของเขาจะได้รับการเข้าใจว่าเป็นคำสั่ง

Para su sorpresa, la cuerda se tensó rápidamente alrededor de su grueso cuello.

เชือกรัดรอบคออันหนาของเขาแน่นขึ้นจนทำให้เขาตกตะลึง

Se quedó sin aire y comenzó a luchar con una furia repentina.

อากาศของเขาถูกตัดและเขาเริ่มต่อสู้ด้วยความโกรธฉับพลัน

Saltó hacia el hombre, quien rápidamente se encontró con Buck en el aire.

เขาพุ่งเข้าหาชายคนนั้นซึ่งพบบัคอย่างรวดเร็วในกลางอากาศ

El hombre agarró la garganta de Buck y lo retorció hábilmente en el aire.

ชายคนนั้นคว้าคอของบัคและบิดเขาขึ้นไปในอากาศอย่างชำนาญ

Buck fue arrojado al suelo con fuerza, cayendo de espaldas.

บั๊กถูกโยนลงมาอย่างแรงจนล้มลงกับพื้น

La cuerda ahora lo estrangulaba cruelmente mientras él pateaba salvajemente.

เชือกรัดคอเขาอย่างโหดร้ายในขณะที่เขาเตะอย่างบ้าคลั่ง

Se le cayó la lengua, su pecho se agitó, pero no recuperó el aliento.

ลิ้นเขาหลุดออก หน้าอกเขาขึ้นลง แต่กลับหายใจไม่ได้

Nunca había sido tratado con tanta violencia en su vida.

เขาไม่เคยได้รับการปฏิบัติด้วยความรุนแรงเช่นนี้ในชีวิตของเขามา
ก่อน

Tampoco nunca antes se había sentido tan lleno de furia.

เขายังไม่เคยเต็มไปด้วยความโกรธแค้นลึกๆ เช่นนี้มาก่อน

Pero el poder de Buck se desvaneció y sus ojos se volvieron
vidriosos.

แต่พลังของบัคก็ค่อยๆ ลดลง

และดวงตาของเขาก็เปลี่ยนไปเป็นประกายแวววาว

Se desmayó justo cuando un tren se detuvo cerca.

เขาหมดสติไปพอดีกับตอนที่รถไฟกำลังโบกมือเรียก

Luego los dos hombres lo arrojaron rápidamente al vagón de
equipaje.

จากนั้นชายทั้งสองก็โยนเขาขึ้นรถสัมภาระอย่างรวดเร็ว

Lo siguiente que sintió Buck fue dolor en su lengua
hinchada.

สิ่งต่อไปที่บัครู้สึกคือความเจ็บปวดที่ลิ้นบวมของเขา

Se desplazaba en un carro tambaleante, apenas consciente.

เขากำลังเคลื่อนย้ายอยู่ในรถเข็นที่สั่นไหว

โดยยังมีสติอยู่บ้างเล็กน้อย

El agudo grito del silbato del tren le indicó a Buck su
ubicación.

เสียงหวูดรถไฟที่ดังแหลมทำให้บัครู้ตำแหน่งของเขา

Había viajado muchas veces con el Juez y conocía esa
sensación.

เขาเคยขี่ม้าร่วมกับผู้พิพากษาบ่อยครั้งและเข้าใจถึงความรู้สึกนั้น

Fue una experiencia única viajar nuevamente en un vagón
de equipajes.

เป็นความรู้สึกสะเทือนใจที่ไม่เหมือนใครของการเดินทางในรถบร

รทุกสัมภาระอีกครั้ง

Buck abrió los ojos y su mirada ardía de rabia.

บั๊กลืมตาขึ้นและจ้องมองอย่างโกรธจัด

Esta fue la ira de un rey orgulloso destronado.

นี่คือความโกรธของกษัตริย์ผู้ภาคภูมิใจที่ถูกปลดจากบัลลังก์

Un hombre intentó agarrarlo, pero Buck lo atacó primero.

ชายคนหนึ่งเอื้อมมือไปจะคว้าเขา แต่บัคกลับโจมตีก่อนแทน

Hundió los dientes en la mano del hombre y la sujetó con fuerza.

เขากัดลงบนมือของชายคนนั้นแล้วจับไว้แน่น

No lo soltó hasta que se desmayó por segunda vez.

เขาไม่ยอมปล่อยจนกระทั่งหมดสติไปเป็นครั้งที่สอง

—Sí, tiene ataques —murmuró el hombre al maletero.

"ใช่แล้ว มีอาการชัก" ชายคนนั้นพึมพำกับพนักงานขนสัมภาระ

El maletero había oído la lucha y se acercó.

คนขนสัมภาระได้ยินเสียงทะเลาะจึงเข้ามาใกล้

"Lo llevaré a Frisco para el jefe", explicó el hombre.

"ฉันจะพาเขาไปที่ฟริสโก้เพื่อพบเจ้านาย" ชายคนนั้นอธิบาย

"Allí hay un buen veterinario que dice poder curarlos".

"มีหมอสุนัขเก่งๆ

อยู่ที่นั่นซึ่งบอกว่าสามารถรักษาสุนัขเหล่านั้นได้"

Más tarde esa noche, el hombre dio su propio relato completo.

ต่อมาคืนนั้นชายคนนั้นก็เล่าเรื่องทั้งหมดของเขาเอง

Habló desde un cobertizo detrás de un salón en los muelles.

เขาพูดจากโรงเก็บของหลังร้านอาหารที่ท่าเรือ

"Lo único que me dieron fueron cincuenta dólares", se quejó al tabernero.

"ผมได้รับแค่ห้าสิบเหรียญเท่านั้น" เขาบ่นกับคนขายเหล้า

"No lo volvería a hacer ni por mil dólares en efectivo".

"ผมจะไม่ทำมันอีกแล้ว แม้จะได้เงินสดเป็นพันเหรียญก็ตาม"

Su mano derecha estaba fuertemente envuelta en un paño ensangrentado.

พระหัตถ์ขวาของพระองค์ถูกพันด้วยผ้าเปื้อนเลือดอย่างแน่นหนา

La pernera de su pantalón estaba abierta de par en par desde la rodilla hasta el pie.

ขาของกางเกงของเขาฉีกขาดตั้งแต่เข่าถึงเท้า

—¿Cuánto le pagaron al otro tipo? —preguntó el tabernero.

"แก้วอีกใบได้เงินเท่าไร" เจ้าของร้านถาม

"Cien", respondió el hombre, "no aceptaría ni un centavo menos".

"ร้อยเดียว" ชายคนนั้นตอบ "เขาไม่ยอมลดแม้แต่เซ็นต์เดียว"

—Eso suma ciento cincuenta —dijo el tabernero.

"นั่นก็เท่ากับหนึ่งร้อยห้าสิบ" คนขายเหล้ากล่าว

"Y él lo vale todo, o no soy más que un idiota".

"และเขาก็คุ้มค่าทั้งหมด ไม่เช่นนั้นฉันก็คงไม่ต่างจากคนโง่"

El hombre abrió los envoltorios para examinar su mano.

ชายคนนั้นเปิดผ้าพันแผลเพื่อตรวจสอบมือของเขา

La mano estaba gravemente desgarrada y cubierta de sangre seca.

มือฉีกขาดอย่างรุนแรงและมีคราบเลือดแห้งติดอยู่

"Si no consigo la hidrofobia…" empezó a decir.

"ถ้าฉันไม่เป็นโรคกลัวน้ำ…" เขาเริ่มพูด

"Será porque naciste para la horca", dijo entre risas.

"นั่นก็เพราะคุณเกิดมาเพื่อแขวนคอ" มีเสียงหัวเราะดังขึ้น

"Ven a ayudarme antes de irte", le pidieron.

"มาช่วยฉันหน่อยก่อนที่คุณจะไป" เขาถูกขอร้อง

Buck estaba aturdido por el dolor en la lengua y la garganta.

บัคอยู่ในอาการมึนงงจากความเจ็บปวดในลิ้นและลำคอ

Estaba medio estrangulado y apenas podía mantenerse en pie.

เขาถูกบีบคอจนเกือบขาด และแทบจะยืนตัวตรงไม่ได้

Aún así, Buck intentó enfrentar a los hombres que lo habían lastimado.

บัคยังคงพยายามเผชิญหน้ากับผู้ชายที่ทำร้ายเขาเช่นนี้

Pero lo derribaron y lo estrangularon una vez más.

แต่พวกนั้นกลับโยนเขาลงและรัดคอเขาอีกครั้ง

Sólo entonces pudieron quitarle el pesado collar de bronce.

จากนั้นพวกเขาจึงสามารถเลื่อยคอทองเหลืองอันหนักอึ้งของเขาออกได้

Le quitaron la cuerda y lo metieron en una caja.

พวกเขาถอดเชือกออกแล้วผลักเขาใส่กล่อง

La caja era pequeña y tenía la forma de una tosca jaula de hierro.

ลังนั้นมีขนาดเล็กและมีรูปร่างเหมือนกรงเหล็กหยาบๆ

Buck permaneció allí toda la noche, lleno de ira y orgullo herido.

บัคนอนอยู่ที่นั่นตลอดทั้งคืน

เต็มไปด้วยความโกรธและความภาคภูมิใจที่บอบช้ำ

No podía ni siquiera empezar a comprender lo que le estaba pasando.

เขาไม่สามารถเข้าใจได้ว่าเกิดอะไรขึ้นกับเขา

¿Por qué estos hombres extraños lo mantenían en esa pequeña caja?

เหตุใดชายแปลกหน้าเหล่านั้นถึงขังเขาไว้ในลังเล็กๆ นี้?

¿Qué querían de él y por qué este cruel cautiverio?

พวกเขาต้องการอะไรจากเขา

และทำไมจึงต้องถูกจองจำอย่างโหดร้ายเช่นนี้?

Sintió una presión oscura; una sensación de desastre que se acercaba.

เขารู้สึกถึงแรงกดดันอันมืดมน ความรู้สึกหายนะกำลังใกล้เข้ามา

Era un miedo vago, pero que se apoderó pesadamente de su espíritu.

มันเป็นความกลัวที่คลุมเครือ

แต่มันมีอิทธิพลอย่างมากต่อจิตวิญญาณของเขา

Saltó varias veces cuando la puerta del cobertizo vibró.

หลายครั้งที่เขากระโดดขึ้นเมื่อประตูโรงเก็บของสั่น

Esperaba que el juez o los muchachos aparecieran y lo rescataran.

เขาคาดหวังว่าผู้พิพากษาหรือเด็กๆ จะปรากฏตัวและช่วยเหลือเขา

Pero cada vez sólo se asomaba el rostro gordo del tabernero.

แต่มีเพียงใบหน้าอ้วนๆ

ของเจ้าของร้านเหล้าที่แอบมองเข้ามาข้างในทุกครั้ง

El rostro del hombre estaba iluminado por el tenue resplandor de una vela de sebo.

ใบหน้าของชายผู้นี้ส่องสว่างด้วยแสงเทียนไขอันริบหรี่

Cada vez, el alegre ladrido de Buck cambiaba a un gruñido bajo y enojado.

แต่ละครั้ง

เสียงเห่าอย่างสนุกสนานของบัคก็จะเปลี่ยนเป็นเสียงคำรามต่ำๆ

ด้วยความโกรธ

El tabernero lo dejó solo durante la noche en el cajón.

เจ้าของร้านปล่อยให้เขาอยู่คนเดียวในกรงทั้งคืน

Pero cuando se despertó por la mañana, venían más hombres.

แต่เมื่อเขาตื่นขึ้นมาในตอนเช้าก็มีชายอีกหลายคนเข้ามา

Llegaron cuatro hombres y recogieron la caja con cuidado y sin decir palabra.

ชายสี่คนเข้ามาหยิบลังขึ้นอย่างระมัดระวังโดยไม่พูดอะไร

Buck supo de inmediato en qué situación se encontraba.

บัครู้ทันทีถึงสถานการณ์ที่เขาพบว่าตนเองกำลังเผชิญอยู่

Eran otros torturadores contra los que tenía que luchar y a los que tenía que temer.

พวกมันคือสิ่งทรมานอีกประการหนึ่งที่เขาต้องต่อสู้และหวาดกลัว

Estos hombres parecían malvados, andrajosos y muy mal arreglados.

ผู้ชายพวกนี้ดูชั่วร้าย ทรุดโทรม และดูแลตัวเองไม่ดีเลย

Buck gruñó y se abalanzó sobre ellos ferozmente a través de los barrotes.

บัคขู่คำรามและพุ่งเข้าหาพวกเขาอย่างดุร้ายผ่านลูกกรง

Ellos simplemente se rieron y lo golpearon con largos palos de madera.

พวกเขาเพียงแต่หัวเราะและแทงเขาด้วยไม้ยาวๆ

Buck mordió los palos y luego se dio cuenta de que eso era lo que les gustaba.

บัคกัดไม้แล้วรู้ว่านั่นคือสิ่งที่พวกเขาชอบ

Así que se quedó acostado en silencio, hosco y ardiendo de rabia silenciosa.

จึงได้นอนลงอย่างเงียบๆ

ด้วยอาการบูดบึ้งและโกรธจัดอย่างเงียบๆ

Subieron la caja a un carro y se fueron con él.

พวกเขาจึงยกลังใส่เกวียนแล้วขับออกไปกับเขา

La caja, con Buck encerrado dentro, cambiaba de manos a menudo.

ลังที่บัคถูกล็อคอยู่ข้างในเปลี่ยนมือบ่อยครั้ง

Los empleados de la oficina exprés se hicieron cargo de él y lo atendieron brevemente.

เจ้าหน้าที่สำนักงานเอ็กซ์เพรสเข้ามาดูแลและดูแลเขาสั้นๆ

Luego, otro carro transportó a Buck a través de la ruidosa ciudad.

จากนั้นรถบรรทุกอีกคันก็บรรทุกบัคข้ามเมืองที่วุ่นวาย

Un camión lo llevó con cajas y paquetes a un ferry.

รถบรรทุกได้นำเขาพร้อมกล่องและพัสดุขึ้นเรือข้ามฟาก

Después de cruzar, el camión lo descargó en una estación ferroviaria.

เมื่อข้ามไปแล้ว รถบรรทุกก็ได้ขนเขาลงจากรถไฟที่สถานีรถไฟ

Finalmente, colocaron a Buck dentro de un vagón expreso que lo esperaba.

ในที่สุด บัคก็ถูกวางลงในรถด่วนที่กำลังรออยู่

Durante dos días y dos noches, los trenes arrastraron el vagón expreso.

รถไฟได้นำรถด่วนออกไปเป็นเวลาสองวันสองคืน

Buck no comió ni bebió durante todo el doloroso viaje.

บัคไม่ได้กินหรือดื่มอะไรเลยตลอดการเดินทางอันแสนเจ็บปวด

Cuando los mensajeros expresos intentaron acercarse a él, gruñó.

เมื่อผู้ส่งสารด่วนพยายามเข้าใกล้เขา เขาก็คำราม

Ellos respondieron burlándose de él y molestándolo cruelmente.

พวกเขาตอบโต้เขาด้วยการล้อเลียนและล้อเลียนเขาอย่างโหดร้าย

Buck se arrojó contra los barrotes, echando espuma y temblando.

บัคโยนตัวเองไปที่ลูกกรง มีฟองและสั่น

Se rieron a carcajadas y se burlaron de él como matones del patio de la escuela.

พวกเขาหัวเราะเสียงดัง

และเยาะเย้ยเขาเหมือนกับนักเลงในโรงเรียน

Ladraban como perros de caza y agitaban los brazos.

พวกมันเห่าเหมือนสุนัขปลอมและโบกแขนไปมา

Incluso cantaron como gallos sólo para molestarlo más.

พวกมันยังขันเหมือนไก่ตัวผู้เพื่อทำให้เขาหงุดหงิดมากยิ่งขึ้น

Fue un comportamiento tonto y Buck sabía que era ridículo.

นั่นเป็นพฤติกรรมที่โง่เขลาและบัคก็รู้ว่ามันไร้สาระ

Pero eso sólo profundizó su sentimiento de indignación y vergüenza.

แต่สิ่งนั้นกลับยิ่งทำให้เขารู้สึกโกรธและอับอายมากขึ้น

Durante el viaje no le molestó mucho el hambre.

เขาไม่กังวลเกี่ยวกับความหิวมากนักตลอดการเดินทาง

Pero la sed traía consigo un dolor agudo y un sufrimiento insoportable.

แต่ความกระหายนำมาซึ่งความเจ็บปวดอย่างรุนแรงและความทุกข์ทรมานที่ไม่อาจทนทานได้

Su garganta y lengua secas e inflamadas ardían de calor.

คอและลิ้นของเขาที่แห้งและอักเสบร้อนผ่าว

Este dolor alimentó la fiebre que crecía dentro de su orgulloso cuerpo.

ความเจ็บปวดนี้กระตุ้นให้ไข้เพิ่มขึ้นในร่างกายอันภาคภูมิใจของเขา

Buck estuvo agradecido por una sola cosa durante esta prueba.

บัครู้สึกขอบคุณสำหรับสิ่งๆ เดียวในระหว่างการพิจารณาคดีครั้งนี้

Le habían quitado la cuerda que le rodeaba el grueso cuello.

เชือกถูกดึงออกจากรอบคออันหนาของเขา

La cuerda había dado a esos hombres una ventaja injusta y cruel.

เชือกได้ทำให้คนเหล่านั้นได้เปรียบอย่างไม่ยุติธรรมและโหดร้าย

Ahora la cuerda había desaparecido y Buck juró que nunca volvería.

ตอนนี้เชือกก็หายไปแล้ว และบัคสาบานว่ามันจะไม่กลับมาอีก

Decidió que nunca más volvería a pasarle una cuerda al cuello.

เขาตั้งใจว่าจะไม่มีเชือกมาพันคอเขาอีกต่อไป

Durante dos largos días y noches sufrió sin comer.

เขาทนทุกข์ทรมานโดยไม่ได้กินอาหารเป็นเวลาสองวันสองคืนอันยาวนาน

Y en esas horas se fue acumulando en su interior una rabia enorme.

และในช่วงเวลานั้น เขาก็ได้สะสมความโกรธอันรุนแรงไว้ภายใน

Sus ojos se volvieron inyectados en sangre y salvajes por la ira constante.

ดวงตาของเขาแดงก่ำและดุร้ายจากความโกรธอย่างต่อเนื่อง

Ya no era Buck, sino un demonio con mandíbulas chasqueantes.

เขาไม่ใช่บั๊กอีกต่อไป แต่เป็นปีศาจที่มีขากรรไกรงับ

Ni siquiera el juez habría reconocido a esta loca criatura.

แม้กระทั่งผู้พิพากษาก็คงไม่รู้จักสิ่งมีชีวิตที่บ้าคลั่งตัวนี้

Los mensajeros exprés suspiraron aliviados cuando llegaron a Seattle.

ผู้ส่งสารด่วนถอนหายใจด้วยความโล่งใจเมื่อถึงซีแอตเทิล

Cuatro hombres levantaron la caja y la llevaron a un patio trasero.

ผู้ชายสี่คนยกลังและเอาไปไว้ที่สนามหลังบ้าน

El patio era pequeño, rodeado de muros altos y sólidos.

สนามหญ้ามีขนาดเล็กล้อมรอบด้วยกำแพงสูงและแข็งแรง

Un hombre corpulento salió con una camisa roja holgada.

ชายร่างใหญ่คนหนึ่งก้าวออกมาด้วยเสื้อเชิ้ตสเวตเตอร์สีแดงหลวม ๆ

Firmó el libro de entrega con letra gruesa y atrevida.

เขาเซ็นสมุดส่งของด้วยมือที่หนาและหนา

Buck sintió de inmediato que este hombre era su próximo torturador.

บัครู้สึกทันทีว่าผู้ชายคนนี้คือผู้ทรมานเขาคนต่อไป

Se abalanzó violentamente contra los barrotes, con los ojos rojos de furia.

เขาพุ่งเข้าหาลูกกรงอย่างรุนแรง ดวงตาแดงก่ำด้วยความโกรธ

El hombre simplemente sonrió oscuramente y fue a buscar un hacha.

ชายผู้นั้นเพียงแต่ยิ้มอย่างมืดมนแล้วเดินไปเอาขวานมา

También traía un garrote en su gruesa y fuerte mano derecha.

เขายังนำไม้กระบองมาในมือขวาที่หนาและแข็งแรงของเขาด้วย

"¿Vas a sacarlo ahora?" preguntó preocupado el conductor.

"คุณจะพาเขาออกไปตอนนี้เลยไหม"

คนขับรถถามด้วยความเป็นห่วง

—Claro —dijo el hombre, metiendo el hacha en la caja a modo de palanca.

"แน่นอน" ชายคนนั้นพูดพร้อมกับยัดขวานลงในลังเหมือนคันโยก

Los cuatro hombres se dispersaron instantáneamente y saltaron al muro del patio.

ชายทั้งสี่แยกย้ายกันทันทีและกระโดดขึ้นไปบนกำแพงสนาม

Desde sus lugares seguros arriba, esperaban para observar el espectáculo.

จากจุดปลอดภัยด้านบน พวกเขารอชมปรากฏการณ์นี้

Buck se abalanzó sobre la madera astillada, mordiéndola y sacudiéndola ferozmente.

บัคพุ่งเข้าหาไม้ที่แตกเป็นเสี่ยง ๆ กัดและสั่นอย่างรุนแรง

Cada vez que el hacha golpeaba la jaula, Buck estaba allí para atacarla.

ทุกครั้งที่ขวานกระทบกรง บัคก็จะอยู่ที่นั่นเพื่อโจมตีมัน

Gruñó y chasqueó los dientes con furia salvaje, ansioso por ser liberado.

เขาขู่และขู่ตะคอกด้วยความโกรธอย่างรุนแรง

ต้องการที่จะเป็นอิสระ

El hombre que estaba afuera estaba tranquilo y firme, concentrado en su tarea.

ชายข้างนอกดูสงบและมั่นคง มุ่งมั่นกับภารกิจของเขา

"Muy bien, demonio de ojos rojos", dijo cuando el agujero fue grande.

"งั้นก็ดี เจ้าปีศาจตาแดงก่ำ" เขากล่าวขณะที่รูนั้นใหญ่มาก

Dejó caer el hacha y tomó el garrote con su mano derecha.

เขาปล่อยขวานแล้วหยิบไม้กระบองในมือขวา

Buck realmente parecía un demonio; con los ojos inyectados en sangre y llameantes.

บัคดูเหมือนปีศาจจริงๆ ตาของเขาแดงก่ำและเป็นประกาย

Su pelaje se erizó, le salía espuma por la boca y sus ojos brillaban.

เสื้อคลุมของเขามีขนขึ้น มีฟองขึ้นที่ปาก ดวงตาเป็นประกาย

Tensó los músculos y se lanzó directamente hacia el suéter rojo.

เขาเกร็งกล้ามเนื้อแล้วพุ่งตรงไปที่เสื้อสเวตเตอร์สีแดง

Ciento cuarenta libras de furia volaron hacia el hombre tranquilo.

ความโกรธหนักหนึ่งร้อยสี่สิบปอนด์พุ่งเข้าหาชายผู้สงบนิ่ง

Justo antes de que sus mandíbulas se cerraran, un golpe terrible lo golpeó.

ก่อนที่ขากรรไกรของเขาจะปิดลง ก็มีการโจมตีอันน่ากลัวเกิดขึ้น

Sus dientes chasquearon al chocar contra nada más que el aire.

ฟันของเขาสบกันโดยไม่มีอะไรนอกจากอากาศ

Una sacudida de dolor resonó a través de su cuerpo

ความเจ็บปวดสะเทือนไปทั่วร่างกาย

Dio una vuelta en el aire y se estrelló sobre su espalda y su costado.

เขาพลิกตัวในอากาศและล้มลงทั้งด้านหลังและด้านข้าง

Nunca antes había sentido el golpe de un garrote y no podía agarrarlo.

เขาไม่เคยรู้สึกถึงแรงกระแทกจากไม้กระบองมาก่อนและไม่สามารถคว้ามันไว้ได้

Con un gruñido estridente, mitad ladrido, mitad grito, saltó de nuevo.

เขาได้กระโจนอีกครั้ง โดยส่งเสียงแหลม ส่วนหนึ่งก็เห่า ส่วนหนึ่งก็กรี๊ดร้อง

Otro golpe brutal lo alcanzó y lo arrojó al suelo.

หมัดหนักอีกครั้งก็ฟาดเขาจนร่วงลงสู่พื้น

Esta vez Buck lo entendió: era el pesado garrote del hombre.

คราวนี้บัคเข้าใจแล้ว—มันคือไม้กระบองหนักของชายคนนั้น

Pero la rabia lo cegó y no pensó en retirarse.

แต่ความโกรธเข้าครอบงำเขาจนมองไม่เห็นอะไร

และเขาไม่คิดจะถอยหนี

Doce veces se lanzó y doce veces cayó.

เขาพุ่งตัวออกไปสิบสองครั้ง และล้มลงสิบสองครั้ง

El palo de madera lo golpeaba cada vez con una fuerza despiadada y aplastante.

กระบองไม้ฟาดเขาอย่างรุนแรงในแต่ละครั้ง

Después de un golpe feroz, se tambaleó hasta ponerse de pie, aturdido y lento.

หลังจากถูกโจมตีอย่างรุนแรงครั้งหนึ่ง

เขาก็เซลุกขึ้นยืนอย่างมึนงงและช้าๆ

Le salía sangre de la boca, de la nariz y hasta de las orejas.

เลือดไหลออกมาจากปาก จมูก และแม้กระทั่งหูของเขา

Su pelaje, otrora hermoso, estaba manchado de espuma sanguinolenta.

เสื้อคลุมอันสวยงามของเขาเคยเปื้อนไปด้วยฟองสีเลือด

Entonces el hombre se adelantó y le dio un golpe tremendo en la nariz.

จากนั้นชายคนนั้นก้าวขึ้นไปและโจมตีจมูกอย่างดุร้าย

La agonía fue más aguda que cualquier cosa que Buck hubiera sentido jamás.

ความทุกข์ทรมานนั้นรุนแรงกว่าสิ่งใดที่บัคเคยรู้สึก

Con un rugido más de bestia que de perro, saltó nuevamente para atacar.

ด้วยเสียงคำรามที่ดุร้ายยิ่งกว่าสุนัข เขาก็กระโจนเข้าโจมตีอีกครั้ง

Pero el hombre se agarró la mandíbula inferior y la torció hacia atrás.

แต่ชายคนนั้นจับขากรรไกรล่างของเขาไว้และบิดไปด้านหลัง

Buck se dio una vuelta de cabeza y volvió a caer con fuerza.

บัคพลิกหัวกลับหางและล้มลงอย่างแรงอีกครั้ง

Una última vez, Buck cargó contra él, ahora apenas capaz de mantenerse en pie.

บัควิ่งเข้าหาเขาเป็นครั้งสุดท้าย โดยตอนนี้แทบจะยืนไม่ไหวแล้ว

El hombre atacó con una sincronización experta, dando el golpe final.

ชายผู้นี้โจมตีด้วยจังหวะที่ชำนาญและโจมตีครั้งสุดท้ายได้สำเร็จ

Buck se desplomó en un montón, inconsciente e inmóvil.

บัคล้มลงเป็นกอง หมดสติและไม่ขยับตัว

"No es ningún inútil a la hora de domar perros, eso es lo que digo", gritó un hombre.

"เขาไม่ใช่คนไม่เอาไหนในการฝึกสุนัขหรอกนะ

นั่นคือสิ่งที่ฉันพูด" ชายคนหนึ่งตะโกน

"Druther puede quebrar la voluntad de un perro cualquier día de la semana".

"ดรูเทอร์สามารถทำลายความตั้งใจของสุนัขล่าเนื้อได้ทุกวันในสัป

ดาห์"

"¡Y dos veces el domingo!" añadió el conductor.

"และสองครั้งในวันอาทิตย์!" คนขับรถเสริม

Se subió al carro y tiró de las riendas para partir.

เขาขึ้นไปบนเกวียนแล้วดึงบังเหียนเพื่อออกเดินทาง

Buck recuperó lentamente el control de su conciencia.

บัคค่อยๆ กลับมาควบคุมสติของตัวเองได้อีกครั้ง

Pero su cuerpo todavía estaba demasiado débil y roto para moverse.

แต่ร่างกายของเขายังอ่อนแอและหักเกินกว่าจะขยับได้

Se quedó donde había caído, observando al hombre del suéter rojo.

เขานอนอยู่ตรงจุดที่เขาล้มลง

และมองดูชายที่สวมเสื้อกันหนาวสีแดง

"Responde al nombre de Buck", dijo el hombre, leyendo en voz alta.

"เขาตอบในนามของบัค" ชายคนนั้นพูดขณะอ่านออกเสียง

Citó la nota enviada con la caja de Buck y los detalles.

เขาอ้างจากบันทึกที่ส่งไปพร้อมกับลังของบัคและรายละเอียด

—Bueno, Buck, muchacho —continuó el hombre con tono amistoso—.

"เอาล่ะ บัค ลูกชายของฉัน" ชายคนนั้นพูดต่อด้วยน้ำเสียงเป็นมิตร

"Hemos tenido nuestra pequeña pelea y ahora todo ha terminado entre nosotros".

"เราทะเลาะกันนิดหน่อย และตอนนี้เรื่องระหว่างเราก็จบลงแล้ว"

"Tú has aprendido cuál es tu lugar y yo he aprendido cuál es el mío", añadió.

"คุณได้เรียนรู้สถานที่ของคุณแล้ว

และฉันก็ได้เรียนรู้สถานที่ของฉันแล้ว" เขากล่าวเสริม

"Sé bueno y todo irá bien y la vida será placentera".

"จงเป็นคนดี แล้วทุกอย่างจะดีไปเอง และชีวิตจะมีความสุข"

"Pero si te portas mal, te daré una paliza, ¿entiendes?"

"แต่ถ้าเธอไม่ดี ฉันจะกระทืบเธอจนแหลกสลาย เข้าใจไหม"

Mientras hablaba, extendió la mano y acarició la cabeza dolorida de Buck.

ในขณะที่เขาพูด

เขาก็เอื้อมมือออกไปและตบหัวที่ปวดเมื่อยของบัค

El cabello de Buck se erizó ante el toque del hombre, pero no se resistió.

ผมของบัคลุกขึ้นเมื่อถูกสัมผัสของชายคนนั้น แต่เขาไม่ได้ต่อต้าน

El hombre le trajo agua, que Buck bebió a grandes tragos.

ชายคนนั้นนำน้ำมาให้เขา ซึ่งบัคก็ดื่มจนหมดอีก

Luego vino la carne cruda, que Buck devoró trozo a trozo.

จากนั้นก็มาถึงเนื้อดิบซึ่งบัคกินเข้าไปทีละชิ้น

Sabía que estaba derrotado, pero también sabía que no estaba roto.

เขารู้ว่าเขาถูกตี แต่เขาก็รู้เช่นกันว่าเขาไม่ได้พ่ายแพ้

No tenía ninguna posibilidad contra un hombre armado con un garrote.

เขาไม่มีทางสู้กับคนถือไม้กระบองได้

Había aprendido la verdad y nunca olvidó esa lección.

เขาได้เรียนรู้ความจริงแล้วและเขาไม่เคยลืมบทเรียนนั้น

Esa arma fue el comienzo de la ley en el nuevo mundo de Buck.

อาวุธนั้นคือจุดเริ่มต้นของกฎหมายในโลกใหม่ของบัค

Fue el comienzo de un orden duro y primitivo que no podía negar.

มันคือจุดเริ่มต้นของคำสั่งอันเข้มงวดและดั้งเดิมที่เขาไม่สามารถปฏิเสธได้

Aceptó la verdad; sus instintos salvajes ahora estaban despiertos.

เขาได้ยอมรับความจริงแล้ว

ตอนนี้สัญชาตญาณดิบของเขาตื่นขึ้นแล้ว

El mundo se había vuelto más duro, pero Buck lo afrontó con valentía.

โลกนี้โหดร้ายขึ้น แต่บัคก็เผชิญหน้ากับมันอย่างกล้าหาญ

Afrontó la vida con nueva cautela, astucia y fuerza silenciosa.

เขาเผชิญชีวิตด้วยความระมัดระวัง ความฉลาด

และความแข็งแกร่งที่เงียบสงบ

Llegaron más perros, atados con cuerdas o cajas como había estado Buck.

มีสุนัขตัวอื่นๆ มาถึงเพิ่มเติม

โดยถูกมัดด้วยเชือกหรือถูกใส่ไว้ในลังเหมือนที่บัคเคยถูก

Algunos perros llegaron con calma, otros se enfurecieron y pelearon como bestias salvajes.

สุนัขบางตัวเข้ามาอย่างใจเย็น

บางตัวก็โกรธจัดและต่อสู้ดุร้ายราวกับสัตว์ป่า

Todos ellos quedaron bajo el dominio del hombre del suéter rojo.

พวกเขาทั้งหมดถูกนำมาอยู่ภายใต้การปกครองของชายเสื้อแดง

Cada vez, Buck observaba y veía cómo se desarrollaba la misma lección.

แต่ละครั้ง บัคจะเฝ้าดูและเห็นบทเรียนเดียวกันเกิดขึ้น

El hombre con el garrote era la ley, un amo al que había que obedecer.

ชายที่ถือกระบองคือผู้รักษากฎหมาย เป็นเจ้านายที่ต้องเชื่อฟัง

No necesitaba ser querido, pero sí obedecido.

เขาไม่จำเป็นต้องเป็นที่ชื่นชอบ แต่เขาต้องได้รับการเชื่อฟัง

Buck nunca adulaba ni meneaba la cola como lo hacían los perros más débiles.

บัคไม่เคยประจบสอพลอหรือส่ายหางเหมือนสุนัขที่อ่อนแอทำ

Vio perros que estaban golpeados y todavía lamían la mano del hombre.

เขาเห็นสุนัขที่ถูกตีแล้วยังเลียมือชายคนนั้น

Vio un perro que no obedecía ni se sometía en absoluto.

เขาเห็นสุนัขตัวหนึ่งที่ไม่เชื่อฟังหรือยอมจำนนเลย

Ese perro luchó hasta que murió en la batalla por el control.

สุนัขตัวนั้นต่อสู้จนกระทั่งถูกฆ่าในการต่อสู้เพื่อชิงอำนาจ

A veces, desconocidos venían a ver al hombre del suéter rojo.

บางครั้งจะมีคนแปลกหน้ามาพบชายสวมเสื้อสเวตเตอร์สีแดง

Hablaban en tonos extraños, suplicando, negociando y riendo.

พวกเขาพูดด้วยน้ำเสียงแปลกๆ วิงวอน ต่อรอง และหัวเราะ

Cuando se intercambiaba dinero, se iban con uno o más perros.

เมื่อแลกเงินกันแล้ว

พวกเขาก็ออกไปพร้อมกับสุนัขหนึ่งตัวหรือหลายตัว

Buck se preguntó a dónde habían ido esos perros, pues ninguno regresaba jamás.

บัคสงสัยว่าสุนัขพวกนี้หายไปไหน เพราะไม่มีตัวไหนกลับมาเลย

El miedo a lo desconocido llenaba a Buck cada vez que un hombre extraño se acercaba.

ความกลัวสิ่งที่ไม่รู้ทำให้บัครู้สึกทุกครั้งที่มีชายแปลกหน้าเข้ามา

Se alegraba cada vez que se llevaban a otro perro en lugar de a él mismo.

เขาดีใจทุกครั้งที่มีการนำสุนัขตัวอื่นไป แทนที่จะเป็นตัวเขาเอง

Pero finalmente, llegó el turno de Buck con la llegada de un hombre extraño.

แต่ในที่สุด

บัคก็มาถึงพร้อมกับการมาถึงของชายแปลกหน้าคนหนึ่ง

Era pequeño, fibroso y hablaba un inglés deficiente y decía palabrotas.

เขาเป็นคนตัวเล็ก ผอมบาง และพูดภาษาอังกฤษแบบงูๆ ปลาๆ

และพูดจาหยาบคาย

—¡Sacredam! —gritó cuando vio el cuerpo de Buck.

"ซาเครดัม!" เขาตะโกนเมื่อได้เห็นร่างของบัค

—¡Qué perro tan bravucón! ¿Eh? ¿Cuánto? —preguntó en voz alta.

"นั่นมันสุนัขขี้รังแกจริงๆ นะ เท่าไหร่" เขาถามออกไปดังๆ

"Trescientos, y es un regalo a ese precio".

"สามร้อยแล้วเขาก็เป็นของขวัญในราคานั้น"

—Como es dinero del gobierno, no deberías quejarte, Perrault.

"เพราะว่ามันเป็นเงินของรัฐบาล คุณไม่ควรบ่นนะ เพอร์โรลต์"

Perrault sonrió ante el trato que acababa de hacer con aquel hombre.

เพอร์โรลต์ยิ้มกับข้อตกลงที่เขาเพิ่งทำกับชายคนนั้น

El precio de los perros se disparó debido a la repentina demanda.

ราคาของสุนัขพุ่งสูงขึ้นเนื่องจากมีความต้องการที่เพิ่มขึ้นอย่างฉับ

พลัน

Trescientos dólares no era injusto para una bestia tan bella.

สามร้อยเหรียญถือว่าไม่ยุติธรรมสำหรับสัตว์ร้ายที่สวยงามเช่นนี้

El gobierno canadiense no perdería nada con el acuerdo

รัฐบาลแคนาดาจะไม่สูญเสียอะไรจากข้อตกลงนี้

Además sus despachos oficiales tampoco sufrirían demoras en el tránsito.

และการจัดส่งอย่างเป็นทางการของพวกเขาก็จะไม่ล่าช้าระหว่างก

ารขนส่ง

Perrault conocía bien a los perros y podía ver que Buck era algo raro.

เพอร์โรลต์รู้จักสุนัขเป็นอย่างดี และมองเห็นว่าบัคเป็นสิ่งหายาก

"Uno entre diez diez mil", pensó mientras estudiaba la complexión de Buck.

"หนึ่งในหมื่นหมื่น" เขาคิดขณะศึกษาหุ่นของบัค

Buck vio que el dinero cambiaba de manos, pero no mostró sorpresa.

บัคเห็นเงินเปลี่ยนมือแต่ก็ไม่แสดงอาการแปลกใจ

Pronto él y Curly, un gentil Terranova, fueron llevados lejos.

ในไม่ช้า เขาและเคอร์ลี่ สุนัขพันธุ์นิวฟันด์แลนด์ผู้ใจดี

ก็ถูกพาตัวไป

Siguieron al hombrecito desde el patio del suéter rojo.

พวกเขาเดินตามชายร่างเล็กมาจากลานบ้านของเสื้อสเวตเตอร์สีแดง

Esa fue la última vez que Buck vio al hombre con el garrote de madera.

นั่นเป็นครั้งสุดท้ายที่บัคได้เห็นชายที่ถือกระบองไม้

Desde la cubierta del Narwhal vio cómo Seattle se desvanecía en la distancia.

จากดาดฟ้าของเรือนาร์วาล เขาเฝ้าดูซีแอตเทิลค่อยๆ

เลือนหายไปในระยะไกล

También fue la última vez que vio las cálidas tierras del Sur.

นั่นยังเป็นครั้งสุดท้ายที่เขาได้เห็นดินแดนทางใต้อันอบอุ่นด้วย

Perrault los llevó bajo cubierta y los dejó con François.

เปอร์โรลต์พาพวกเขาไปใต้ดาดฟ้า

แล้วทิ้งพวกเขาไว้กับฟรานซัวส์

François era un gigante de cara negra y manos ásperas y callosas.

ฟรานซัวส์เป็นยักษ์ที่มีใบหน้าสีดำและมีมือที่หยาบกร้าน

Era oscuro y moreno, un mestizo francocanadiense.

เขามีผิวคล้ำและคล้ำ เป็นลูกครึ่งฝรั่งเศส-แคนาดา

Para Buck, estos hombres eran de un tipo que nunca había visto antes.

สำหรับบัค ผู้ชายพวกนี้เป็นคนที่เขาไม่เคยเห็นมาก่อน

En los días venideros conocería a muchos hombres así.

ในวันข้างหน้าเขาคงจะได้รู้จักผู้ชายประเภทนี้อีกหลายคน

No llegó a encariñarse con ellos, pero llegó a respetarlos.

เขาไม่ได้รักพวกเขาเลย แต่เขากลับเคารพพวกเขา

Eran justos y sabios, y no se dejaban engañar fácilmente por ningún perro.

พวกมันมีความยุติธรรมและฉลาด

และไม่โดนสุนัขตัวไหนหลอกได้ง่าย

Juzgaban a los perros con calma y castigaban sólo cuando lo merecían.

พวกเขาตัดสินสุนัขอย่างใจเย็นและลงโทษเมื่อสมควรเท่านั้น

En la cubierta inferior del Narwhal, Buck y Curly se encontraron con dos perros.

ที่ชั้นล่างของเรือนาร์วาล บัคและเคอร์ลี่ได้พบกับสุนัขสองตัว

Uno de ellos era un gran perro blanco procedente de la lejana y gélida región de Spitzbergen.

ตัวหนึ่งเป็นสุนัขสีขาวตัวใหญ่จากสปิทซ์เบอร์เกนที่แสนหนาวเหน็บที่อยู่ไกลออกไป

Una vez navegó con un ballenero y se unió a un grupo de investigación.

ครั้งหนึ่งเขาเคยล่องเรือกับเรือล่าปลาวาฬและเข้าร่วมกลุ่มสำรวจ

Era amigable de una manera astuta, deshonesta y tramposa.

เขาเป็นคนเป็นมิตรโดยมีเล่ห์เหลี่ยม ร้ายกาจ และมีเล่ห์เหลี่ยม

En su primera comida, robó un trozo de carne de la sartén de Buck.

ในมื้อแรกของพวกเขา เขาขโมยเนื้อชิ้นหนึ่งจากกระทะของบัค

Buck saltó para castigarlo, pero el látigo de François golpeó primero.

บัคกระโจนเข้าไปเพื่อจะลงโทษเขา

แต่แส้ของฟรานซัวส์กลับฟาดเข้าที่ก่อน

El ladrón blanco gritó y Buck recuperó el hueso robado.

โจรผิวขาวร้องตะโกน และบัคก็เอากระดูกที่ถูกขโมยไปคืนมา

Esa imparcialidad impresionó a Buck y François se ganó su respeto.

ความยุติธรรมนั้นสร้างความประทับใจให้บัค

และฟรานซัวส์ก็สมควรได้รับความเคารพจากเขา

El otro perro no saludó y no quiso recibir saludos a cambio.

สุนัขตัวอื่นไม่ทักทายเลย และไม่ต้องการการทักทายตอบแทนด้วย

No robaba comida ni olfateaba con interés a los recién llegados.

เขาไม่ได้ขโมยอาหารหรือดมกลิ่นผู้มาใหม่ด้วยความสนใจ

Este perro era sombrío y silencioso, melancólico y de movimientos lentos.

สุนัขตัวนี้มีลักษณะดุร้ายและเงียบขรึม

มีลักษณะมืดหม่นและเคลื่อนไหวช้า

Le advirtió a Curly que se mantuviera alejada simplemente mirándola fijamente.

เขาเตือนเคอร์ลี่ให้หลีกเลี่ยงด้วยการจ้องมองเธออย่างเฉยเมย

Su mensaje fue claro: déjenme en paz o habrá problemas.

ข้อความของเขานั้นชัดเจน: ปล่อยฉันไว้คนเดียว

ไม่เช่นนั้นจะมีปัญหาเกิดขึ้น

Se llamaba Dave y apenas se fijaba en su entorno.

เขาชื่อเดฟ และเขาแทบไม่ได้สังเกตสภาพแวดล้อมของเขาเลย

Dormía a menudo, comía tranquilamente y bostezaba de vez en cuando.

เขาหลับบ่อย กินอาหารเงียบๆ และหาวเป็นครั้งคราว

El barco zumbaba constantemente con la hélice golpeando debajo.

เรือส่งเสียงฮัมอย่างต่อเนื่องพร้อมกับใบพัดที่ตีอยู่ด้านล่าง

Los días pasaron con pocos cambios, pero el clima se volvió más frío.

วันเวลาผ่านไปโดยมีการเปลี่ยนแปลงเพียงเล็กน้อย

แต่สภาพอากาศกลับหนาวเย็นมากขึ้น

Buck podía sentirlo en sus huesos y notó que los demás también lo sentían.

บัคสามารถรู้สึกได้ในกระดูกของเขา

และสังเกตเห็นว่าคนอื่นก็รู้สึกเช่นกัน

Entonces, una mañana, la hélice se detuvo y todo quedó en silencio.

แล้วเช้าวันหนึ่งใบพัดก็หยุดและทุกอย่างก็นิ่งสงบ

Una energía recorrió la nave; algo había cambiado.

พลังงานบางอย่างพุ่งผ่านเรือ มีบางสิ่งบางอย่างที่เปลี่ยนไป

François bajó, les puso las correas y los trajo arriba.

ฟรานซัวส์ลงมา จับสายจูงพวกมัน และพาพวกมันขึ้นมา

Buck salió y encontró el suelo suave, blanco y frío.

บัคก้าวออกมาและพบว่าพื้นดินนุ่ม ขาว และเย็น

Saltó hacia atrás alarmado y resopló totalmente confundido.

เขากระโดดถอยกลับด้วยความตื่นตระหนกและผงะถอยด้วยความ

สับสนอย่างมาก

Una extraña sustancia blanca caía del cielo gris.

มีวัตถุสีขาวแปลกๆ ตกลงมาจากท้องฟ้าสีเทา

Se sacudió, pero los copos blancos seguían cayendo sobre él.

เขาส่ายตัว แต่เกล็ดสีขาวก็ยังคงตกลงมาบนตัวเขา

Olió con cuidado la sustancia blanca y lamió algunos trocitos helados.

เขาดมของเหลวสีขาวอย่างระมัดระวังและเลียน้ำแข็งสักสองสามชิ้น

El polvo ardió como fuego y luego desapareció de su lengua.

ผงเผาไหม้เหมือนไฟ จากนั้นก็หายไปจากลิ้นของเขา

Buck lo intentó de nuevo, desconcertado por la extraña frialdad que desaparecía.

บัคพยายามอีกครั้ง โดยรู้สึกสับสนกับความเย็นแปลกๆ ที่หายไป

Los hombres que lo rodeaban se rieron y Buck se sintió avergonzado.

ผู้ชายรอบๆ ตัวเขาต่างก็หัวเราะ และบัคก็รู้สึกเขินอาย

No sabía por qué, pero le avergonzaba su reacción.

เขาไม่รู้ว่าทำไม แต่เขาก็รู้สึกละอายกับปฏิกิริยาของตัวเอง

Fue su primera experiencia con la nieve y le confundió.

นั่นถือเป็นประสบการณ์ครั้งแรกของเขาเกี่ยวกับหิมะ และมันทำให้เขาสับสน

La ley del garrote y el colmillo
กฎแห่งคลับและเขี้ยว

El primer día de Buck en la playa de Dyea se sintió como una terrible pesadilla.

วันแรกของบัคที่ชายหาดไดอารู้สึกเหมือนฝันร้ายอันเลวร้าย

Cada hora traía nuevas sorpresas y cambios inesperados para Buck.

แต่ละชั่วโมงนำมาซึ่งความตกตะลึงใหม่ๆ

และการเปลี่ยนแปลงที่ไม่คาดคิดสำหรับบัค

Lo habían sacado de la civilización y lo habían arrojado a un caos salvaje.

เขาถูกดึงออกจากอารยธรรมและถูกโยนเข้าสู่ความโกลาหลวุ่นวาย

Aquella no era una vida soleada y tranquila, llena de aburrimiento y descanso.

นี่ไม่ใช่ชีวิตที่สดใส ขี้เกียจ และมีความเบื่อหน่ายและการพักผ่อน

No había paz, ni descanso, ni momento sin peligro.

ไม่มีความสงบ ไม่มีการพักผ่อน และไม่มีขณะใดที่ไม่มีอันตราย

La confusión lo dominaba todo y el peligro siempre estaba cerca.

ความสับสนครอบงำทุกสิ่ง และอันตรายก็อยู่ใกล้ตัวเสมอ

Buck tuvo que mantenerse alerta porque estos hombres y perros eran diferentes.

บัคต้องคอยระวังตัวอยู่เสมอเพราะผู้ชายและสุนัขเหล่านี้มีความแต

กต่างกัน

No eran de pueblos; eran salvajes y sin piedad.

พวกนั้นมิได้มาจากเมือง เป็นพวกป่าเถื่อนและไม่มีความเมตตา

Estos hombres y perros sólo conocían la ley del garrote y el colmillo.

พวกผู้ชายและสุนัขเหล่านี้รู้จักเพียงกฎของกระบองและเขี้ยวเท่านั้

น

Buck nunca había visto perros pelear como estos salvajes huskies.

บัคไม่เคยเห็นสุนัขต่อสู้กันเหมือนสุนัขไซบีเรียนฮัสกี้ป่าเถื่อนพวกนี้มาก่อน

Su primera experiencia le enseñó una lección que nunca olvidaría.

ประสบการณ์ครั้งแรกทำให้เขาได้รับบทเรียนที่เขาจะไม่มีวันลืม

Tuvo suerte de que no fuera él, o habría muerto también.

เขาโชคดีที่ไม่ใช่เขา ไม่เช่นนั้นเขาคงตายไปแล้ว

Curly fue el que sufrió mientras Buck observaba y aprendía.

เคอร์ลี่เป็นคนที่ต้องทนทุกข์ทรมานในขณะที่บัคเฝ้าดูและเรียนรู้

Habían acampado cerca de una tienda construida con troncos.

พวกเขาตั้งค่ายอยู่ใกล้กับร้านค้าที่สร้างด้วยท่อนไม้

Curly intentó ser amigable con un husky grande, parecido a un lobo.

เคอร์ลี่พยายามที่จะเป็นมิตรกับฮัสกี้ตัวใหญ่ที่คล้ายหมาป่า

El husky era más pequeño que Curly, pero parecía salvaje y malvado.

ฮัสกี้ตัวเล็กกว่าเคิร์ลลี่ แต่ดูดุร้ายและดุร้าย

Sin previo aviso, saltó y le abrió el rostro.

โดยไม่ทันได้ตั้งตัว เขาก็กระโดดและฟันหน้าของเธอออก

Sus dientes la atravesaron desde el ojo hasta la mandíbula en un solo movimiento.

ฟันของเขาตัดจากตาของเธอลงมาถึงขากรรไกรในครั้งเดียว

Así era como peleaban los lobos: golpeaban rápido y saltaban.

การต่อสู้ของหมาป่าเป็นแบบนี้ คือ

โจมตีอย่างรวดเร็วแล้วกระโดดหนี

Pero había mucho más que aprender de ese único ataque.
แต่ยังมีสิ่งที่ต้องเรียนรู้มากกว่าการโจมตีครั้งนั้น

Decenas de huskies entraron corriendo y formaron un círculo silencioso.
สุนัขฮัสกี้หลายสิบตัววิ่งเข้ามาและเดินเป็นวงกลมอย่างเงียบงัน

Observaron atentamente y se lamieron los labios con hambre.
พวกเขาดูอย่างใกล้ชิดและเลียริมฝีปากด้วยความหิวโหย

Buck no entendió su silencio ni sus miradas ansiosas.
บัคไม่เข้าใจความเงียบหรือสายตาที่กระตือรือร้นของพวกเขา

Curly se apresuró a atacar al husky por segunda vez.
เคอร์ลี่รีบวิ่งไปโจมตีฮัสกี้เป็นครั้งที่สอง

Él usó su pecho para derribarla con un movimiento fuerte.
เขาใช้หน้าอกของเขากระแทกเธอล้มลงด้วยการเคลื่อนไหวที่แข็งแกร่ง

Ella cayó de lado y no pudo levantarse más.
เธอล้มลงด้านข้างและไม่สามารถลุกขึ้นได้

Eso era lo que los demás habían estado esperando todo el tiempo.
นั่นคือสิ่งที่คนอื่น ๆ รอคอยมาตลอด

Los perros esquimales saltaron sobre ella, aullando y gruñendo frenéticamente.
สุนัขไซบีเรียนฮัสกี้กระโจนเข้าใส่เธอ

พร้อมส่งเสียงร้องโหยหวนและคำรามอย่างบ้าคลั่ง

Ella gritó cuando la enterraron bajo una pila de perros.
เธอกรีดร้องขณะที่พวกเขาฝังเธอไว้ใต้กองสุนัข

El ataque fue tan rápido que Buck se quedó paralizado por la sorpresa.

การโจมตีนั้นรวดเร็วมากจนทำให้บั๊กตกใจจนตัวแข็ง

Vio a Spitz sacar la lengua de una manera que parecía una risa.

เขาเห็นสปิทซ์แลบออกมาในลักษณะที่ดูเหมือนหัวเราะ

François cogió un hacha y corrió directamente hacia el grupo de perros.

ฟรานซัวส์คว้าขวานแล้ววิ่งตรงเข้าใส่กลุ่มสุนัข

Otros tres hombres usaron palos para ayudar a ahuyentar a los perros esquimales.

ชายอีกสามคนใช้ไม้กระบองช่วยตีฮัสกี้หนีไป

En sólo dos minutos, la pelea terminó y los perros desaparecieron.

เพียงสองนาทีการต่อสู้ก็สิ้นสุดลงและสุนัขก็หายไป

Curly yacía muerta en la nieve roja y pisoteada, con su cuerpo destrozado.

เคอร์ลี่นอนตายอยู่ใต้หิมะสีแดงที่ถูกเหยียบย่ำ

ร่างของเธอถูกฉีกขาดเป็นชิ้นเล็กชิ้นน้อย

Un hombre de piel oscura estaba de pie sobre ella, maldiciendo la brutal escena.

ชายผิวสีเข้มยืนอยู่เหนือเธอ พร้อมสาปแช่งฉากอันโหดร้าย

El recuerdo permaneció con Buck y atormentó sus sueños por la noche.

ความทรงจำนั้นยังคงอยู่กับบัคและหลอกหลอนความฝันของเขาใ

นตอนกลางคืน

Así era aquí: sin justicia, sin segundas oportunidades.

นั่นคือหนทางที่นี่ ไม่มีความยุติธรรม ไม่มีโอกาสแก้ตัว

Una vez que un perro caía, los demás lo mataban sin piedad.

เมื่อสุนัขตัวหนึ่งล้มลง สุนัขตัวอื่นก็จะฆ่ามันอย่างไม่ปรานี

Buck decidió entonces que nunca se permitiría caer.

บัคตัดสินใจแล้วว่าเขาจะไม่ยอมให้ตัวเองล้มลงอีก

Spitz volvió a sacar la lengua y se rió de la sangre.

สปิทซ์แลบลิ้นออกมาอีกครั้งแล้วหัวเราะเยาะเลือด

Desde ese momento, Buck odió a Spitz con todo su corazón.

ตั้งแต่นั้นเป็นต้นมา บัคก็เกลียดสปิทซ์สุดหัวใจ

Antes de que Buck pudiera recuperarse de la muerte de Curly, sucedió algo nuevo.

ก่อนที่บัคจะฟื้นจากการตายของเคอร์ลี่ มีสิ่งใหม่เกิดขึ้น

François se acercó y ató algo alrededor del cuerpo de Buck.

ฟรานซัวส์เข้ามาและรัดอะไรบางอย่างไว้รอบตัวของบัค

Era un arnés como los que usaban los caballos en el rancho.

มันเป็นสายรัดแบบที่ใช้กับม้าในฟาร์ม

Así como Buck había visto trabajar a los caballos, ahora él también estaba obligado a trabajar.

เมื่อบัคเห็นม้าทำงาน ตอนนี้เขาจึงถูกบังคับให้ทำงานด้วยเช่นกัน

Tuvo que arrastrar a François en un trineo hasta el bosque cercano.

เขาต้องดึงฟรานซัวส์บนเลื่อนเข้าไปในป่าใกล้ๆ

Después tuvo que arrastrar una carga de leña pesada.

จากนั้นเขาต้องดึงไม้ฟืนหนักๆ กลับมา

Buck era orgulloso, por eso le dolía que lo trataran como a un animal de trabajo.

บัครู้สึกภูมิใจ

แต่เขาก็รู้สึกเจ็บปวดที่ถูกปฏิบัติเหมือนเป็นสัตว์รับใช้

Pero él era sabio y no intentó luchar contra la nueva situación.

แต่เขาฉลาดและไม่พยายามต่อสู้กับสถานการณ์ใหม่

Aceptó su nueva vida y dio lo mejor de sí en cada tarea.

เขายอมรับชีวิตใหม่ของตนและทุ่มเทเต็มที่ในทุกๆ ภารกิจ

Todo en la obra le resultaba extraño y desconocido.

ทุกสิ่งเกี่ยวกับงานนั้นดูแปลกและไม่คุ้นเคยสำหรับเขา

Francisco era estricto y exigía obediencia sin demora.

ฟรานซัวส์เป็นคนเข้มงวดและเรียกร้องการเชื่อฟังโดยไม่ชักช้า

Su látigo garantizaba que cada orden fuera seguida al instante.

แส้ของเขาทำให้แน่ใจว่าคำสั่งทุกข้อจะถูกปฏิบัติตามทันที

Dave era el que conducía el trineo, el perro que estaba más cerca de él, detrás de Buck.

เดฟเป็นคนเข็นรถเลื่อน ส่วนสุนัขที่อยู่ใกล้รถเลื่อนที่สุดอยู่หลังบัค

Dave mordió a Buck en las patas traseras si cometía un error.

เดฟจะกัดบั๊กที่ขาหลังถ้าเขาทำผิดพลาด

Spitz era el perro líder, hábil y experimentado en su función.

สปิทซ์เป็นสุนัขผู้นำ มีทักษะและประสบการณ์ในบทบาทนี้

Spitz no pudo alcanzar a Buck fácilmente, pero aún así lo corrigió.

สปิทซ์ไม่สามารถเข้าถึงบัคได้อย่างง่ายดายแต่ก็ยังคงแก้ไขเขา

Gruñó con dureza o tiró del trineo de maneras que le enseñaron a Buck.

เขาขู่คำรามอย่างรุนแรงหรือดึงเลื่อนในลักษณะที่บั๊กสอน

Con este entrenamiento, Buck aprendió más rápido de lo que cualquiera de ellos esperaba.

ภายใต้การฝึกครั้งนี้ บัคเรียนรู้ได้เร็วกว่าที่พวกเขาคาดไว้

Trabajó duro y aprendió tanto de François como de los otros perros.

เขาทำงานหนักและเรียนรู้จากทั้งฟรานซัวส์และสุนัขตัวอื่นๆ

Cuando regresaron, Buck ya conocía los comandos clave.

เมื่อพวกเขากลับมา บัคก็รู้คำสั่งสำคัญแล้ว

Aprendió a detenerse al oír la palabra "ho" gracias a François.

เขาเรียนรู้ที่จะหยุดเมื่อได้ยินเสียง "โฮ" จากฟรานซัวส์

Aprendió cuando tenía que tirar del trineo y correr.

เขาได้เรียนรู้ว่าเมื่อใดที่เขาจะต้องดึงเลื่อนและวิ่ง

Aprendió a girar abiertamente en las curvas del camino sin problemas.

เขาเรียนรู้ที่จะเลี้ยวโค้งให้กว้างขึ้นโดยไม่ลำบาก

También aprendió a evitar a Dave cuando el trineo descendía rápidamente.

เขายังเรียนรู้ที่จะหลีกเลี่ยงเดฟเมื่อรถเลื่อนลงเขาอย่างรวดเร็ว

"Son perros muy buenos", le dijo orgulloso François a Perrault.

"พวกมันเป็นสุนัขที่ดีมาก"

ฟรานซัวส์บอกกับเปอร์โรลต์อย่างภาคภูมิใจ

"Ese Buck tira como un demonio. Le enseño rapidísimo".

"บัคนั่นดึงได้โคตรๆ—ฉันสอนมันได้เร็วมาก"

Más tarde ese día, Perrault regresó con dos perros husky más.

ในช่วงบ่ายวันนั้น เพอร์โรลต์กลับมาพร้อมกับสุนัขฮัสกี้อีกสองตัว

Se llamaban Billee y Joe y eran hermanos.

ชื่อของพวกเขาคือ บิลลี่ และ โจ และพวกเขาเป็นพี่น้องกัน

Venían de la misma madre, pero no se parecían en nada.

พวกมันมาจากแม่เดียวกัน แต่กลับไม่เหมือนกันเสียเลย

Billee era de carácter dulce y muy amigable con todos.

บิลลี่เป็นคนนิสัยดีและเป็นมิตรกับทุกคนมาก

Joe era todo lo contrario: tranquilo, enojado y siempre gruñendo.

โจเป็นคนตรงกันข้าม—เงียบ โกรธ และขู่คำรามตลอดเวลา

Buck los saludó de manera amigable y se mostró tranquilo con ambos.

บั๊กทักทายพวกเขาอย่างเป็นมิตรและสงบกับทั้งคู่

Dave no les prestó atención y permaneció en silencio como siempre.

เดฟไม่ได้สนใจพวกเขาและเงียบเหมือนเดิม

Spitz atacó primero a Billee, luego a Joe, para demostrar su dominio.

สปิทซ์โจมตีบิลลี่ก่อน จากนั้นจึงโจมตีโจ

เพื่อแสดงให้เห็นถึงความเหนือกว่าของเขา

Billee movió la cola y trató de ser amigable con Spitz.

บิลลี่กระดิกหางและพยายามที่จะเป็นมิตรกับสปิทซ์

Cuando eso no funcionó, intentó huir.

เมื่อวิธีนั้นไม่ได้ผล เขาก็พยายามวิ่งหนีแทน

Lloró tristemente cuando Spitz lo mordió fuerte en el costado.

เขาร้องไห้เสียใจเมื่อสปิทซ์กัดเขาอย่างแรงที่ด้านข้าง

Pero Joe era muy diferente y se negaba a dejarse intimidar.

แต่โจแตกต่างมากและปฏิเสธที่จะถูกกลั่นแกล้ง

Cada vez que Spitz se acercaba, Joe giraba rápidamente para enfrentarlo.

ทุกครั้งที่สปิทซ์เข้ามาใกล้

โจจะหมุนตัวเพื่อเผชิญหน้ากับเขาอย่างรวดเร็ว

Su pelaje se erizó, sus labios se curvaron y sus dientes chasquearon salvajemente.

ขนของเขามีขนแข็ง ริมฝีปากของเขาม้วนงอ

และฟันของเขาขบกันอย่างรุนแรง

Los ojos de Joe brillaron de miedo y rabia, desafiando a Spitz a atacar.

ดวงตาของโจเป็นประกายด้วยความกลัวและความโกรธ

ท้าให้สปิทซ์โจมตี

Spitz abandonó la lucha y se alejó, humillado y enojado.

สปิทซ์ยอมแพ้และหันกลับไปด้วยความอับอายและโกรธ

Descargó su frustración en el pobre Billee y lo ahuyentó.

เขาระบายความหงุดหงิดของเขากับบิลลี่ผู้น่าสงสารแล้วไล่เขาออก

ไป

Esa noche, Perrault añadió un perro más al equipo.

เย็นวันนั้น เพอร์โรลต์ได้เพิ่มสุนัขอีกตัวหนึ่งเข้ามาในทีม

Este perro era viejo, delgado y cubierto de cicatrices de batalla.

สุนัขตัวนี้แก่ ผอม และมีรอยแผลเป็นจากการสู้รบเต็มตัว

Le faltaba un ojo, pero el otro brillaba con poder.

ดวงตาข้างหนึ่งของเขาหายไป

แต่ข้างอื่นยังคงส่องประกายด้วยพลัง

El nombre del nuevo perro era Solleks, que significaba "el enojado".

ชื่อสุนัขตัวใหม่คือ Solleks ซึ่งแปลว่าผู้โกรธ

Al igual que Dave, Solleks no pidió nada a los demás y no dio nada a cambio.

เช่นเดียวกับเดฟ

โซลเลกส์ไม่ได้ขออะไรจากผู้อื่นและ ไม่ได้ให้สิ่งใดตอบแทนกลับ

มา

Cuando Solleks entró lentamente al campamento, incluso Spitz se mantuvo alejado.

เมื่อ Solleks เดินเข้าไปในค่ายอย่างช้าๆ แม้แต่ Spitz ก็ยังอยู่ห่างๆ

Tenía un hábito extraño que Buck tuvo la mala suerte de descubrir.

เขามีนิสัยแปลกๆ ที่บัคโชคไม่ดีที่ได้ค้นพบ

A Solleks le disgustaba que se acercaran a él por el lado donde estaba ciego.

โซลเลกส์เกลียดการถูกเข้าหาจากด้านที่เขาตาบอด

Buck no sabía esto y cometió ese error por accidente.

บัคไม่รู้เรื่องนี้และได้ทำผิดพลาดไปโดยไม่ได้ตั้งใจ

Solleks se dio la vuelta y cortó el hombro de Buck profunda y rápidamente.

โซลเลกส์หมุนตัวและฟันไหล่ของบัคอย่างรุนแรงและรวดเร็ว

A partir de ese momento, Buck nunca se acercó al lado ciego de Solleks.

ตั้งแต่นั้นเป็นต้นมา

บัคก็ไม่เคยเข้าใกล้ด้านที่มองไม่เห็นของโซเลกส์อีกเลย

Nunca volvieron a tener problemas durante el resto del tiempo que estuvieron juntos.

พวกเขาไม่เคยมีปัญหาอีกเลยตลอดเวลาที่เหลือที่พวกเขาอยู่ด้วยกัน

Solleks sólo quería que lo dejaran solo, como el tranquilo Dave.

โซลเลกส์ต้องการเพียงแค่อยู่คนเดียวเหมือนกับเดฟผู้เงียบขรึม

Pero Buck se enteraría más tarde de que cada uno tenía otro objetivo secreto.

แต่ในเวลาต่อมาบัคก็ได้รู้ว่าพวกเขาต่างก็มีเป้าหมายลับอีกอย่างหนึ่ง

Esa noche, Buck se enfrentó a un nuevo y preocupante desafío: cómo dormir.

คืนนั้นบัคต้องเผชิญกับความท้าทายใหม่ที่น่าหนักใจ

นั่นก็คือจะนอนหลับอย่างไร

La tienda brillaba cálidamente con la luz de las velas en el campo nevado.

เต็นท์ส่องสว่างอย่างอบอุ่นด้วยแสงเทียนในทุ่งหญ้าที่เต็มไปด้วยหิมะ

Buck entró, pensando que podría descansar allí como antes.

บัคเดินเข้าไปข้างใน

โดยคิดว่าเขาจะได้พักผ่อนที่นั่นได้เหมือนเดิม

Pero Perrault y François le gritaron y le lanzaron sartenes.

แต่เปอร์โรลต์และฟรองซัวส์ตะโกนใส่เขาและขว้างกระทะ

Sorprendido y confundido, Buck corrió hacia el frío helado.

บัคตกใจและสับสน จึงวิ่งออกไปท่ามกลางความหนาวเย็น

Un viento amargo le azotó el hombro herido y le congeló las patas.

ลมแรงพัดกระทบไหล่ที่บาดเจ็บของเขาและอุ้งเท้าของเขาจนแข็ง

Se tumbó en la nieve y trató de dormir al aire libre.

เขานอนลงบนหิมะและพยายามนอนหลับกลางแจ้ง

Pero el frío pronto le obligó a levantarse de nuevo, temblando mucho.

แต่ความหนาวเย็นก็บังคับให้เขาต้องลุกขึ้นอีกครั้งในขณะที่ตัวสั่นอย่างหนัก

Deambuló por el campamento intentando encontrar un lugar más cálido.

เขาเดินไปทั่วค่ายเพื่อพยายามหาจุดที่อบอุ่นกว่านี้

Pero cada rincón estaba tan frío como el anterior.

แต่ทุกมุมก็ยังคงหนาวเย็นเช่นเดิม

A veces, perros salvajes saltaban sobre él desde la oscuridad.

บางครั้งสุนัขป่าก็กระโดดเข้ามาหาเขาจากความมืด

Buck erizó su pelaje, mostró los dientes y gruñó en señal de advertencia.

บัคขยับขน ขู่ฟัน และขู่คำรามด้วยคำเตือน

Estaba aprendiendo rápido y los otros perros se alejaban rápidamente.

เขาเรียนรู้ได้เร็ว ในขณะที่สุนัขตัวอื่น ๆ ก็ถอยหนีอย่างรวดเร็ว

Aún así, no tenía dónde dormir ni idea de qué hacer.

แต่เขาก็ไม่มีที่นอน และไม่รู้ว่าจะทำอย่างไร

Por fin se le ocurrió una idea: ver cómo estaban sus compañeros de equipo.

ในที่สุด ความคิดก็ผุดขึ้นมาในใจเขา—

ลองตรวจดูเพื่อนร่วมทีมของเขาสิ

Regresó a su zona y se sorprendió al descubrir que habían desaparecido.

เขากลับไปยังพื้นที่ของพวกเขาและประหลาดใจเมื่อพบว่าพวกเขา

หายไป

Nuevamente buscó por todo el campamento, pero todavía no pudo encontrarlos.

เขาค้นหาในค่ายอีกครั้ง แต่ก็ยังไม่พบพวกเขา

Sabía que ellos no podían estar en la tienda, o él también lo estaría.

เขารู้ว่าพวกเขาไม่สามารถอยู่ในเต็นท์ได้

หรือเขาก็คงอยู่ในเต็นท์นั้นด้วย

Entonces ¿a dónde se habían ido todos los perros en este campamento helado?

แล้วสุนัขทั้งหมดหายไปไหนในค่ายน้ำแข็งนี้?

Buck, frío y miserable, caminó lentamente alrededor de la tienda.

บัคผู้เย็นชาและน่าสงสาร เดินวนไปรอบเต็นท์อย่างช้าๆ

De repente, sus patas delanteras se hundieron en la nieve blanda y lo sobresaltó.

ทันใดนั้น ขาหน้าของเขาจมลงไปในหิมะอ่อนๆ

และทำให้เขาตกใจ

Algo se movió bajo sus pies y saltó hacia atrás asustado.

มีสิ่งบางอย่างดิ้นอยู่ใต้เท้าของเขา

และเขาจึงกระโดดถอยหลังด้วยความกลัว

Gruñó y rugió sin saber qué había debajo de la nieve.

เขาขู่และคำรามโดยไม่รู้ว่ามีอะไรอยู่ใต้หิมะ

Entonces oyó un ladrido amistoso que alivió su miedo.

แล้วเขาก็ได้ยินเสียงเห่าเล็กๆ

เป็นมิตรซึ่งช่วยคลายความกลัวของเขาลง

Olfateó el aire y se acercó para ver qué estaba oculto.

เขาดมกลิ่นอากาศแล้วเข้ามาใกล้เพื่อดูว่ามีอะไรซ่อนอยู่

Bajo la nieve, acurrucada en una bola cálida, estaba la pequeña Billee.

ใต้หิมะ มีบิลลี่ตัวน้อยขดตัวเป็นลูกบอลอุ่นๆ

Billee movió la cola y lamió la cara de Buck para saludarlo.

บิลลี่กระดิกหางและเลียหน้าบัคเพื่อทักทายเขา

Buck vio cómo Billee había hecho un lugar para dormir en la nieve.

บัคเห็นว่าบิลลี่สร้างที่นอนบนหิมะ

Había cavado y usado su propio calor para mantenerse caliente.

เขาได้ขุดลงไปและใช้ความร้อนของตัวเองเพื่อให้ร่างกายอบอุ่น

Buck había aprendido ótra lección: así era como dormían los perros.

บัคได้เรียนรู้บทเรียนอีกบทหนึ่ง นั่นคือวิธีการนอนหลับของสุนัข

Eligió un lugar y comenzó a cavar su propio hoyo en la nieve.

เขาเลือกจุดแล้วเริ่มขุดหลุมในหิมะของตัวเอง

Al principio, se movía demasiado y desperdiciaba energía.

ในตอนแรกเขาเคลื่อนไหวมากเกินไปจึงเสียพลังงานโดยเปล่าประโยชน์

Pero pronto su cuerpo calentó el espacio y se sintió seguro.

แต่ไม่นานร่างกายของเขาก็รู้สึกอบอุ่นขึ้น และเขาก็รู้สึกปลอดภัย

Se acurrucó fuertemente y al poco tiempo estaba profundamente dormido.

เขาขดตัวแน่นและไม่นานเขาก็หลับสนิท

El día había sido largo y duro, y Buck estaba exhausto.

วันนั้นเป็นวันอันยาวนานและยากลำบาก และบัคก็เหนื่อยล้ามาก

Durmió profundamente y cómodamente, aunque sus sueños fueron salvajes.

เขาหลับได้สนิทและสบายแม้ว่าความฝันของเขาจะเต็มไปด้วยความเพ้อฝันก็ตาม

Gruñó y ladró mientras dormía, retorciéndose mientras soñaba.

เขาขู่และเห่าในขณะหลับ และบิดตัวในขณะที่เขาฝัน

Buck no se despertó hasta que el campamento ya estaba cobrando vida.

บัคไม่ได้ตื่นขึ้นจนกว่าค่ายจะเต็มไปด้วยความมีชีวิตชีวา

Al principio, no sabía dónde estaba ni qué había sucedido.

ในตอนแรกเขาไม่ทราบว่าเขาอยู่ที่ไหนหรือเกิดอะไรขึ้น

Había nevado durante la noche y había enterrado completamente su cuerpo.

หิมะได้ตกลงมาในช่วงกลางคืนและฝังร่างของเขาจนหมด

La nieve lo apretaba por todos lados.

หิมะกดทับรอบตัวเขาแน่นหนาทุกด้าน

De repente, una ola de miedo recorrió todo el cuerpo de Buck.

จู่ๆ คลื่นแห่งความกลัวก็พุ่งเข้าท่วมร่างของบัค

Era el miedo a quedar atrapado, un miedo que provenía de instintos profundos.

มันคือความกลัวที่จะถูกกักขัง

เป็นความกลัวจากสัญชาตญาณที่ฝังลึก

Aunque nunca había visto una trampa, el miedo vivía dentro de él.

แม้ว่าเขาจะไม่เคยเห็นกับดัก แต่ความกลัวก็ยังคงอยู่ในตัวเขา

Era un perro domesticado, pero ahora sus viejos instintos salvajes estaban despertando.

แม้เขาจะเป็นสุนัขเชื่อง แต่ตอนนี้สัญชาตญาณป่าเถื่อนเก่าๆ

ของเขากำลังตื่นขึ้นแล้ว

Los músculos de Buck se tensaron y se le erizó el pelaje por toda la espalda.

กล้ามเนื้อของบัคเกร็งและขนของเขาก็ตั้งขึ้นทั่วหลังของเขา

Gruñó ferozmente y saltó hacia arriba a través de la nieve.

เขาคำรามอย่างดุร้ายและกระโจนขึ้นไปบนหิมะ

La nieve voló en todas direcciones cuando estalló la luz del día.

หิมะปลิวไสวไปทุกทิศทุกทางในขณะที่เขาปรากฏตัวออกมาท่าม

กลางแสงแดด

Incluso antes de aterrizar, Buck vio el campamento extendido ante él.

บัคมองเห็นค่ายที่ขยายออกไปเบื้องหน้าของเขาก่อนที่จะลงจอด

Recordó todo del día anterior, de repente.

เขาจำทุกสิ่งจากวันก่อนได้ในคราวเดียว

Recordó pasear con Manuel y terminar en ese lugar.

เขาจำได้ว่าเดินเล่นกับมานูเอลและลงเอยที่สถานที่แห่งนี้

Recordó haber cavado el hoyo y haberse quedado dormido en el frío.

เขาจำได้ว่าขุดหลุมแล้วผล็อยหลับไปเพราะอากาศหนาว

Ahora estaba despierto y el mundo salvaje que lo rodeaba estaba claro.

ตอนนี้เขาตื่นแล้ว และโลกป่ารอบตัวเขาก็แจ่มใส

Un grito de François saludó la repentina aparición de Buck.

เสียงตะโกนของฟรานซัวส์ดังขึ้นเพื่อแสดงความยินดีที่บัคปรากฏ
ตัวอย่างกะทันหัน

—¿Qué te dije? —gritó en voz alta el conductor del perro a Perrault.

"ฉันพูดอะไรนะ" คนขับสุนัขตะโกนเสียงดังให้เปอร์โรลต์ฟัง

"Ese Buck sin duda aprende muy rápido", añadió François.

"เจ้าบัคนั่นเรียนรู้ได้เร็วมากจริงๆ" ฟรานซัวส์กล่าวเสริม

Perrault asintió gravemente, claramente satisfecho con el resultado.

เปอร์โรลต์พยักหน้าอย่างจริงจัง

แสดงความพึงพอใจอย่างชัดเจนกับผลลัพธ์

Como mensajero del gobierno canadiense, transportaba despachos.

เขาทำหน้าที่เป็นผู้ส่งสารให้กับรัฐบาลแคนาดา

จึงต้องถือเอกสารต่างๆ

Estaba ansioso por encontrar los mejores perros para su importante misión.

เขาตั้งใจที่จะค้นหาสุนัขที่ดีที่สุดสำหรับภารกิจสำคัญของเขา

Se sintió especialmente complacido ahora que Buck era parte del equipo.

ตอนนี้เขารู้สึกยินดีเป็นพิเศษที่บั๊กเป็นส่วนหนึ่งของทีม

Se agregaron tres huskies más al equipo en una hora.

ภายในหนึ่งชั่วโมง มีสุนัขฮัสกี้เพิ่มอีก 3 ตัวเข้ามาในทีม

Eso elevó el número total de perros en el equipo a nueve.

ทำให้จำนวนสุนัขในทีมมีทั้งหมด 9 ตัว

En quince minutos todos los perros estaban en sus arneses.

ภายในเวลาสิบห้านาที สุนัขทั้งหมดก็อยู่ในสายรัดแล้ว

El equipo de trineos avanzaba por el sendero hacia Dyea Cañón.

ทีมลากเลื่อนกำลังแกว่งไปตามเส้นทางสู่ Dyea Cañon

Buck se sintió contento de partir, incluso si el trabajo que tenía por delante era duro.

บัครู้สึกดีใจที่ได้ออกไป แม้ว่างานข้างหน้าจะยากก็ตาม

Descubrió que no despreciaba especialmente el trabajo ni el frío.

เขาพบว่าเขาไม่ได้เกลียดการทำงานหรือความหนาวเย็นเป็นพิเศษ

Le sorprendió el entusiasmo que llenaba a todo el equipo.

เขาประหลาดใจกับความกระตือรือร้นที่เต็มไปทั่วทั้งทีม

Aún más sorprendente fue el cambio que se produjo en Dave y Solleks.

สิ่งที่น่าประหลาดใจยิ่งกว่าคือการเปลี่ยนแปลงที่เกิดขึ้นกับ Dave และ Solleks

Estos dos perros eran completamente diferentes cuando estaban enjaezados.

สุนัขสองตัวนี้มีลักษณะที่แตกต่างกันอย่างสิ้นเชิงเมื่อถูกจูง

Su pasividad y falta de preocupación habían desaparecido por completo.

ความเฉยเมยและการขาดความห่วงใยของพวกเขาหายไปโดยสิ้นเ
ชิง

Estaban alertas y activos, y ansiosos por hacer bien su trabajo.

พวกเขาตื่นตัวและกระตือรือร้นที่จะทำงานของตนให้ดี

Se irritaban ferozmente ante cualquier cosa que causara retraso o confusión.

พวกเขาเริ่มรู้สึกหงุดหงิดอย่างรุนแรงเมื่อทำอะไรก็ตามที่ทำให้เกิด
ความล่าช้าหรือสับสน

El duro trabajo en las riendas era el centro de todo su ser.

การทำงานหนักในการบังคับสายบังเหียนคือศูนย์กลางของตัวตนทั้
งหมดของพวกเขา

Tirar del trineo parecía ser lo único que realmente disfrutaban.

การลากเลื่อนดูเหมือนจะเป็นสิ่งเดียวที่พวกเขาสนุกจริงๆ

Dave estaba en la parte de atrás del grupo, más cerca del trineo.

เดฟอยู่ด้านหลังของกลุ่ม ใกล้กับรถเลื่อนมากที่สุด

Buck fue colocado delante de Dave, y Solleks se adelantó a Buck.

บัคถูกวางไว้ข้างหน้าเดฟ และโซเลกส์ก็เดินไปข้างหน้าบัค

El resto de los perros estaban dispersos adelante, en una sola fila.

สุนัขที่เหลือทั้งหมดยืนเรียงแถวข้างหน้าเป็นแถวเดียว

La posición de cabeza en la parte delantera quedó ocupada por Spitz.

ตำแหน่งผู้นำที่ด้านหน้าถูกครอบครองโดยสปิทซ์

Buck había sido colocado entre Dave y Solleks para recibir instrucción.

บัคได้รับการวางไว้ระหว่างเดฟกับโซเลกส์เพื่อรับคำแนะนำ

Él aprendía rápido y sus profesores eran firmes y capaces.

เขาเป็นคนเรียนรู้เร็วและพวกเขาก็เป็นครูที่มั่นคงและมีความสามา

รถ

Nunca permitieron que Buck permaneciera en el error por mucho tiempo.

พวกเขาไม่เคยอนุญาตให้บัคอยู่ในความผิดพลาดเป็นเวลานาน

Enseñaron sus lecciones con dientes afilados cuando era necesario.

พวกเขาสอนบทเรียนด้วยฟันที่แหลมคมเมื่อจำเป็น

Dave era justo y mostraba un tipo de sabiduría tranquila y seria.

เดฟเป็นคนยุติธรรมและเป็นคนฉลาดและจริงจัง

Él nunca mordió a Buck sin una buena razón para hacerlo.

เขาไม่เคยกัดบัคโดยไม่มีเหตุผลที่ดีที่จะทำเช่นนั้น

Pero nunca dejó de morder cuando Buck necesitaba corrección.

แต่เขาไม่เคยล้มเหลวที่จะกัดเมื่อบัคต้องการการแก้ไข

El látigo de Francisco estaba siempre listo y respaldaba su autoridad.

แส้ของฟรานซัวส์พร้อมเสมอและสนับสนุนอำนาจของพวกเขา

Buck pronto descubrió que era mejor obedecer que defenderse.

ในไม่ช้าบัคก็พบว่าการเชื่อฟังนั้นดีกว่าการต่อสู้กลับ

Una vez, durante un breve descanso, Buck se enredó en las riendas.

ครั้งหนึ่งในช่วงพักสั้นๆ บัคได้ติดสายบังเหียน

Retrasó el inicio y confundió los movimientos del equipo.

เขาทำให้การเริ่มต้นล่าช้าและทำให้การเคลื่อนไหวของทีมสับสน

Dave y Solleks se abalanzaron sobre él y le dieron una paliza brutal.

เดฟและโซเลกส์บินเข้าหาเขาและทุบตีเขาอย่างรุนแรง

El enredo sólo empeoró, pero Buck aprendió bien la lección.

แม้ปัญหาจะแย่ลง แต่บัคก็เรียนรู้บทเรียนของเขาได้ดี

A partir de entonces, mantuvo las riendas tensas y trabajó con cuidado.

ตั้งแต่นั้นเป็นต้นมาเขาคอยคุมบังเหียนให้ตึงและทำงานอย่างระมัด
ระวัง

Antes de que terminara el día, Buck había dominado gran parte de su tarea.

ก่อนสิ้นวัน บัคก็ได้ทำภารกิจของเขาสำเร็จไปมากแล้ว

Sus compañeros casi dejaron de corregirlo y morderlo.

เพื่อนร่วมทีมของเขาเกือบจะหยุดแก้ไขหรือกัดเขาแล้ว

El látigo de François resonaba cada vez con menos frecuencia en el aire.

แส้ของฟรานซัวส์ฟาดผ่านอากาศน้อยลงเรื่อยๆ

Perrault incluso levantó los pies de Buck y examinó cuidadosamente cada pata.

เพอร์โรลต์ยกเท้าของบัคขึ้นและตรวจสอบอุ้งเท้าแต่ละข้างอย่างระ
มัดระวัง

Había sido un día de carrera duro, largo y agotador para todos ellos.

มันเป็นวันวิ่งที่ยากลำบาก ยาวนาน

และเหนื่อยล้าสำหรับพวกเขาทุกคน

Viajaron por el Cañón, atravesando Sheep Camp y pasando por Scales.

พวกเขาเดินทางขึ้น Cañon ผ่าน Sheep Camp และผ่าน Scales

Cruzaron la línea de árboles, luego glaciares y bancos de nieve de muchos metros de profundidad.

พวกเขาข้ามแนวไม้

จากนั้นก็ผ่านธารน้ำแข็งและหิมะที่สูงถึงหลายฟุต

Escalaron la gran, fría y prohibitiva divisoria de Chilkoot.

พวกเขาปีนขึ้นไปบนหุบเขาชิลคูตที่หนาวเหน็บและอันตราย

Esa alta cresta se encontraba entre el agua salada y el interior helado.

สันเขาสูงนั้นตั้งอยู่ระหว่างน้ำเค็มและภายในที่เป็นน้ำแข็ง

Las montañas custodiaban con hielo y empinadas subidas el triste y solitario Norte.

ภูเขาปกป้องดินแดนทางเหนืออันเศร้าโศกและเปล่าเปลี่ยวด้วยน้ำแข็งและการไต่เขาที่สูงชัน

Avanzaron a buen ritmo por una larga cadena de lagos debajo de la divisoria.

พวกเขาใช้เวลาอย่างดีไปตามห่วงโซ่ทะเลสาบอันยาวที่อยู่ใต้แนวแบ่ง

Esos lagos llenaban los antiguos cráteres de volcanes extintos.

ทะเลสาบเหล่านี้เต็มไปด้วยปล่องภูเขาไฟที่ดับสนิทในอดีต

Tarde esa noche, llegaron a un gran campamento en el lago Bennett.

ดึกคืนนั้น พวกเขาก็มาถึงค่ายใหญ่ที่ทะเลสาบเบนเนตต์

Miles de buscadores de oro estaban allí, construyendo barcos para la primavera.

มีผู้แสวงหาทองคำนับพันคนมาที่นั่นเพื่อสร้างเรือสำหรับฤดูใบไม้ผลิ

El hielo se rompería pronto y tenían que estar preparados.

น้ำแข็งกำลังจะแตกในเร็วๆ นี้ และพวกเขาต้องเตรียมพร้อมไว้

Buck cavó su hoyo en la nieve y cayó en un sueño profundo.

บัคขุดหลุมในหิมะแล้วหลับไปอย่างสนิท

Durmió como un trabajador, exhausto por la dura jornada de trabajo.

เขาหลับเหมือนคนทำงานที่เหนื่อยล้าจากการตรากตรำทำงานหนัก

มาตลอดทั้งวัน

Pero demasiado pronto, en la oscuridad, fue sacado del sueño.

แต่ในความมืดเร็วเกินไป เขาก็ถูกดึงออกมาจากการหลับใหล

Fue enganchado nuevamente con sus compañeros y sujeto al trineo.

เขาถูกนำกลับมาผูกกับเพื่อนๆ

ของเขาอีกครั้งและผูกเข้ากับรถเลื่อน

Aquel día hicieron cuarenta millas, porque la nieve estaba muy pisoteada.

วันนั้นพวกเขาเดินไปได้ประมาณสี่สิบไมล์ เพราะมีหิมะตกมาก

Al día siguiente, y durante muchos días más, la nieve estaba blanda.

วันรุ่งขึ้น และอีกหลายวันต่อจากนั้น หิมะก็เริ่มอ่อนลง

Tuvieron que hacer el camino ellos mismos, trabajando más duro y moviéndose más lento.

พวกเขาต้องสร้างเส้นทางเองโดยทำงานหนักขึ้นและเดินช้าลง

Por lo general, Perrault caminaba delante del equipo con raquetas de nieve palmeadas.

โดยปกติแล้ว

เพอร์โรลต์จะเดินไปข้างหน้าทีมโดยสวมรองเท้าเดินหิมะแบบมีพั

งผืด

Sus pasos compactaron la nieve, facilitando el movimiento del trineo.

ขั้นบันไดของเขาทำให้หิมะแน่นเพื่อให้เลื่อนได้สะดวกขึ้น

François, que dirigía el barco desde la dirección, a veces tomaba el relevo.

ฟรานซัวส์ ซึ่งบังคับจากเสาจี ก็เข้ามาควบคุมเป็นบางครั้ง

Pero era raro que François tomara la iniciativa.

แต่การที่ฟรานซัวส์ได้เป็นผู้นำนั้นถือเป็นเรื่องยาก

porque Perrault tenía prisa por entregar las cartas y los paquetes.

เพราะเพอร์โรลต์กำลังเร่งรีบที่จะส่งจดหมายและพัสดุ

Perrault estaba orgulloso de su conocimiento de la nieve, y especialmente del hielo.

เปอร์โรลต์ภูมิใจในความรู้ของเขาเกี่ยวกับหิมะ โดยเฉพาะน้ำแข็ง

Ese conocimiento era esencial porque el hielo en otoño era peligrosamente delgado.

ความรู้ดังกล่าวมีความจำเป็น

เนื่องจากน้ำแข็งในฤดูใบไม้ร่วงนั้นบางจนเป็นอันตราย

Allí donde el agua fluía rápidamente bajo la superficie, no había hielo en absoluto.

บริเวณที่มีน้ำไหลแรงใต้ผิวดินนั้น ไม่มีน้ำแข็งอยู่เลย

Día tras día, la misma rutina se repetía sin fin.

วันแล้ววันเล่า กิจวัตรเดิมๆ จะเกิดขึ้นซ้ำแล้วซ้ำเล่าไม่มีที่สิ้นสุด

Buck trabajó incansablemente en las riendas desde el amanecer hasta la noche.

บัคทำงานหนักอย่างไม่มีที่สิ้นสุดในบังเหียนจากรุ่งเช้าจรดค่ำ

Abandonaron el campamento en la oscuridad, mucho antes de que saliera el sol.

พวกเขาออกจากค่ายในความมืดนานก่อนพระอาทิตย์จะขึ้น

Cuando amaneció, ya habían recorrido muchos kilómetros.

เมื่อฟ้าสว่างขึ้น ก็พบว่าพวกเขามีระยะทางหลายไมล์แล้ว

Acamparon después del anochecer, comieron pescado y excavaron en la nieve.

พวกเขาตั้งค่ายพักหลังจากมืดค่ำ โดยกินปลาและขุดรูในหิมะ

Buck siempre tenía hambre y nunca estaba realmente satisfecho con su ración.

บัคหิวตลอดเวลาและ ไม่เคยพอใจกับอาหารที่เขาได้รับจริงๆ

Recibía una libra y media de salmón seco cada día.

เขาได้รับปลาแซลมอนแห้งหนึ่งปอนด์ครึ่งทุกวัน

Pero la comida parecía desaparecer dentro de él, dejando atrás el hambre.

แต่ดูเหมือนว่าอาหารจะหายไปจากตัวเขา

ทิ้งไว้เพียงความหิวเท่านั้น

Sufría constantes dolores de hambre y soñaba con más comida.

เขาต้องทนทุกข์ทรมานจากความหิวโหยตลอดเวลา

และฝันถึงอาหารมื้ออื่นๆ

Los otros perros sólo ganaron una libra, pero se mantuvieron fuertes.

สุนัขตัวอื่นได้รับอาหารเพียงหนึ่งปอนด์เท่านั้น

แต่พวกมันก็ยังแข็งแรงอยู่

Eran más pequeños y habían nacido en la vida del norte.

พวกเขาตัวเล็กกว่า และเกิดในโลกภาคเหนือ

Perdió rápidamente la meticulosidad que había caracterizado su antigua vida.

เขาสูญเสียความพิถีพิถันที่เคยติดตัวมาตั้งแต่ชีวิตเก่าของเขาไปอย่า

งรวดเร็ว

Había sido un comensal delicado, pero ahora eso ya no era posible.

เขาเคยเป็นคนกินอาหารจุมาก

แต่ตอนนี้ไม่สามารถเป็นแบบนั้นได้อีกต่อไปแล้ว

Sus compañeros terminaron primero y le robaron su ración sobrante.

เพื่อนๆ ของเขาเสร็จก่อนและขโมยอาหารที่ยังไม่หมดของเขาไป

Una vez que empezaron, no había forma de defender su comida de ellos.

เมื่อพวกเขาเริ่มต้นแล้วไม่มีทางที่จะปกป้องอาหารของเขาจากพวกมันได้

Mientras él luchaba contra dos o tres perros, los otros le robaron el resto.

ในขณะที่เขาต่อสู้กับสุนัขสองสามตัว ตัวอื่นก็ขโมยตัวที่เหลือไป

Para solucionar esto, comenzó a comer tan rápido como los demás.

เพื่อแก้ไขปัญหานี้ เขาจึงเริ่มกินเร็วเท่ากับคนอื่น ๆ

El hambre lo empujó tan fuerte que incluso tomó comida que no era suya.

ความหิวทำให้เขาต้องหิวมากจนถึงขั้นต้องกินอาหารที่ไม่ใช่ของตัวเอง

Observó a los demás y aprendió rápidamente de sus acciones.

เขาเฝ้าดูคนอื่นๆ

และเรียนรู้จากการกระทำของพวกเขาได้อย่างรวดเร็ว

Vio a Pike, un perro nuevo, robarle una rebanada de tocino a Perrault.

เขาเห็นไพค์ สุนัขตัวใหม่ ขโมยเบคอนจากเพอร์โรลต์

Pike había esperado hasta que Perrault se dio la espalda para robarle el tocino.

ไพค์รอจนกระทั่งเพอร์โรลต์หันหลังกลับเพื่อขโมยเบคอน

Al día siguiente, Buck copió a Pike y robó todo el trozo.

วันรุ่งขึ้น บัคก็เลียนแบบไพค์ และขโมยชิ้นส่วนทั้งหมดไป

Se produjo un gran alboroto, pero no se sospechó de Buck.

เกิดความโกลาหลครั้งใหญ่ตามมา แต่บั๊กไม่ได้ถูกสงสัย

Dub, un perro torpe que siempre era atrapado, fue castigado.

ดับ สุนัขขี้เซาที่โดนจับได้ตลอดกลับถูกทำโทษแทน

Ese primer robo marcó a Buck como un perro apto para
sobrevivir en el Norte.

การโจรกรรมครั้งแรกนั้นทำให้บั๊กกลายเป็นสุนัขที่เหมาะจะมีชีวิต

รอดในภาคเหนือ

Demostró que podía adaptarse a nuevas condiciones y
aprender rápidamente.

เขาแสดงให้เห็นว่าเขาสามารถปรับตัวเข้ากับเงื่อนไขใหม่ๆ

และเรียนรู้ได้อย่างรวดเร็ว

Sin esa adaptabilidad, habría muerto rápida y gravemente.

หากขาดความสามารถในการปรับตัวเช่นนี้

เขาคงเสียชีวิตอย่างรวดเร็วและทรมาน

También marcó el colapso de su naturaleza moral y de sus
valores pasados.

นอกจากนี้ยังเป็นเครื่องหมายที่แสดงถึงการเสื่อมสลายของธรรมช

าติทางศีลธรรมและค่านิยมในอดีตของเขาด้วย

En el Sur, había vivido bajo la ley del amor y la bondad.

ในดินแดนทางใต้

เขาใช้ชีวิตอยู่ภายใต้กฎแห่งความรักและความเมตตา

Allí tenía sentido respetar la propiedad y los sentimientos
de los otros perros.

ตรงนั้นมันสมเหตุสมผลที่จะเคารพทรัพย์สินและความรู้สึกของสุ

นัขตัวอื่น

Pero en el Norte se aplicaba la ley del garrote y la ley del colmillo.

แต่ดินแดนเหนือปฏิบัติตามกฎแห่งไม้กระบองและกฎแห่งเขี้ยว

Quienquiera que respetara los viejos valores aquí sería un tonto y fracasaría.

ผู้ใดที่เคารพค่านิยมเก่าแก่ที่นี่เป็นผู้โง่เขลาและจะล้มเหลว

Buck no razonó todo esto en su mente.

บัคไม่ได้คิดเหตุผลทั้งหมดนี้ในใจของเขา

Estaba en forma y se adaptó sin necesidad de pensar.

เขามีสุขภาพแข็งแรงและปรับตัวได้โดยไม่ต้องคิดมาก

Durante toda su vida, nunca había huido de una pelea.

ตลอดชีวิตของเขาเขาไม่เคยหนีจากการต่อสู้เลย

Pero el garrote de madera del hombre del suéter rojo cambió esa regla.

แต่ไม้กระบองของชายผู้สวมเสื้อกันหนาวสีแดงได้เปลี่ยนกฎนั้นไป

Ahora seguía un código más profundo y antiguo escrito en su ser.

ตอนนี้เขาติดตามรหัสที่เก่ากว่าและลึกซึ้งกว่าซึ่งเขียนไว้ในตัวเขา

No robó por placer sino por el dolor del hambre.

เขาไม่ได้ขโมยเพราะความสุข

แต่ขโมยมาจากความเจ็บปวดของความหิว

Él nunca robaba abiertamente, sino que hurtaba con astucia y cuidado.

เขาไม่เคยขโมยอย่างเปิดเผยแต่ขโมยด้วยไหวพริบและระมัดระวัง

Actuó por respeto al garrote de madera y por miedo al colmillo.

เขากระทำการดังกล่าวเพราะเคารพไม้กระบองและกลัวเขี้ยว

En resumen, hizo lo que era más fácil y seguro que no hacerlo.

โดยสรุปแล้ว เขาทำสิ่งที่ง่ายกว่าและปลอดภัยกว่าการไม่ทำ

Su desarrollo —o quizás su regreso a los viejos instintos— fue rápido.

พัฒนาการของเขา—หรือบางทีการกลับคืนสู่สัญชาตญาณเก่าๆ—เกิดขึ้นอย่างรวดเร็ว

Sus músculos se endurecieron hasta sentirse tan fuertes como el hierro.

กล้ามเนื้อของเขาแข็งแกร่งขึ้นจนรู้สึกได้ความแข็งแกร่งเทียบเท่าเหล็ก

Ya no le importaba el dolor, a menos que fuera grave.

เขาไม่สนใจความเจ็บปวดอีกต่อไป เว้นแต่ว่ามันจะร้ายแรง

Se volvió eficiente por dentro y por fuera, sin desperdiciar nada.

เขาเริ่มมีประสิทธิภาพทั้งภายในและภายนอก

โดยไม่สูญเปล่าสิ่งใดเลย

Podía comer cosas viles, podridas o difíciles de digerir.

เขาสามารถกินสิ่งที่น่ารังเกียจ เน่าเสีย หรือย่อยยากได้

Todo lo que comía, su estómago aprovechaba hasta el último vestigio de valor.

ไม่ว่าเขาจะกินอะไร ท้องของเขาก็จะใช้ของมีค่าจนหมด

Su sangre transportaba los nutrientes a través de su poderoso cuerpo.

เลือดของเขาพาสารอาหารไปทั่วร่างกายอันทรงพลังของเขา

Esto creó tejidos fuertes que le dieron una resistencia increíble.

สิ่งนี้สร้างเนื้อเยื่อที่แข็งแรงซึ่งทำให้เขามีความอดทนอย่างเหลือเชื่อ

Su vista y su olfato se volvieron mucho más sensibles que antes.

การมองเห็นและการได้กลิ่นของเขามีความละเอียดอ่อนมากขึ้นกว่าก่อนมาก

Su audición se agudizó tanto que podía detectar sonidos débiles durante el sueño.

การได้ยินของเขามีพัฒนาการแหลมคมมากจนสามารถได้ยินเสียงแผ่วเบาในขณะนอนหลับได้

Sabía en sueños si los sonidos significaban seguridad o peligro.

เขารู้ในฝันว่าเสียงเหล่านั้นหมายถึงความปลอดภัยหรืออันตราย

Aprendió a morder el hielo entre los dedos de los pies con los dientes.

เขาเรียนรู้ที่จะกัดน้ำแข็งระหว่างนิ้วเท้าด้วยฟัน

Si un charco de agua se congelaba, rompía el hielo con las piernas.

หากมีหลุมน้ำแข็งขึ้นมา เขาจะทุบน้ำแข็งให้แตกด้วยขาของเขา

Se encabritó y golpeó con fuerza el hielo con sus rígidas patas delanteras.

เขาผงะตัวขึ้นและฟาดน้ำแข็งอย่างแรงด้วยขาหน้าอันแข็งแกร่ง

Su habilidad más sorprendente era predecir los cambios del viento durante la noche.

ความสามารถที่โดดเด่นที่สุดของเขาคือการทำนายการเปลี่ยนแปลงของลมในช่วงกลางคืน

Incluso cuando el aire estaba quieto, elegía lugares protegidos del viento.

แม้ว่าอากาศจะนิ่งอยู่ เขาก็เลือกจุดที่ลมไม่พัด

Dondequiera que cavaba su nido, el viento del día siguiente lo pasaba de largo.

ไม่ว่าเขาจะขุดรังที่ใด ลมแห่งวันรุ่งขึ้นก็จะพัดผ่านเขาไป

Siempre acababa abrigado y protegido, a sotavento de la brisa.

เขามักจะจบลงอย่างอบอุ่นและได้รับการปกป้องโดยหลีกเลี่ยงลม

Buck no sólo aprendió con la experiencia: sus instintos también regresaron.

บัคไม่เพียงแต่เรียนรู้จากประสบการณ์เท่านั้น

แต่สัญชาตญาณของเขาก็กลับคืนมาด้วยเช่นกัน

Los hábitos de las generaciones domesticadas comenzaron a desaparecer.

นิสัยของคนรุ่นก่อนเริ่มลดลง

De manera vaga, recordaba los tiempos antiguos de su raza.

เขาจำช่วงเวลาโบราณของสายพันธุ์ของเขาได้อย่างคลุมเครือ

Recordó cuando los perros salvajes corrían en manadas por los bosques.

เขาคิดย้อนกลับไปถึงเมื่อสุนัขป่าวิ่งเป็นฝูงในป่า

Habían perseguido y matado a su presa mientras la perseguían.

พวกเขาไล่ตามและฆ่าเหยื่อของพวกเขาในขณะที่วิ่งไล่ตามมัน

Para Buck fue fácil aprender a pelear con dientes y velocidad.

สำหรับบัคแล้ว

มันเป็นเรื่องง่ายที่เขาจะเรียนรู้วิธีต่อสู้ด้วยฟันและความเร็ว

Utilizaba cortes, tajos y chasquidos rápidos igual que sus antepasados.

เขาใช้วิธีการเฉือนและฟันอย่างรวดเร็วเช่นเดียวกับบรรพบุรุษของ

เขา

Aquellos antepasados se agitaron dentro de él y despertaron su naturaleza salvaje.

บรรพบุรุษเหล่านั้นเคลื่อนไหวอยู่ในตัวเขา

และปลุกธรรมชาติอันป่าเถื่อนของเขาให้ตื่นขึ้น

Sus antiguas habilidades habían pasado a él a través de la línea de sangre.

ทักษะเก่าๆ ของพวกเขาถูกส่งต่อเข้าสู่เขาโดยทางสายเลือด

Sus trucos ahora eran suyos, sin necesidad de práctica ni esfuerzo.

ตอนนี้กลอุบายของพวกเขาเป็นของเขาแล้ว

โดยไม่จำเป็นต้องฝึกฝนหรือพยายามใดๆ

En las noches frías y quietas, Buck levantaba la nariz y aullaba.

ในคืนที่ยังคงหนาวเย็น บัคจะยกจมูกขึ้นและหอน

Aulló largo y profundamente, como lo hacían los lobos antaño.

เขาส่งเสียงหอนยาวและลึกเช่นเดียวกับที่หมาป่าเคยทำเมื่อนานมา

แล้ว

A través de él, sus antepasados muertos apuntaron sus narices y aullaron.

บรรพบุรุษที่ตายไปแล้วของเขาชี้จมูกและโวยวายผ่านเขา

Aullaron a través de los siglos con su voz y su forma.

พวกมันคำรามมาหลายศตวรรษด้วยเสียงและรูปร่างของเขา

Sus cadencias eran las de ellos, viejos gritos que hablaban de dolor y frío.

จังหวะของเขาเป็นของพวกเขา เสียงร้องเก่าๆ

ที่บอกถึงความเศร้าโศกและความหนาวเย็น

Cantaron sobre la oscuridad, el hambre y el significado del invierno.

พวกเขาขับขานถึงความมืด ความหิวโหย

และความหมายของฤดูหนาว

Buck demostró cómo la vida está determinada por fuerzas ajenas a uno mismo.

บัคพิสูจน์ให้เห็นว่าชีวิตถูกหล่อหลอมโดยพลังที่อยู่เหนือตัวเรา

La antigua canción se elevó a través de Buck y se apoderó de su alma.

บทเพลงโบราณดังขึ้นในจิตใจของบัคและเข้าครอบงำวิญญาณขอ

งเขา

Se encontró a sí mismo porque los hombres habían encontrado oro en el Norte.

เขาค้นพบตัวเองเพราะมนุษย์ค้นพบทองคำในภาคเหนือ

Y se encontró porque Manuel, el ayudante del jardinero, necesitaba dinero.

และเขาพบว่าตัวเองกำลังเดือดร้อนเพราะมานูเอล

ผู้ช่วยคนสวนต้องการเงิน

La Bestia Primordial Dominante
สัตว์ร้ายดั้งเดิมที่มีอำนาจเหนือกว่า

La bestia primordial dominante era tan fuerte como siempre en Buck.

สัตว์ดึกดำบรรพ์ที่มีอำนาจเหนือกว่าก็ยังคงแข็งแกร่งเช่นเคยในบัค

Pero la bestia primordial dominante yacía latente en él.

แต่สัตว์ดึกดำบรรพ์ที่มีอำนาจเหนือกว่าได้แฝงตัวอยู่ในตัวเขา

La vida en el camino era dura, pero fortalecía a la bestia que Buck llevaba dentro.

ชีวิตบนเส้นทางนั้นช่างโหดร้าย

แต่มันทำให้สัตว์ร้ายภายในตัวของบั๊กแข็งแกร่งขึ้น

En secreto, la bestia se hacía cada día más fuerte.

โดยลับๆ สัตว์ร้ายนั้นก็แข็งแกร่งขึ้นเรื่อยๆ ทุกวัน

Pero ese crecimiento interior permaneció oculto para el mundo exterior.

แต่การเจริญเติบโตภายในนั้นยังคงซ่อนอยู่จากโลกภายนอก

Una fuerza primordial, tranquila y calmada se estaba construyendo dentro de Buck.

พลังดั้งเดิมอันเงียบสงบกำลังสร้างขึ้นภายในบัค

Una nueva astucia le proporcionó a Buck equilibrio, calma, control y aplomo.

ความฉลาดแกมโกงแบบใหม่ทำให้บัคมีความสมดุล

ควบคุมได้อย่างสงบ และมีสติ

Buck se concentró mucho en adaptarse, sin sentirse nunca totalmente relajado.

บัคเน้นการปรับตัวอย่างหนักแต่ไม่เคยรู้สึกผ่อนคลายอย่างเต็มที่

Él evitaba los conflictos, nunca iniciaba peleas ni buscaba problemas.

เขาหลีกเลี่ยงความขัดแย้ง ไม่เคยก่อเรื่องทะเลาะ

และไม่หาเรื่องเดือดร้อน

Una reflexión lenta y constante moldeó cada movimiento de
Buck.

ความรอบคอบที่ช้าและมั่นคงเป็นตัวกำหนดทุกการเคลื่อนไหวขอ

งบัค

Evitó las elecciones precipitadas y las decisiones repentinas
e imprudentes.

เขาหลีกเลี่ยงการเลือกอย่างหุนหันพลันแล่นและการตัดสินใจอย่าง

ฉับพลันและเสี่ยงอันตราย

Aunque Buck odiaba profundamente a Spitz, no le mostró
ninguna agresión.

แม้ว่าบัคจะเกลียดสปิทซ์มาก

แต่เขาก็ไม่ได้แสดงท่าทีก้าวร้าวต่อสปิทซ์เลย

Buck nunca provocó a Spitz y mantuvo sus acciones
moderadas.

บั๊กไม่เคยยั่วสปิทซ์และควบคุมการกระทำของเขาไม่ให้รุนแรงขึ้น

Spitz, por otro lado, percibió el creciente peligro en Buck.

ในทางกลับกัน

สปิทซ์สัมผัสได้ถึงความอันตรายที่เพิ่มมากขึ้นในตัวบัค

Él veía a Buck como una amenaza y un serio desafío a su
poder.

เขาเห็นบัคเป็นภัยคุกคามและเป็นความท้าทายที่ร้ายแรงต่ออำนาจ

ของเขา

Aprovechó cada oportunidad para gruñir y mostrar sus
afilados dientes.

เขาใช้ทุกโอกาสในการขู่คำรามและแสดงฟันอันแหลมคมของเขา

Estaba tratando de iniciar la pelea mortal que estaba por venir.

เขากำลังพยายามเริ่มการต่อสู้อันร้ายแรงที่จะมาถึง

Al principio del viaje casi se desató una pelea entre ellos.

ในช่วงเริ่มต้นการเดินทาง

เกือบเกิดการทะเลาะวิวาทระหว่างพวกเขา

Pero un accidente inesperado detuvo la pelea.

แต่แล้วอุบัติเหตุที่ไม่คาดฝันก็ทำให้การต่อสู้ไม่สามารถเกิดขึ้นได้

Esa tarde acamparon en el gélido lago Le Barge.

เย็นวันนั้น

พวกเขาตั้งค่ายพักแรมที่ทะเลสาบเลอบาร์จอันหนาวเหน็บ

La nieve caía con fuerza y el viento cortaba como un cuchillo.

หิมะกำลังตกลงมาอย่างหนัก และลมก็พัดกรรโชกแรงเหมือนมีด

La noche había llegado demasiado rápido y la oscuridad los rodeaba.

เมื่อคืนผ่านไปเร็วเกินไป และความมืดก็ปกคลุมพวกเขาไปหมด

Difícilmente podrían haber elegido un peor lugar para descansar.

พวกเขาแทบไม่สามารถเลือกสถานที่พักผ่อนที่แย่ไปกว่านี้อีกแล้ว

Los perros buscaban desesperadamente un lugar donde tumbarse.

สุนัขค้นหาสถานที่ที่จะนอนอย่างสิ้นหวัง

Detrás del pequeño grupo se alzaba una alta pared de roca.

กำแพงหินสูงชันตั้งอยู่ด้านหลังกลุ่มเล็กๆ ของพวกเขา

La tienda de campaña había sido abandonada en Dyea para aligerar la carga.

เต็นท์ดังกล่าวถูกทิ้งไว้ที่ Dyea เพื่อช่วยแบ่งเบาภาระ

No les quedó más remedio que hacer el fuego sobre el propio hielo.

พวกเขาไม่มีทางเลือกอื่นนอกจากการก่อไฟบนน้ำแข็งโดยตรง

Extendieron sus batas para dormir directamente sobre el lago helado.

พวกเขานำชุดนอนไปปูลงบนทะเลสาบที่เป็นน้ำแข็งโดยตรง

Unos cuantos palitos de madera flotante les dieron un poco de fuego.

กิ่งไม้ที่พัดมาเกยตื้นเพียงไม่กี่กิ่งก็ทำให้มีไฟลุกโชนขึ้นเล็กน้อย

Pero el fuego se construyó sobre el hielo y se descongeló a través de él.

แต่ไฟได้ก่อตัวขึ้นบนน้ำแข็ง และละลายหายไป

Al final, estaban comiendo su cena en la oscuridad.

ในที่สุดพวกเขาก็รับประทานอาหารเย็นกันในความมืด

Buck se acurrucó junto a la roca, protegido del viento frío.

บัคนอนขดตัวอยู่ข้างก้อนหินเพื่อหลบลมหนาว

El lugar era tan cálido y seguro que Buck odiaba mudarse.

สถานที่นั้นอบอุ่นและปลอดภัยมากจนบัคไม่อยากจะย้ายออกไป

Pero François había calentado el pescado y estaba repartiendo raciones.

แต่ฟรานซัวส์ได้อุ่นปลาไว้และกำลังแจกอาหารอยู่

Buck terminó de comer rápidamente y regresó a su cama.

บัคกินเสร็จอย่างรวดเร็วและกลับไปนอนบนเตียงของเขา

Pero Spitz ahora estaba acostado donde Buck había hecho su cama.

แต่ตอนนี้ สปิทซ์กำลังนอนอยู่ที่เดิมที่บัคปูเตียงไว้

Un gruñido bajo advirtió a Buck que Spitz se negaba a moverse.

เสียงคำรามต่ำเตือนบัคว่าสปิตซ์ปฏิเสธที่จะเคลื่อนไหว

Hasta ahora, Buck había evitado esta pelea con Spitz.

จนถึงตอนนี้ บัคก็หลีกเลี่ยงการต่อสู้กับสปิทซ์ครั้งนี้

Pero en lo más profundo de Buck la bestia finalmente se liberó.

แต่ลึกๆ ในตัวของบัค เจ้าสัตว์ร้ายตัวนี้ก็ได้หลุดออกมาในที่สุด

El robo de su lugar para dormir era algo demasiado difícil de tolerar.

การขโมยที่นอนของเขาเป็นเรื่องที่เกินความสามารถที่จะทนได้

Buck se lanzó hacia Spitz, lleno de ira y rabia.

บั๊กพุ่งเข้าหาสปิทซ์อย่างเต็มไปด้วยความโกรธและความเดือดดาล

Hasta ahora Spitz había pensado que Buck era sólo un perro grande.

จนกระทั่งถึงตอนนี้ สปิทซ์คิดว่าบัคเป็นเพียงสุนัขตัวใหญ่เท่านั้น

No creía que Buck hubiera sobrevivido a través de su espíritu.

เขาไม่คิดว่าบัครอดชีวิตมาได้ด้วยจิตวิญญาณของเขา

Esperaba miedo y cobardía, no furia y venganza.

เขาคาดหวังถึงความกลัวและความขี้ขลาด

ไม่ใช่ความโกรธและการแก้แค้น

François se quedó mirando mientras los dos perros salían del nido en ruinas.

ฟรานซัวส์จ้องมองขณะที่สุนัขทั้งสองตัววิ่งออกมาจากรังที่พังทลา

ย

Comprendió de inmediato lo que había iniciado la salvaje lucha.

เขาเข้าใจทันทีว่าอะไรเป็นจุดเริ่มต้นของการต่อสู้ดุเดือด

—¡Ah! —gritó François en apoyo del perro marrón.

"อา-อา!" ฟรานซัวส์ร้องออกมาเพื่อสนับสนุนสุนัขสีน้ำตาล

¡Dale una paliza! ¡Por Dios, castiga a ese ladrón astuto!

"ตีมันซะ! ลงโทษไอ้โจรเจ้าเล่ห์นั่นซะ!"

Spitz mostró la misma disposición y un entusiasmo salvaje por luchar.

สปิทซ์แสดงให้เห็นถึงความพร้อมและความกระตือรือร้นที่จะต่อ
สู้อย่างดุเดือดเท่าเทียมกัน

Gritó de rabia mientras giraba rápidamente en busca de una
abertura.

เขาตะโกนออกมาด้วยความโกรธขณะบินวนอย่างรวดเร็วเพื่อหาช่
องเปิด

Buck mostró el mismo hambre de luchar y la misma cautela.

บัคแสดงให้เห็นถึงความหิวโหยในการต่อสู้และความระมัดระวังเ
ช่นเดียวกัน

También rodeó a su oponente, intentando obtener la ventaja
en la batalla.

เขายังวนรอบคู่ต่อสู้ของเขาด้วยเช่นกัน

พยายามที่จะได้เปรียบในการต่อสู้

Entonces sucedió algo inesperado y lo cambió todo.

จากนั้นมีเหตุการณ์ที่ไม่คาดคิดเกิดขึ้นและทำให้ทุกอย่างเปลี่ยนไป

Ese momento retrasó la eventual lucha por el liderazgo.

ช่วงเวลาดังกล่าวทำให้การต่อสู้เพื่อชิงตำแหน่งผู้นำล่าช้าออกไป

Muchos kilómetros de camino y lucha aún nos esperaban
antes del final.

เส้นทางหลายไมล์และการต่อสู้ยังคงรออยู่ก่อนถึงจุดสิ้นสุด

Perrault gritó un juramento cuando un garrote impactó
contra el hueso.

เพอร์โรลต์ตะโกนคำสาบานในขณะที่กระบองถูกตบเข้ากับกระดู
ก

Se escuchó un agudo grito de dolor y luego el caos explotó
por todas partes.

มีเสียงร้องโหยหวนด้วยความเจ็บปวดตามมา

และจากนั้นความโกลาหลก็ระเบิดขึ้นทั่วบริเวณ

En el campamento se movían figuras oscuras: perros esquimales salvajes, hambrientos y feroces.

รูปร่างอันดำมืดเคลื่อนตัวเข้ามาในค่าย ฮัสกี้ป่า หิวโหย และดุร้าย

Cuatro o cinco docenas de perros esquimales habían olfateado el campamento desde lejos.

สุนัขฮัสกี้สี่ถึงห้าสิบตัวได้ดมกลิ่นค่ายมาจากระยะไกล

Se habían colado sigilosamente mientras los dos perros peleaban cerca.

พวกมันแอบเข้ามาอย่างเงียบๆ

ในขณะที่สุนัขทั้งสองตัวกำลังต่อสู้กันอยู่ใกล้ๆ

François y Perrault atacaron con garrotes a los invasores.

ฟรานซัวส์และเพอร์โรลต์โจมตีและฟาดไม้เข้าที่ผู้รุกราน

Los perros esquimales hambrientos mostraron los dientes y contraatacaron frenéticamente.

ฮัสกี้ที่อดอยากโชว์เขี้ยวและต่อสู้กลับอย่างบ้าคลั่ง

El olor a carne y a pan les había hecho perder todo miedo.

กลิ่นของเนื้อและขนมปังทำให้พวกเขากลัวจน ไม่กล้าแตะต้องอีกต่อไป

Perrault golpeó a un perro que había enterrado su cabeza en el cajón de comida.

เพอร์โรลต์ตีสุนัขที่ฝังหัวไว้ในกล่องอาหาร

El golpe fue muy fuerte y la caja se volcó, derramándose comida.

แรงกระแทกรุนแรงมาก และกล่องก็พลิกคว่ำ อาหารก็หกออกมา

En cuestión de segundos, una veintena de bestias salvajes destrozaron el pan y la carne.

ภายในไม่กี่วินาที สัตว์ป่านับสิบตัวก็ฉีกขนมปังและเนื้อออกไป

Los garrotes de los hombres asestaron golpe tras golpe, pero ningún perro se apartó.

สโมสรชายต่างก็โจมตีกันไปมา แต่ไม่มีสุนัขตัวใดหันหนี

Aullaron de dolor, pero lucharon hasta que no quedó comida.

พวกมันร้องโหยหวนด้วยความเจ็บปวดแต่ก็ต่อสู้จนกระทั่งไม่มีอาหารเหลืออยู่

Mientras tanto, los perros de trineo habían saltado de sus camas nevadas.

ในขณะเดียวกัน สุนัขลากเลื่อนก็กระโดดลงมาจากเตียงหิมะ

Fueron atacados instantáneamente por los feroces y hambrientos huskies.

พวกมันถูกโจมตีโดยสุนัขฮัสกี้หิวโหยดุร้ายทันที

Buck nunca había visto criaturas tan salvajes y hambrientas antes.

บัคไม่เคยเห็นสัตว์ป่าและอดอาหารขนาดนี้มาก่อน

Su piel colgaba suelta, ocultando apenas sus esqueletos.

ผิวหนังของพวกเขาห้อยหลวมแทบไม่สามารถซ่อนโครงกระดูกไ ด้เลย

Había un fuego en sus ojos, de hambre y locura.

มีไฟในดวงตาของพวกเขาจากความหิวโหยและความบ้าคลั่ง

No había manera de detenerlos, de resistirse a su ataque salvaje.

ไม่มีอะไรจะหยุดพวกมันได้

ไม่มีการต้านทานการบุกจู่โจมอันโหดร้ายของพวกมัน

Los perros de trineo fueron empujados hacia atrás y presionados contra la pared del acantilado.

สุนัขลากเลื่อนถูกผลักกลับไป กดไว้ที่ผนังหน้าผา

Tres perros esquimales atacaron a Buck a la vez, desgarrando su carne.

สุนัขฮัสกี้สามตัวโจมตีบั๊กพร้อมๆ กันจนเนื้อของเขาฉีกขาด

La sangre le brotaba de la cabeza y de los hombros, donde había recibido el corte.

เลือดไหลออกมาจากศีรษะและไหล่ของเขาซึ่งเป็นบริเวณที่เขาถูก

ตัด

El ruido llenó el campamento: gruñidos, aullidos y gritos de dolor.

เสียงดังสนั่นไปทั่วค่าย มีทั้งเสียงคำราม เสียงร้องโหยหวน

และเสียงร้องด้วยความเจ็บปวด

Billee gritó fuerte, como siempre, atrapada en la pelea y el pánico.

บิลลี่ร้องไห้เสียงดังเหมือนเช่นเคย

ท่ามกลางความสับสนวุ่นวายและความตื่นตระหนก

Dave y Solleks estaban uno al lado del otro, sangrando pero desafiantes.

เดฟและโซเลกส์ยืนเคียงข้างกันโดยมีเลือดไหลแต่ก็ท้าทาย

Joe peleó como un demonio, mordiendo todo lo que se acercaba.

โจต่อสู้เหมือนปีศาจ กัดทุกสิ่งที่เข้ามาใกล้

Aplastó la pata de un husky con un brutal chasquido de sus mandíbulas.

เขาขย้ำขาของสุนัขไซบีเรียนฮัสกี้ด้วยการกัดเพียงครั้งเดียวอย่างโ

หดร้าย

Pike saltó sobre el husky herido y le rompió el cuello instantáneamente.

ไพค์กระโจนใส่ฮัสกี้ที่บาดเจ็บจนคอหักทันที

Buck agarró a un husky por el cuello y le arrancó la vena.

บัคจับคอสุนัขฮัสกี้แล้วฉีกเส้นเลือดออก

La sangre salpicó y el sabor cálido llevó a Buck al frenesí.

เลือดพุ่งกระจาย และรสชาติที่อบอุ่นทำให้บัคเกิดความคลั่งไคล้

Se abalanzó sobre otro atacante sin dudarlo.

เขาพุ่งเข้าหาผู้จู่โจมอีกคนโดยไม่ลังเล

En ese mismo momento, unos dientes afilados se clavaron en la garganta de Buck.

ขณะเดียวกัน ฟันอันแหลมคมก็จิกเข้าไปในลำคอของบัค

Spitz había atacado desde un costado, sin previo aviso.

สปิทซ์ได้โจมตีจากด้านข้างโดยไม่ได้เตือนล่วงหน้า

Perrault y François habían derrotado a los perros robando la comida.

เปอร์โรลต์และฟรานซัวส์ได้เอาชนะสุนัขที่ขโมยอาหารไปได้

Ahora se apresuraron a ayudar a sus perros a luchar contra los atacantes.

ตอนนี้พวกเขารีบเข้าไปช่วยสุนัขของพวกเขาต่อสู้กับผู้โจมตี

Los perros hambrientos se retiraron mientras los hombres blandían sus garrotes.

สุนัขที่หิวโหยถอยหนีไป

ขณะที่ผู้ชายกำลังฟาดไม้กระบองของตน

Buck se liberó del ataque, pero el escape fue breve.

บั๊กสามารถหลบหนีจากการโจมตีได้

แต่ก็สามารถหลบหนีได้เพียงระยะสั้นๆ

Los hombres corrieron a salvar a sus perros, y los huskies volvieron a atacarlos.

คนเหล่านั้นวิ่งไปช่วยสุนัขของพวกเขา

และสุนัขไซบีเรียนฮัสกี้ก็กลับมารุมกันอีกครั้ง

Billee, aterrorizado y valiente, saltó hacia la jauría de perros.

บิลลี่ตกใจจนต้องกล้าหาญและกระโดดขึ้นไปบนฝูงสุนัข

Pero luego huyó a través del hielo, presa del terror y el pánico.

แต่แล้วเขาก็วิ่งหนีข้ามน้ำแข็งด้วยความหวาดกลัวและตื่นตระหนก

Pike y Dub los siguieron de cerca, corriendo para salvar sus vidas.

ไพค์และดับตามมาอย่างกระชั้นชิดและวิ่งหนีเพื่อเอาชีวิตรอด

El resto del equipo se separó y se dispersó, siguiéndolos.

ส่วนทีมที่เหลือก็แยกย้ายกันตามไป

Buck reunió sus fuerzas para correr, pero entonces vio un destello.

บั๊กรวบรวมพลังเพื่อวิ่ง แต่แล้วก็เห็นแสงวาบ

Spitz se abalanzó sobre el costado de Buck, intentando derribarlo al suelo.

สปิทซ์พุ่งเข้าหาบัค พยายามจะผลักเขาลงพื้น

Bajo esa turba de perros esquimales, Buck no habría tenido escapatoria.

ภายใต้ฝูงฮัสกี้เหล่านั้น บัคคงไม่มีทางหนีรอดไปได้

Pero Buck se mantuvo firme y se preparó para el golpe de Spitz.

แต่บัคยืนหยัดมั่นคงและเตรียมรับมือกับการโจมตีจากสปิตซ์

Luego se dio la vuelta y salió corriendo al hielo con el equipo que huía.

จากนั้นเขาก็หันหลังแล้ววิ่งออกไปบนน้ำแข็งพร้อมกับทีมที่กำลัง

หลบหนี

Más tarde, los nueve perros de trineo se reunieron al abrigo del bosque.

ต่อมาสุนัขลากเลื่อนทั้งเก้าตัวก็มารวมตัวกันที่บริเวณพักพิงกลางป่

า

Ya nadie los perseguía, pero estaban maltratados y heridos.

ไม่มีใครไล่ตามพวกเขาอีกต่อไป

แต่พวกเขากลับถูกทุบตีและได้รับบาดเจ็บ

Cada perro tenía heridas: cuatro o cinco cortes profundos en cada cuerpo.

สุนัขแต่ละตัวมีบาดแผล มีรอยแผลลึกประมาณสี่ถึงห้ารอยตามตัว

Dub tenía una pata trasera herida y ahora le costaba caminar.

ดับได้รับบาดเจ็บที่ขาหลังและต้องดิ้นรนที่จะเดินตอนนี้

Dolly, la perrita más nueva de Dyea, tenía la garganta cortada.

ดอลลี่ สุนัขตัวใหม่ที่สุดจากไดอา มีคอที่ถูกเฉือน

Joe había perdido un ojo y la oreja de Billee estaba cortada en pedazos.

โจสูญเสียตาข้างหนึ่ง และหูของบิลลี่ก็ถูกตัดเป็นชิ้นเล็กชิ้นน้อย

Todos los perros lloraron de dolor y derrota durante toda la noche.

สุนัขทุกตัวร้องไห้ด้วยความเจ็บปวดและพ่ายแพ้ตลอดคืน

Al amanecer regresaron al campamento doloridos y destrozados.

เมื่อรุ่งสางพวกเขาก็ค่อยๆ

คืบคลานกลับค่ายในสภาพเจ็บปวดและแตกหัก

Los perros esquimales habían desaparecido, pero el daño ya estaba hecho.

พวกฮัสกี้หายไปแล้ว แต่ความเสียหายก็เกิดขึ้นแล้ว

Perrault y François estaban de mal humor ante las ruinas.

เปอร์โรลต์และฟรานซัวส์ยืนด้วยอารมณ์หงุดหงิดใจเกี่ยวกับซากป

รักหักพัง

La mitad de la comida había desaparecido, robada por los ladrones hambrientos.

อาหารหายไปครึ่งหนึ่ง ถูกโจรผู้หิวโหยขโมยไป

Los perros esquimales habían destrozado las ataduras y la lona del trineo.

สุนัขฮัสกี้ฉีกเชือกที่ผูกรถเลื่อนและผ้าใบขาด

Todo lo que tenía olor a comida había sido devorado por completo.

ทุกสิ่งทุกอย่างที่มีกลิ่นอาหารถูกกินจนหมดสิ้น

Se comieron un par de botas de viaje de piel de alce de Perrault.

พวกเขาได้กินรองเท้าบูทเดินทางทำจากหนังมูสของ Perrault หนึ่งคู่

Masticaban correas de cuero y arruinaban las correas hasta dejarlas inservibles.

พวกมันเคี้ยวหนังวัวและทำลายสายรัดจนไม่สามารถใช้งานได้อีก

François dejó de mirar el látigo roto para revisar a los perros.

ฟรานซัวส์หยุดจ้องเชือกที่ขาดเพื่อตรวจสอบสุนัข

—Ah, amigos míos —dijo en voz baja y llena de preocupación.

"โอ้ เพื่อนของฉัน"

เขากล่าวด้วยน้ำเสียงต่ำและเต็มไปด้วยความกังวล

"Tal vez todas estas mordeduras os conviertan en bestias locas."

"บางทีการกัดเหล่านี้อาจทำให้คุณกลายเป็นสัตว์บ้าได้"

—¡Quizás todos sean perros rabiosos, sacredam! ¿Qué opinas, Perrault?

"บางทีพวกหมาบ้าทั้งหลายก็อาจจะบ้าเหมือนกันนะ นักบุญ! คุณคิดยังไงบ้าง เพอร์โรลต์?"

Perrault meneó la cabeza; sus ojos estaban oscuros por la preocupación y el miedo.

เพอร์โรลต์ส่ายหัว ดวงตามืดมนไปด้วยความกังวลและความกลัว

Todavía había cuatrocientas millas entre ellos y Dawson.

ระหว่างพวกเขากับดอว์สันยังมีระยะทางอีกสี่ร้อยไมล์

La locura canina ahora podría destruir cualquier posibilidad de supervivencia.

ความบ้าคลั่งของสุนัขในตอนนี้อาจทำลายโอกาสในการมีชีวิตรอด
ได้

Pasaron dos horas maldiciendo y tratando de arreglar el engranaje.

พวกเขาใช้เวลาสองชั่วโมงในการด่าทอและพยายามซ่อมเกียร์

El equipo herido finalmente abandonó el campamento, destrozado y derrotado.

ทีมที่ได้รับบาดเจ็บในที่สุดก็ออกจากค่ายด้วยความพ่ายแพ้และแต

กสลาย

Éste fue el camino más difícil hasta ahora y cada paso era doloroso.

นี่เป็นเส้นทางที่ยากที่สุด และแต่ละก้าวก็เจ็บปวดมาก

El río Treinta Millas no se había congelado y su caudal corría con fuerza.

แม่น้ำเธิร์ตี้ไมล์ยังไม่แข็งตัว แต่ไหลเชี่ยวอย่างรุนแรง

Sólo en los lugares tranquilos y en los remolinos el hielo logró retenerse.

มีเพียงจุดสงบและกระแสน้ำวนเท่านั้นที่น้ำแข็งสามารถจับตัวได้

Pasaron seis días de duro trabajo hasta recorrer las treinta millas.

หกวันแห่งความยากลำบากผ่านไปจนกระทั่งเดินทางได้สามสิบไม

ล์

Cada kilómetro del camino traía consigo peligro y amenaza de muerte.

ทุกๆ

ไมล์ของเส้นทางเต็มไปด้วยอันตรายและภัยคุกคามแห่งความตาย

Los hombres y los perros arriesgaban sus vidas con cada doloroso paso.

คนและสุนัขเสี่ยงชีวิตในทุกย่างก้าวอันเจ็บปวด

Perrault rompió delgados puentes de hielo una docena de veces diferentes.

เปอร์โรลต์ทะลุสะพานน้ำแข็งบางๆ มาแล้วนับสิบครั้ง

Llevó un palo y lo dejó caer sobre el agujero que había hecho su cuerpo.

เขาถือเสาแล้วปล่อยให้มันตกไปตามรูที่ร่างกายของเขาเจาะไว้

Más de una vez ese palo salvó a Perrault de ahogarse.

เสาไม้ต้นนั้นสามารถช่วยชีวิตเปอร์โรลต์จากการจมน้ำได้มากกว่าหนึ่งครั้ง

La ola de frío se mantuvo firme y el aire estaba a cincuenta grados bajo cero.

คลื่นความหนาวเย็นยังคงรุนแรง อุณหภูมิอยู่ที่ 50 องศาต่ำกว่าศูนย์

Cada vez que se caía, Perrault tenía que encender un fuego para sobrevivir.

ทุกครั้งที่เขาล้มลง เพอร์โรลต์จะต้องจุดไฟเพื่อเอาชีวิตรอด

La ropa mojada se congelaba rápidamente, por lo que la secaba cerca del calor abrasador.

เสื้อผ้าเปียกจะแข็งตัวเร็วมาก

ดังนั้นเขาจึงต้องทำให้แห้ง โดยแทบไม่ต้องตากแดด

Ningún miedo afectó jamás a Perrault, y eso lo convirtió en mensajero.

เปอร์โรลต์ไม่เคยเผชิญกับความกลัวใดๆ

และนั่นทำให้เขากลายเป็นผู้ส่งสาร

Fue elegido para el peligro y lo afrontó con tranquila resolución.

เขาถูกเลือกเพราะความอันตราย

และเขารับมือกับมันอย่างมั่นคงและแน่วแน่

Avanzó contra el viento, con el rostro arrugado y congelado.

เขาก้าวไปข้างหน้าฝ่าลม ใบหน้าเหี่ยวเฉาของเขาถูกน้ำแข็งกัดกิน

Desde el amanecer hasta el anochecer, Perrault los condujo hacia adelante.

ตั้งแต่รุ่งสางจนค่ำ เพอร์โรลต์นำพวกเขาเดินหน้าต่อไป

Caminó sobre un estrecho borde de hielo que se agrietaba con cada paso.

เขาเดินบนขอบน้ำแข็งแคบๆ ที่แตกร้าวทุกครั้งที่ก้าวเดิน

No se atrevieron a detenerse: cada pausa suponía el riesgo de un colapso mortal.

พวกเขาไม่กล้าหยุดเลย—

การหยุดแต่ละครั้งเสี่ยงต่อการพังทลายอันร้ายแรง

Una vez, el trineo se abrió paso y arrastró a Dave y Buck.

ครั้งหนึ่งรถเลื่อนทะลุออกมาและดึงเดฟและบัคเข้ามา

Cuando los liberaron, ambos estaban casi congelados.

ตอนที่พวกเขาถูกดึงออกไป ทั้งสองแทบจะแข็งเป็นน้ำแข็งแล้ว

Los hombres hicieron un fuego rápidamente para mantener con vida a Buck y Dave.

คนเหล่านั้นก่อไฟอย่างรวดเร็วเพื่อให้บัคและเดฟมีชีวิตอยู่

Los perros estaban cubiertos de hielo desde la nariz hasta la cola, rígidos como madera tallada.

สุนัขมีร่างกายปกคลุมไปด้วยน้ำแข็งตั้งแต่จมูกจรดหาง

แข็งราวกับไม้แกะสลัก

Los hombres los hicieron correr en círculos cerca del fuego para descongelar sus cuerpos.

พวกผู้ชายวิ่งเป็นวงกลมใกล้กองไฟเพื่อละลายร่างกายของพวกเขา

Se acercaron tanto a las llamas que su pelaje se quemó.

พวกมันเข้ามาใกล้เปลวไฟมากจนขนของพวกมันไหม้เกรียม

Luego Spitz rompió el hielo y arrastró al equipo detrás de él.

จากนั้น สปิทซ์ก็ทะลุน้ำแข็งไปและลากทีมที่อยู่ข้างหลังเขาเข้ามา

La ruptura llegó hasta donde Buck estaba tirando.

การแตกหักนั้นเกิดขึ้นถึงบริเวณที่บัคกำลังดึงอยู่

Buck se reclinó con fuerza hacia atrás, sus patas resbalaron y temblaron en el borde.

บัคเอนตัวไปด้านหลังอย่างแรง อุ้งเท้าลื่นและสั่นอยู่บนขอบ

Dave también se esforzó hacia atrás, justo detrás de Buck en la línea.

เดฟยังฝืนถอยหลังไปเล็กน้อย ขณะอยู่หลังบัคบนเส้น

François tiró del trineo; sus músculos crujían por el esfuerzo.

ฟรานซัวส์ลากเลื่อนโดยที่กล้ามเนื้อของเขาตึงเพราะออกแรงมาก

En otra ocasión, el borde del hielo se agrietó delante y detrás del trineo.

ครั้งหนึ่งขอบน้ำแข็งแตกร้าวทั้งก่อนและหลังรถเลื่อน

No tenían otra salida que escalar una pared del acantilado congelado.

พวกเขาไม่มีทางออกใด ๆ ยกเว้นต้องปีนหน้าผาที่เป็นน้ำแข็ง

De alguna manera Perrault logró escalar el muro; un milagro lo mantuvo con vida.

เปอร์โรลต์สามารถปีนกำแพงขึ้นไปได้อย่างไม่น่าเชื่อ

แต่ปาฏิหาริย์ทำให้เขารอดชีวิตมาได้

François se quedó abajo, rezando por tener la misma suerte.

ฟรานซัวส์อยู่ข้างล่างเพื่ออธิษฐานให้โชคดีเช่นเดียวกัน

Ataron todas las correas, amarres y tirantes hasta formar una cuerda larga.

พวกเขาผูกสายรัด เชือกผูก

และเชือกตามยาวเข้าด้วยกันเป็นเชือกเส้นเดียว

Los hombres subieron cada perro, uno a uno, hasta la cima.

คนเหล่านั้นลากสุนัขแต่ละตัวขึ้นไปด้านบนทีละตัว

François subió el último, después del trineo y toda la carga.

ฟรานซัวส์เป็นคนปีนขึ้นเป็นคนสุดท้าย

รองจากเลื่อนและสัมภาระทั้งหมด

Entonces comenzó una larga búsqueda de un camino para bajar de los acantilados.

จากนั้นจึงเริ่มการค้นหาทางลงจากหน้าผาอันยาวนาน

Finalmente descendieron usando la misma cuerda que habían hecho.

ในที่สุดพวกเขาก็ลงมาโดยใช้เชือกเส้นเดียวกับที่พวกเขาทำไว้

La noche cayó cuando regresaron al lecho del río, exhaustos y doloridos.

เมื่อถึงเวลากลางคืน

พวกเขาก็กลับมาที่แม่น้ำด้วยความเหนื่อยล้าและเจ็บปวด

El día completo les había proporcionado sólo un cuarto de milla de ganancia.

พวกเขาใช้เวลาทั้งวันเพื่อเดินทางเพียงแค่หนึ่งในสี่ไมล์

Cuando llegaron a Hootalinqua, Buck estaba agotado.

ตอนที่พวกเขาไปถึงฮูทาลินควา บัคก็เหนื่อยล้าแล้ว

Los demás perros sufrieron igual de mal las condiciones del sendero.

สุนัขตัวอื่นๆ ก็ได้รับความทุกข์ทรมานจากสภาพเส้นทางเช่นกัน

Pero Perrault necesitaba recuperar tiempo y los presionaba cada día.

แต่เปอร์โรลต์จำเป็นต้องคืนเวลาและผลักดันพวกเขาต่อไปในแต่ล

ะวัน

El primer día viajaron treinta millas hasta Big Salmon.

วันที่แรกพวกเขาเดินทางสามสิบไมล์ไปยังบิ๊กแซลมอน

Al día siguiente viajaron treinta y cinco millas hasta Little Salmon.

วันรุ่งขึ้น พวกเขาเดินทางได้ประมาณ 35
ไมล์จนถึงลิตเติลแซลมอน

Al tercer día avanzaron a través de cuarenta largas y heladas millas.
ในวันที่สาม

พวกเขาต้องเดินทางผ่านเส้นทางอันหนาวเหน็บยาวนานถึงสี่สิบไมล์

Para entonces, se estaban acercando al asentamiento de Five Fingers.
ในเวลานั้น พวกเขาใกล้จะถึงถิ่นฐานของ Five Fingers แล้ว

Los pies de Buck eran más suaves que los duros pies de los huskies nativos.
เท้าของบัคมีความนุ่มนวลกว่าเท้าที่แข็งของสุนัขฮัสกี้พื้นเมือง

Sus patas se habían vuelto tiernas a lo largo de muchas generaciones civilizadas.
อุ้งเท้าของเขามีความอ่อนนุ่มมาหลายชั่วรุ่นแล้ว

Hace mucho tiempo, sus antepasados habían sido domesticados por hombres del río o cazadores.
เมื่อนานมาแล้ว

บรรพบุรุษของเขาถูกฝึกให้เชื่องโดยชาวแม่น้ำหรือพรานล่าสัตว์

Todos los días Buck cojeaba de dolor, caminando sobre sus patas doloridas y en carne viva.
ทุกวันบัคจะต้องเดินกะเผลกเพราะความเจ็บปวด

อุ้งเท้าเจ็บและปวด

En el campamento, Buck cayó como un cuerpo sin vida sobre la nieve.
เมื่อถึงค่าย บัคก็ล้มลงเหมือนร่างไร้ชีวิตบนหิมะ

Aunque estaba hambriento, Buck no se levantó a comer su cena.

แม้ว่าจะหิวโหย บัคก็ไม่ยอมลุกขึ้นมาทานมื้อเย็น

François le trajo a Buck su ración, poniendo pescado junto a su hocico.

ฟรานซัวส์นำอาหารมาให้บัค โดยวางปลาไว้ตรงปากกระบอกปืน

Cada noche, el conductor frotaba los pies de Buck durante media hora.

ทุกคืนคนขับจะนวดเท้าบัคเป็นเวลาครึ่งชั่วโมง

François incluso cortó sus propios mocasines para hacer calzado para perros.

ฟรานซัวส์ยังตัดรองเท้าโมคาซินของตัวเองเพื่อทำเป็นรองเท้าสุนัขอีกด้วย

Cuatro zapatos cálidos le dieron a Buck un gran y bienvenido alivio.

รองเท้าที่อบอุ่นสี่คู่ทำให้บัครู้สึกโล่งใจอย่างมาก

Una mañana, François olvidó los zapatos y Buck se negó a levantarse.

เช้าวันหนึ่ง ฟรานซัวส์ลืมรองเท้ามา และบัคก็ไม่ยอมลุกขึ้น

Buck yacía de espaldas, con los pies en el aire, agitándolos lastimeramente.

บัคนอนหงายโดยยกเท้าขึ้นและโบกมืออย่างน่าสงสาร

Incluso Perrault sonrió al ver la dramática súplica de Buck.

แม้แต่เพอร์โรลต์ยังยิ้มเมื่อเห็นคำวิงวอนอันน่าตื่นเต้นของบัค

Pronto los pies de Buck se endurecieron y los zapatos pudieron desecharse.

ในไม่ช้าเท้าของบัคก็แข็งขึ้น และรองเท้าก็ถูกทิ้งไปได้

En Pelly, durante el periodo de uso del arnés, Dolly emitió un aullido terrible.

ระหว่างเวลาที่เพลลี่รัดคอ ดอลลี่ก็ส่งเสียงหอนอย่างน่ากลัว

El grito fue largo y lleno de locura, sacudiendo a todos los perros.

เสียงร้องนั้นยาวและเต็มไปด้วยความบ้าคลั่ง ทำให้สุนัขทุกตัวสั่น

Cada perro se erizaba de miedo sin saber el motivo.

สุนัขแต่ละตัวขนลุกซู่ด้วยความกลัวโดยไม่ทราบสาเหตุ

Dolly se volvió loca y se arrojó directamente hacia Buck.

ดอลลี่คลั่งและพุ่งตัวเข้าหาบัคโดยตรง

Buck nunca había visto la locura, pero el horror llenó su corazón.

บัคไม่เคยเห็นความบ้าคลั่ง

แต่ความสยองขวัญก็เข้าครอบงำหัวใจของเขา

Sin pensarlo, se dio la vuelta y huyó presa del pánico absoluto.

โดยไม่คิดอะไร

เขาหันหลังแล้ววิ่งหนีไปด้วยความตื่นตระหนกอย่างยิ่ง

Dolly lo persiguió con los ojos desorbitados y la saliva saliendo de sus mandíbulas.

ดอลลี่ไล่ตามเขา ดวงตาของเธอดุร้าย

น้ำลายไหลออกมาจากปากของเธอ

Ella se mantuvo justo detrás de Buck, sin ganar terreno ni quedarse atrás.

เธอเดินตามหลังบัคมาตลอด ไม่เคยได้อะไรกลับมา

และไม่เคยถอยกลับ

Buck corrió a través del bosque, bajó por la isla y cruzó el hielo irregular.

บัควิ่งผ่านป่า ลงไปตามเกาะ และข้ามน้ำแข็งที่ขรุขระ

Cruzó hacia una isla, luego hacia otra, dando la vuelta nuevamente hasta el río.

เขาข้ามไปยังเกาะหนึ่งแล้วข้ามไปอีกเกาะหนึ่งแล้ววนกลับมาที่แม่น้ำ

Aún así Dolly lo persiguió, con su gruñido detrás de cada paso.

ดอลลี่ยังคงไล่ตามเขาโดยส่งเสียงคำรามตามติดทุกก้าวย่าง

Buck podía oír su respiración y su rabia, aunque no se atrevía a mirar atrás.

บัคได้ยินเสียงหายใจและความโกรธของเธอ

แม้ว่าเขาจะไม่กล้ามองกลับไปก็ตาม

François gritó desde lejos y Buck se giró hacia la voz.

ฟรานซัวส์ตะโกนมาจากที่ไกล และบัคก็หันไปทางเสียงนั้น

Todavía jadeando en busca de aire, Buck pasó corriendo, poniendo toda su esperanza en François.

บัควิ่งผ่านไปโดยยังหายใจไม่ออก

โดยฝากความหวังไว้ที่ฟรานซัวส์

El conductor del perro levantó un hacha y esperó mientras Buck pasaba volando.

คนขับสุนัขยกขวานขึ้นและรอขณะที่บั๊กบินผ่านไป

El hacha cayó rápidamente y golpeó la cabeza de Dolly con una fuerza mortal.

ขวานลงมาอย่างรวดเร็วและฟาดศีรษะของดอลลี่ด้วยพลังอันร้ายแรง

Buck se desplomó cerca del trineo, jadeando e incapaz de moverse.

บัคล้มลงใกล้กับรถเลื่อน

หายใจมีเสียงหวีดและไม่สามารถขยับตัวได้

Ese momento le dio a Spitz la oportunidad de golpear a un enemigo exhausto.

ช่วงเวลานั้นทำให้ Spitz มีโอกาสที่จะโจมตีศัตรูที่เหนื่อยล้า

Mordió a Buck dos veces, desgarrando la carne hasta el hueso blanco.

เขาได้กัดบั๊กสองครั้ง จนเนื้อถูกฉีกออกถึงกระดูกสีขาว

El látigo de François hizo chasquear el látigo y golpeó a Spitz con toda su fuerza y furia.

แส้ของฟรานซัวส์ฟาดอย่างดังและโจมตีสปิทซ์อย่างรุนแรง

Buck observó con alegría cómo Spitz recibía la paliza más dura que había recibido hasta entonces.

บัคเฝ้าดูด้วยความดีใจขณะที่สปิทซ์โดนตีอย่างรุนแรงที่สุดเท่าที่เคยมีมา

"Es un demonio ese Spitz", murmuró Perrault para sí mismo.

"เขาเป็นปีศาจนะ สปิทซ์"

เพอร์โรลต์พึมพำกับตัวเองอย่างหม่นหมอง

"Algún día, ese maldito perro matará a Buck, lo juro".

"สักวันหนึ่งในไม่ช้านี้ สุนัขคำสาปตัวนั้นจะฆ่าบัค ฉันสาบาน"

—Ese Buck tiene dos demonios dentro —respondió François asintiendo.

"บัคนั้นมีปีศาจสองตัวอยู่ในตัว" ฟรานซัวส์ตอบด้วยการพยักหน้า

"Cuando veo a Buck, sé que algo feroz le aguarda dentro".

"เมื่อผมดูบัค ผมรู้ว่ามีบางอย่างที่ดุร้ายรออยู่ในตัวเขา"

"Un día se pondrá furioso y destrozará a Spitz".

"สักวันหนึ่ง

เขาจะโกรธจัดเหมือนไฟและฉีกสปิทซ์เป็นชิ้นเล็กชิ้นน้อย"

"Masticará a ese perro y lo escupirá en la nieve congelada".

"เขาจะเคี้ยวสุนัขตัวนั้นแล้วถุยมันลงบนหิมะที่แข็งตัว"

"Estoy seguro de que lo sé en lo más profundo de mi ser".

"แน่นอนว่าฉันรู้เรื่องนี้ลึกๆ อยู่ในกระดูกของฉัน"

A partir de ese momento los dos perros quedaron en guerra.

ตั้งแต่นั้นเป็นต้นมาสุนัขทั้งสองก็กลายเป็นคู่ต่อสู้กัน

Spitz lideró al equipo y mantuvo el poder, pero Buck lo desafió.

สปิทซ์เป็นผู้นำทีมและรักษาอำนาจไว้ได้ แต่บัคท้าทายในเรื่องนั้น

Spitz vio su rango amenazado por este extraño extraño de Southland.

สปิทซ์เห็นว่าตำแหน่งของเขาถูกคุกคามโดยชายแปลกหน้าจากดินแดนใต้ผู้นี้

Buck no se parecía a ningún otro perro sureño que Spitz hubiera conocido antes.

บัคเป็นสุนัขพันธุ์ทางใต้ที่สปิตซ์เคยรู้จักมาก่อน

La mayoría de ellos fracasaron: eran demasiado débiles para sobrevivir al frío y al hambre.

พวกเขาส่วนใหญ่ล้มเหลว

อ่อนแอเกินกว่าจะทนอยู่ท่ามกลางความหนาวและความหิวโหยได้

Murieron rápidamente bajo el trabajo, las heladas y el lento ardor del hambre.

พวกเขาตายอย่างรวดเร็วภายใต้แรงงาน ความเย็นยะเยือก

และความอดอยากที่ค่อยๆ ทวีความรุนแรงขึ้น

Buck se destacó: cada día más fuerte, más inteligente y más salvaje.

บัคโดดเด่นกว่าคนอื่น แข็งแกร่งกว่า ฉลาดกว่า

และดุร้ายกว่าทุกวัน

Prosperó a pesar de las dificultades y creció hasta alcanzar el nivel de los perros esquimales del norte.

เขาเจริญเติบโตท่ามกลางความยากลำบาก

และเติบโตจนทัดเทียมกับสุนัขพันธุ์ฮัสกี้ทางเหนือ

Buck tenía fuerza, habilidad salvaje y un instinto paciente y mortal.

บัคมีพละกำลัง ทักษะอันดุเดือด

และสัญชาตญาณอันอดทนและอันตราย

El hombre con el garrote había golpeado la temeridad de Buck.

ชายที่ถือไม้กระบองได้ทุบตีความความหุนหันพลันแล่นของบั๊ก

La furia ciega desapareció y fue reemplazada por una astucia silenciosa y control.

ความโกรธอย่างโง่เขลาได้หายไป

ถูกแทนที่ด้วยความฉลาดแกมโกงและการควบคุมอันเงียบสงบ

Esperó, tranquilo y primario, observando el momento adecuado.

เขาคอยอย่างสงบและดั้งเดิมเพื่อเฝ้าสังเกตหาจังหวะที่เหมาะสม

Su lucha por el mando se hizo inevitable y clara.

การต่อสู้เพื่อแย่งชิงคำสั่งของพวกเขากลายเป็นสิ่งที่หลีกเลี่ยงไม่ได้

และชัดเจน

Buck deseaba el liderazgo porque su espíritu lo exigía.

บัคต้องการความเป็นผู้นำเพราะจิตวิญญาณของเขาต้องการมัน

Lo impulsaba el extraño orgullo nacido del camino y del arnés.

เขาถูกขับเคลื่อนโดยความภาคภูมิใจที่แปลกประหลาดซึ่งเกิดจากก

ารเดินบนเส้นทางและบังเหียน

Ese orgullo hizo que los perros tiraran hasta caer sobre la nieve.

ความภาคภูมิใจนั้นทำให้สุนัขดึงจนล้มลงบนหิมะ

El orgullo los llevó a dar toda la fuerza que tenían.

ความภาคภูมิใจล่อลวงพวกเขาให้ยอมทุ่มกำลังทั้งหมดที่พวกเขามี

El orgullo puede atraer a un perro de trineo incluso hasta el punto de la muerte.

ความภาคภูมิใจสามารถล่อลวงสุนัขลากเลื่อนได้แม้กระทั่งเมื่อใกล้

จะตาย

La pérdida del arnés dejó a los perros rotos y sin propósito.

การทำสายรัดหายทำให้สุนัขหักและไม่มีจุดหมาย

El corazón de un perro de trineo puede quedar aplastado por la vergüenza cuando se retira.

หัวใจของสุนัขลากเลื่อนอาจจะถูกทำลายด้วยความอับอายเมื่อมันเ

กษียณ

Dave vivió con ese orgullo mientras arrastraba el trineo desde atrás.

เดฟใช้ชีวิตด้วยความภาคภูมิใจในขณะที่เขาลากเลื่อนจากด้านหลัง

Solleks también lo dio todo con fuerza y lealtad.

โซลเลกส์เองก็ทุ่มเทอย่างเต็มที่ด้วยความแข็งแกร่งและความภักดี

Cada mañana, el orgullo los transformaba de amargados a decididos.

ในแต่ละเช้า

ความภูมิใจเปลี่ยนจากความขมขื่นให้กลายเป็นความมุ่งมั่น

Empujaron todo el día y luego se quedaron en silencio al final del campamento.

พวกเขาผลักดันกันตลอดทั้งวัน จากนั้นก็เงียบหายไปที่ปลายค่าย

Ese orgullo le dio a Spitz la fuerza para poner a raya a los evasores.

ความภาคภูมิใจนั้นทำให้ Spitz

มีความแข็งแกร่งในการเอาชนะผู้หลบเลี่ยงให้เข้าแถว

Spitz temía a Buck porque Buck tenía ese mismo orgullo profundo.

สปิทซ์กลัวบัค

เนื่องจากบัคก็มีความภาคภูมิใจอย่างลึกซึ้งเช่นเดียวกัน

El orgullo de Buck ahora se agitó contra Spitz, y no se detuvo.

ตอนนี้ความภูมิใจของบัคเริ่มต่อต้านสปิทซ์ และเขาก็ไม่ได้หยุด

Buck desafió el poder de Spitz y le impidió castigar a los perros.

บัคขัดขืนพลังของสปิทซ์และขัดขวางไม่ให้เขาลงโทษสุนัข

Cuando otros fallaron, Buck se interpuso entre ellos y su líder.

เมื่อคนอื่นๆ ล้มเหลว

บัคก็เข้ามาขวางระหว่างพวกเขากับผู้นำของพวกเขา

Lo hizo con intención, dejando claro y abierto su desafío.

เขาทำสิ่งนี้ด้วยเจตนาเพื่อท้าทายอย่างเปิดเผยและชัดเจน

Una noche, una fuerte nevada cubrió el mundo con un profundo silencio.

คืนหนึ่ง หิมะที่ตกหนักปกคลุมโลกด้วยความเงียบสงบ

A la mañana siguiente, Pike, perezoso como siempre, no se levantó para ir a trabajar.

เช้าวันรุ่งขึ้น ไพค์ยังคงขี้เกียจเช่นเคย และไม่ลุกขึ้นไปทำงาน

Se quedó escondido en su nido bajo una gruesa capa de nieve.

เขาซ่อนตัวอยู่ในรังของเขาใต้ชั้นหิมะหนาทึบ

François gritó y buscó, pero no pudo encontrar al perro.

ฟรานซัวส์ตะโกนออกไปและค้นหาแต่ไม่พบสุนัข

Spitz se puso furioso y atravesó furioso el campamento cubierto de nieve.

สปิทซ์โกรธมากและบุกฝ่าค่ายที่ปกคลุมไปด้วยหิมะ

Gruñó y olfateó, cavando frenéticamente con ojos llameantes.

เขาขู่และดมกลิ่นอย่างบ้าคลั่งด้วยดวงตาที่ลุกโชน

Su rabia era tan feroz que Pike tembló de miedo bajo la nieve.

ความโกรธของเขารุนแรงมากจนทำให้ไพค์สั่นเทาด้วยความกลัว

Cuando finalmente encontraron a Pike, Spitz se abalanzó sobre él para castigar al perro que estaba escondido.

เมื่อพบไพค์ในที่สุด สปิทซ์ก็พุ่งเข้าลงโทษสุนัขที่ซ่อนอยู่

Pero Buck saltó entre ellos con una furia igual a la de Spitz.

แต่บัคก็กระโจนเข้ามาระหว่างพวกเขาด้วยความโกรธไม่แพ้สปิตซ์

เลย

El ataque fue tan repentino e inteligente que Spitz cayó al suelo.

การโจมตีนั้นกะทันหันและชาญฉลาดมากจนสปิทซ์ล้มลง

Pike, que estaba temblando, se animó ante este desafío.

ไพค์ที่กำลังสั่นอยู่รู้สึกมีกำลังใจจากการท้าทายครั้งนี้

Saltó sobre el Spitz caído, siguiendo el audaz ejemplo de Buck.

เขากระโจนใส่สุนัขพันธุ์สปิทซ์ที่ล้มลง

โดยทำตามตัวอย่างอันกล้าหาญของบัค

Buck, que ya no estaba obligado por la justicia, se unió a la huelga de Spitz.

บัคซึ่งไม่ผูกพันด้วยความยุติธรรมอีกต่อไป

จึงเข้าร่วมการประท้วงสปิตซ์

François, divertido pero firme en su disciplina, blandió su pesado látigo.

ฟรานซัวส์รู้สึกขบขันแต่ก็มั่นคงในระเบียบวินัย

และฟาดแส้อันหนักหน่วงของเขา

Golpeó a Buck con todas sus fuerzas para acabar con la pelea.

เขาโจมตีบัคด้วยพละกำลังทั้งหมดของเขาเพื่อยุติการต่อสู้

Buck se negó a moverse y se quedó encima del líder caído.

บั๊กปฏิเสธที่จะเคลื่อนไหวและอยู่เหนือผู้นำที่ล้มลง

François entonces utilizó el mango del látigo y golpeó con fuerza a Buck.

จากนั้นฟรานซัวส์ก็ใช้ด้ามแส้ตีบั๊กอย่างแรง

Tambaleándose por el golpe, Buck cayó hacia atrás bajo el asalto.

บัคเซไปเซมาหลังจากโดนโจมตี และล้มลงอีกครั้ง

François golpeó una y otra vez mientras Spitz castigaba a Pike.

ฟรานซัวส์โจมตีซ้ำแล้วซ้ำเล่าในขณะที่สปิทซ์ลงโทษไพค์

Pasaron los días y Dawson City estaba cada vez más cerca.

วันเวลาผ่านไป และเมือง Dawson City ก็ใกล้เข้ามาเรื่อยๆ

Buck seguía interfiriendo, interponiéndose entre Spitz y otros perros.

บัคคอยเข้าไปแทรกแซง โดยลอดระหว่างสปิทซ์กับสุนัขตัวอื่นๆ

Elegía bien sus momentos, esperando siempre que François se marchase.

เขาเลือกช่วงเวลาได้ดีมาก โดยคอยรอให้ฟรานซัวส์จากไปเสมอ

La rebelión silenciosa de Buck se extendió y el desorden se arraigó en el equipo.

การกบฏอันเงียบงันของบัคแพร่กระจาย

และความวุ่นวายก็หยั่งรากลึกในทีม

Dave y Solleks se mantuvieron leales, pero otros se volvieron rebeldes.

เดฟและโซเลกส์ยังคงภักดี แต่บางคนกลับดื้อรั้น

El equipo empeoró: se volvió inquieto, pendenciero y fuera de lugar.

ทีมแย่ลงเรื่อยๆ ไม่สงบ ทะเลาะเบาะแว้ง และไร้ระเบียบ

Ya nada funcionaba con fluidez y las peleas se volvieron algo habitual.

ไม่มีอะไรทำงานราบรื่นอีกต่อไป

และการต่อสู้ก็กลายเป็นเรื่องปกติ

Buck permaneció en el corazón del problema, provocando siempre malestar.

บัคอยู่ที่ใจกลางปัญหาและคอยกระตุ้นให้เกิดความไม่สงบอยู่เสมอ

François se mantuvo alerta, temeroso de la pelea entre Buck y Spitz.

ฟรานซัวส์ยังคงระมัดระวัง

เพราะกลัวการต่อสู้ระหว่างบั๊กกับสปิทซ์

Cada noche, las peleas lo despertaban, temiendo que finalmente llegara el comienzo.

ในแต่ละคืน การทะเลาะวิวาทจะปลุกเขาให้ตื่น

เพราะกลัวว่าจุดเริ่มต้นจะมาถึงในที่สุด

Saltó de su túnica, dispuesto a detener la pelea.

เขาถอดเสื้อคลุมออกพร้อมที่จะหยุดการต่อสู้

Pero el momento nunca llegó y finalmente llegaron a Dawson.

แต่เวลานั้นไม่เคยมาถึง และพวกเขาก็ไปถึงเมืองดอว์สันในที่สุด

El equipo entró en la ciudad una tarde sombría, tensa y silenciosa.

ทีมมาถึงเมืองในบ่ายวันหนึ่งอันมืดหม่น เงียบสงบ และตึงเครียด

La gran batalla por el liderazgo todavía estaba suspendida en el aire.

การต่อสู้อันยิ่งใหญ่เพื่อชิงความเป็นผู้นำยังคงแขวนลอยอยู่ในอากาศอันหนาวเหน็บ

Dawson estaba lleno de hombres y perros de trineo, todos ocupados con el trabajo.

Dawson เต็มไปด้วยคนและสุนัขลากเลื่อน

ซึ่งทุกคนต่างก็ยุ่งกับงาน

Buck observó a los perros tirar cargas desde la mañana hasta la noche.

บัคเฝ้าดูสุนัขลากของจากเช้าจรดค่ำ

Transportaban troncos y leña y transportaban suministros a las minas.

พวกเขาลากท่อนไม้และไม้ฟืน และขนเสบียงไปที่เหมืองแร่

Donde antes trabajaban los caballos en las tierras del sur, ahora trabajaban los perros.

ในบริเวณตอนใต้ของทวีปอเมริกา เคยมีม้าทำงาน แต่ปัจจุบัน

สุนัขกลับทำงานหนัก

Buck vio algunos perros del sur, pero la mayoría eran huskies parecidos a lobos.

บั๊กเห็นสุนัขบางตัวจากทางใต้

แต่ส่วนใหญ่เป็นสุนัขพันธุ์ฮัสกี้ที่มีลักษณะคล้ายหมาป่า

Por la noche, como un reloj, los perros alzaban sus voces cantando.

ในเวลากลางคืน สุนัขก็จะส่งเสียงร้องตามอย่างไม่หยุดหย่อน

A las nueve, a las doce y de nuevo a las tres, empezó el canto.

เวลาเก้าโมง เวลาเที่ยงคืน และเวลาสามโมงอีกครั้ง

การร้องเพลงก็เริ่มขึ้น

A Buck le encantaba unirse a su canto misterioso, de sonido salvaje y antiguo.

บั๊กชอบร่วมร้องเพลงสวดอันน่าขนลุกของพวกเขา

ซึ่งมีเสียงที่ดุร้ายและเก่าแก่

La aurora llameó, las estrellas bailaron y la nieve cubrió la tierra.

แสงเหนือเปล่งประกาย ดวงดาวเต้นรำ

และหิมะปกคลุมไปทั่วแผ่นดิน

El canto de los perros se elevó como un grito contra el silencio y el frío intenso.

เสียงร้องของสุนัขดังขึ้นท่ามกลางความเงียบและความหนาวเหน็บ

Pero su aullido contenía tristeza, no desafío, en cada larga nota.

แต่เสียงคร่ำครวญของพวกเขาเต็มไปด้วยความเศร้าโศก

ไม่ใช่การท้าทายในทุก ๆ โน้ตยาว ๆ

Cada grito lamentable estaba lleno de súplica: el peso de la vida misma.

เสียงคร่ำครวญแต่ละเสียงเต็มไปด้วยการวิงวอนซึ่งเป็นภาระของชี

วิตเอง

Esa canción era vieja, más vieja que las ciudades y más vieja que los incendios.

เพลงนั้นเก่ามาก—เก่ากว่าเมือง และเก่ากว่าไฟ

Aquella canción era más antigua incluso que las voces de los hombres.

เพลงนั้นเก่าแก่ยิ่งกว่าเสียงมนุษย์เสียอีก

Era una canción del mundo joven, cuando todas las canciones eran tristes.

เป็นเพลงจากโลกวัยรุ่นที่เพลงทุกเพลงล้วนเศร้า

La canción transportaba el dolor de incontables generaciones de perros.

บทเพลงนี้ถ่ายทอดความโศกเศร้าของสุนัขนับไม่ถ้วนรุ่น

Buck sintió la melodía profundamente, gimiendo por un dolor arraigado en los siglos.

บัครู้สึกถึงทำนองเพลงได้อย่างลึกซึ้ง

คร่ำครวญถึงความเจ็บปวดที่หยั่งรากลึกในยุคสมัยต่างๆ

Sollozaba por un dolor tan antiguo como la sangre salvaje en sus venas.

เขาสะอื้นไห้ด้วยความเศร้าโศกเท่ากับเลือดป่าที่อยู่ในเส้นเลือดขอ

งเขา

El frío, la oscuridad y el misterio tocaron el alma de Buck.

ความหนาวเย็น ความมืด และความลึกลับ

สัมผัสจิตวิญญาณของบัค

Esa canción demostró hasta qué punto Buck había regresado a sus orígenes.

เพลงนั้นพิสูจน์ให้เห็นว่าบัคได้ย้อนกลับไปยังต้นกำเนิดของเขาไก

ลแค่ไหน

Entre la nieve y los aullidos había encontrado el comienzo de su propia vida.

ท่ามกลางหิมะและเสียงหอน

เขาได้พบจุดเริ่มต้นของชีวิตของเขาเอง

Siete días después de llegar a Dawson, partieron nuevamente.

หลังจากมาถึงเมืองดอว์สันได้เจ็ดวัน พวกเขาก็ออกเดินทางอีกครั้ง

El equipo descendió del cuartel hasta el sendero Yukon.

ทีมได้ออกเดินทางจากค่ายทหารมายังเส้นทางยูคอน

Comenzaron el viaje de regreso hacia Dyea y Salt Water.

พวกเขาเริ่มเดินทางกลับไปยัง Dyea และ Salt Water

Perrault llevaba despachos aún más urgentes que antes.

เปอร์โรลต์ส่งข่าวสารที่มีความเร่งด่วนมากกว่าเดิม

También se sintió dominado por el orgullo por el sendero y se propuso establecer un récord.

เขายังรู้สึกภาคภูมิใจในเส้นทางและตั้งเป้าที่จะสร้างสถิติ

Esta vez, varias ventajas estaban del lado de Perrault.

ครั้งนี้ มีข้อได้เปรียบหลายประการอยู่ฝ่ายของเพอร์โรลต์

Los perros habían descansado durante una semana entera y recuperaron su fuerza.

สุนัขได้พักผ่อนมาหนึ่งสัปดาห์เต็ม และกลับมามีกำลังอีกครั้ง

El camino que ellos habían abierto ahora estaba compactado por otros.

เส้นทางที่พวกเขาเดินก่อนหน้านี้

ตอนนี้ถูกคนอื่นเหยียบจนแน่นแล้ว

En algunos lugares, la policía había almacenado comida tanto para perros como para hombres.

ในสถานที่ต่างๆ ตำรวจได้เก็บอาหารไว้สำหรับทั้งสุนัขและผู้ชาย

Perrault viajaba ligero, moviéndose rápido y con poco que lo pesara.

เพอร์โรลต์เดินทางเบาๆ

และเคลื่อนที่เร็วโดยไม่มีอะไรถ่วงน้ำหนักเขาไว้

Llegaron a Sixty-Mile, un recorrido de cincuenta millas, en la primera noche.

พวกเขาวิ่งถึงระยะทาง 60 ไมล์ในคืนแรก

El segundo día, se apresuraron a subir por el Yukón hacia Pelly.

ในวันที่สอง พวกเขารีบเร่งไปตามแม่น้ำยูคอนเข้าหาเพลลี

Pero estos grandes avances implicaron un gran esfuerzo para François.

แต่ความก้าวหน้าที่ดีเช่นนี้มาพร้อมกับแรงกดดันอย่างมากสำหรับ

ฟรานซัวส์

La rebelión silenciosa de Buck había destrozado la disciplina del equipo.

การกบฏอันเงียบงันของบัคทำให้วินัยของทีมพังทลาย

Ya no tiraban juntos como una sola bestia bajo las riendas.

พวกเขาไม่ดึงกันเข้าด้วยกันเหมือนสัตว์ตัวเดียวในบังเหียนอีกต่อไป

Buck había llevado a otros al desafío mediante su valiente ejemplo.

บัคได้นำคนอื่นๆ ให้ท้าทายด้วยตัวอย่างที่กล้าหาญของเขา

La orden de Spitz ya no fue recibida con miedo ni respeto.

คำสั่งของสปิทซ์ไม่ได้รับการตอบรับด้วยความกลัวหรือความเคารพอีกต่อไป

Los demás perdieron el respeto que le tenían y se atrevieron a resistirse a su gobierno.

คนอื่นๆ สูญเสียความเกรงขามต่อเขา

และกล้าต่อต้านการปกครองของเขา

Una noche, Pike robó medio pescado y se lo comió bajo la mirada de Buck.

คืนหนึ่ง ไพค์ขโมยปลาไปครึ่งตัวแล้วกินใต้ตาของบัค

Otra noche, Dub y Joe pelearon contra Spitz y quedaron impunes.

อีกคืนหนึ่ง ดับและโจสู้กับสปิทซ์และไม่ได้รับการลงโทษ

Incluso Billee se quejó con menos dulzura y mostró una nueva agudeza.

แม้แต่บิลลี่ก็ยังครางหวานน้อยลงและแสดงความเฉียบคมใหม่

Buck le gruñó a Spitz cada vez que se cruzaban.

บัคขู่สปิทซ์ทุกครั้งที่พวกเขาเดินผ่านกัน

La actitud de Buck se volvió audaz y amenazante, casi como la de un matón.

ทัศนคติของบัคกลายเป็นกล้าหาญและคุกคาม

เหมือนกับคนรังแกคนอื่น

Caminó delante de Spitz con arrogancia, lleno de amenaza burlona.

เขาเดินไปมาต่อหน้าสปิทซ์ด้วยท่าทางทะนงตนและเต็มไปด้วยกา

รเยาะเย้ยคุกคาม

Ese colapso del orden se extendió también entre los perros de trineo.

การล่มสลายของระเบียบดังกล่าวยังแพร่กระจายไปสู่พวกสุนัขลา

กเลื่อนด้วย

Pelearon y discutieron más que nunca, llenando el campamento de ruido.

พวกเขาต่อสู้และโต้เถียงกันมากขึ้นกว่าเดิม

จนทำให้ค่ายเต็มไปด้วยเสียงดัง

La vida en el campamento se convertía cada noche en un caos salvaje y aullante.

ชีวิตในค่ายกลายเป็นความโกลาหลวุ่นวายทุกคืน

Sólo Dave y Solleks permanecieron firmes y concentrados.

มีเพียงเดฟและโซเลกส์เท่านั้นที่ยังคงมั่นคงและมีสมาธิ

Pero incluso ellos se enojaron por las peleas constantes.

แต่ถึงกระนั้นพวกเขาก็ยังมีอารมณ์ฉุนเฉียวจากการทะเลาะวิวาทอ

ย่างต่อเนื่อง

François maldijo en lenguas extrañas y pisoteó con frustración.

ฟรานซัวส์สาปแช่งด้วยภาษาแปลกๆ

และกระทืบเท้าด้วยความหงุดหงิด

Se tiró del pelo y gritó mientras la nieve volaba bajo sus pies.

เขาฉีกผมของตัวเองและตะโกนขณะที่หิมะปลิวว่อนใต้เท้า

Su látigo azotó a la manada, pero apenas logró mantenerlos bajo control.

แส้ของเขาฟาดข้ามฝูงศัตรูแต่แทบจะควบคุมพวกมันไว้ไม่ได้

Cada vez que él le daba la espalda, la lucha estallaba de nuevo.

เมื่อใดก็ตามที่เขาหันหลังกลับ การต่อสู้ก็เกิดขึ้นอีกครั้ง

François utilizó el látigo para azotar a Spitz, mientras Buck lideraba a los rebeldes.

ฟรานซัวส์ใช้แส้กับสปิทซ์ ในขณะที่บัคเป็นผู้นำกลุ่มกบฏ

Cada uno conocía el papel del otro, pero Buck evitó cualquier culpa.

แต่ละคนรู้บทบาทของอีกฝ่าย แต่บัคเลี่ยงที่จะตำหนิใคร

François nunca sorprendió a Buck iniciando una pelea o eludiendo su trabajo.

ฟรานซัวส์ไม่เคยจับได้ว่าบัคเริ่มการต่อสู้หรือหลบเลี่ยงงานของเข
า

Buck trabajó duro con el arnés; el trabajo ahora emocionaba su espíritu.

บั๊กทำงานหนักมากในการฝึกม้า—

ความเหน็ดเหนื่อยนี้ทำให้จิตวิญญาณของเขาตื่นเต้น

Pero encontró aún más alegría al provocar peleas y caos en el campamento.

แต่เขาพบความสุขมากกว่าในการยุยงปลุกปั่นและความวุ่นวายใน
ค่าย

Una noche, en la desembocadura del Tahkeena, Dub asustó a un conejo.

เย็นวันหนึ่งที่ปากของ Tahkeena ดับทำให้กระต่ายตกใจ

Falló el tiro y el conejo con raquetas de nieve saltó lejos.

เขาพลาดการจับและกระต่ายหิมะก็กระโจนหนีไป

En cuestión de segundos, todo el equipo de trineo los persiguió con gritos salvajes.

ภายในไม่กี่วินาที ทีมลากเลื่อนทั้งทีมก็ไล่ตามด้วยเสียงร้องลั่น

Cerca de allí, un campamento de la Policía del Noroeste albergaba cincuenta perros husky.

ใกล้ๆ

กันมีค่ายตำรวจทางตะวันตกเฉียงเหนือที่เลี้ยงสุนัขพันธุ์ไซบีเรียน

ฮัสกี้ไว้ 50 ตัว

Se unieron a la caza y navegaron juntos por el río helado.

พวกเขาร่วมออกตามล่าและล่องลงมาในแม่น้ำที่เป็นน้ำแข็งด้วยกั

น

El conejo se desvió del río y huyó hacia el lecho congelado del arroyo.

กระต่ายเดินออกจากแม่น้ำแล้ววิ่งหนีขึ้นไปตามลำธารที่เป็นน้ำแข็

ง

El conejo saltaba suavemente sobre la nieve mientras los perros se abrían paso con dificultad.

กระต่ายกระโดดเบา ๆ บนหิมะ ขณะที่สุนัขดิ้นรนฝ่าไป

Buck lideró la enorme manada de sesenta perros en cada curva.

บั๊กนำฝูงสุนัขจำนวนมากถึง 60 ตัวผ่านโค้งที่คดเคี้ยวแต่ละแห่ง

Avanzó lentamente y con entusiasmo, pero no pudo ganar terreno.

เขาก้าวไปข้างหน้าอย่างต่ำและกระตือรือร้นแต่ไม่สามารถได้พื้นที่

คืนมา

Su cuerpo brillaba bajo la pálida luna con cada poderoso salto.

ร่างของเขาเปล่งประกายภายใต้แสงจันทร์สีซีดจากการกระโดดอัน
ทรงพลังในแต่ละครั้ง

**Más adelante, el conejo se movía como un fantasma,
silencioso y demasiado rápido para atraparlo.**
ข้างหน้ากระต่ายเคลื่อนไหวราวกับผี เงียบงัน

และเร็วเกินกว่าจะจับได้

**Todos esos viejos instintos —el hambre, la emoción— se
apoderaron de Buck.**
สัญชาตญาณเก่าๆ ทั้งหมด ทั้งความหิว ความตื่นเต้น

พุ่งพล่านในตัวบัค

**Los humanos a veces sienten este instinto y se ven
impulsados a cazar con armas de fuego y balas.**
มนุษย์รู้สึกถึงสัญชาตญาณนี้บางครั้ง

ซึ่งถูกผลักดันให้ล่าสัตว์ด้วยปืนและกระสุน

**Pero Buck sintió este sentimiento a un nivel más profundo y
personal.**
แต่บัครู้สึกถึงความรู้สึกนี้ในระดับที่ลึกซึ้งและเป็นส่วนตัวมากขึ้น

**No podían sentir lo salvaje en su sangre como Buck podía
sentirlo.**
พวกเขาไม่รู้สึกถึงความป่าเถื่อนในเลือดของพวกเขาในแบบที่บัครู้
สึกได้

**Persiguió carne viva, dispuesto a matar con los dientes y
saborear la sangre.**
เขาไล่ตามเนื้อที่มีชีวิตพร้อมที่จะฆ่าด้วยฟันและลิ้มรสเลือด

**Su cuerpo se tensó de alegría, queriendo bañarse en la cálida
vida roja.**
ร่างกายของเขาตึงเครียดด้วยความสุข

อยากอาบน้ำในชีวิตสีแดงอันอบอุ่น

Una extraña alegría marca el punto más alto que la vida puede alcanzar.

ความยินดีที่แปลกประหลาดเป็นจุดสูงสุดที่ชีวิตสามารถไปถึงได้

La sensación de una cima donde los vivos olvidan que están vivos.

ความรู้สึกของจุดสูงสุดที่คนเป็นลืมไปด้วยซ้ำว่าตนยังมีชีวิตอยู่

Esta alegría profunda conmueve al artista perdido en una inspiración ardiente.

ความสุขลึกๆ

นี้สัมผัสได้ถึงศิลปินที่จมอยู่กับแรงบันดาลใจอันร้อนแรง

Esta alegría se apodera del soldado que lucha salvajemente y no perdona a ningún enemigo.

ความยินดีนี้จะเข้าครอบงำทหารที่ต่อสู้ดุเดือดและไม่ละเว้นศัตรู

Esta alegría ahora se apoderó de Buck mientras lideraba la manada con hambre primaria.

ความสุขนี้ครอบครองบัคไปแล้ว

ขณะที่เขาเป็นผู้นำฝูงในการหิวโหยดั้งเดิม

Aulló con el antiguo grito del lobo, emocionado por la persecución en vida.

เขาส่งเสียงหอนดังเหมือนหมาป่าโบราณ

รู้สึกตื่นเต้นกับการไล่ตามอย่างมีชีวิต

Buck recurrió a la parte más antigua de sí mismo, perdida en la naturaleza.

บัคได้สัมผัสกับส่วนที่เก่าแก่ที่สุดในตัวเอง ซึ่งหลงอยู่ในป่า

Llegó a lo más profundo, más allá de la memoria, al tiempo crudo y antiguo.

เขาเข้าถึงส่วนลึกภายในความทรงจำในอดีต

สู่กาลเวลาอันดิบและโบราณ

Una ola de vida pura recorrió cada músculo y tendón.

คลื่นแห่งชีวิตอันบริสุทธิ์พุ่งผ่านกล้ามเนื้อและเส้นเอ็นทุกส่วน

Cada salto gritaba que vivía, que avanzaba a través de la muerte.

การกระโดดแต่ละครั้งเป็นการตะโกนว่าเขายังมีชีวิตอยู่

และเขาได้ก้าวผ่านความตายมาแล้ว

Su cuerpo se elevaba alegremente sobre una tierra quieta y fría que nunca se movía.

ร่างของเขาทะยานขึ้นไปอย่างมีความสุขบนดินแดนอันนิ่งสงบแล

ะหนาวเย็นที่ไม่เคยเคลื่อนไหวเลย

Spitz se mantuvo frío y astuto, incluso en sus momentos más salvajes.

สปิทซ์ยังคงเย็นชาและเจ้าเล่ห์ แม้กระทั่งในช่วงเวลาที่ดุร้ายที่สุด

Dejó el sendero y cruzó el terreno donde el arroyo se curvaba ampliamente.

เขาออกจากเส้นทางแล้วเดินข้ามดินแดนที่ลำธารโค้งกว้าง

Buck, sin darse cuenta de esto, permaneció en el sinuoso camino del conejo.

บัคไม่รู้เรื่องนี้และเดินต่อไปตามทางคดเคี้ยวของกระต่าย

Entonces, cuando Buck dobló una curva, el conejo fantasmal estaba frente a él.

เมื่อบัคเลี้ยวโค้ง กระต่ายที่ดูเหมือนผีก็อยู่ตรงหน้าเขา

Vio una segunda figura saltar desde la orilla delante de la presa.

เขาเห็นร่างที่สองกระโดดลงมาจากฝั่งเพื่อรอเหยื่อ

La figura era Spitz, aterrizando justo en el camino del conejo que huía.

ร่างนั้นคือสปิทซ์ ที่กำลังลงจอดตรงทางของกระต่ายที่กำลังวิ่งหนี

El conejo no pudo girar y se encontró con las fauces de Spitz en el aire.

กระต่ายไม่สามารถหันตัวได้และพุ่งเข้าโจมตีขากรรไกรของสปิท

ซ์ในกลางอากาศ

La columna vertebral del conejo se rompió con un chillido
tan agudo como el grito de un humano moribundo.

กระดูกสันหลังของกระต่ายหักด้วยเสียงกรี๊ดที่แหลมคมเท่ากับเสีย

งร้องของมนุษย์ที่กำลังจะตาย

Ante ese sonido, la caída de la vida a la muerte, la manada
aulló fuerte.

เมื่อได้ยินเสียงนั้น—การตกจากชีวิตสู่ความตาย—ฝูงสัตว์ก็หอนดัง

Un coro salvaje se elevó detrás de Buck, lleno de oscuro
deleite.

เสียงร้องประสานเสียงอันดุร้ายดังขึ้นจากด้านหลังของบัค

ซึ่งเต็มไปด้วยความสุขอันมืดมน

Buck no emitió ningún grito ni sonido y se lanzó
directamente hacia Spitz.

บัคไม่ส่งเสียงร้องหรือส่งเสียงใดๆ และพุ่งเข้าใส่สปิทซ์โดยตรง

Apuntó a la garganta, pero en lugar de eso golpeó el hombro.

เขาเล็งไปที่ลำคอแต่กลับถูกไหล่แทน

Cayeron sobre la nieve blanda; sus cuerpos trabados en
combate.

พวกเขาล้มลงไปในหิมะที่อ่อนนุ่ม

ร่างกายของพวกเขาล็อคกันเพื่อต่อสู้

Spitz se levantó rápidamente, como si nunca lo hubieran
derribado.

สปิทซ์กระโจนขึ้นอย่างรวดเร็ว ราวกับว่าไม่เคยถูกกระแทกล้มเลย

Cortó el hombro de Buck y luego saltó para alejarse de la
pelea.

เขาฟันไหล่ของบัค จากนั้นก็กระโจนหนีจากการต่อสู้

Sus dientes chasquearon dos veces como trampas de acero y sus labios se curvaron y fueron feroces.

ฟันของเขาหักสองครั้งเหมือนกับดักเหล็ก

ริมฝีปากของเขาโค้งงอและดุร้าย

Retrocedió lentamente, buscando terreno firme bajo sus pies.

เขาก้าวถอยออกไปอย่างช้าๆ เพื่อหาจุดที่มั่นคงใต้เท้า

Buck comprendió el momento instantánea y completamente.

บัคเข้าใจช่วงเวลานั้นทันทีและอย่างสมบูรณ์

Había llegado el momento; la lucha iba a ser una lucha a muerte.

ถึงเวลาแล้ว การต่อสู้จะต้องเป็นการต่อสู้จนตาย

Los dos perros daban vueltas, gruñendo, con las orejas planas y los ojos entrecerrados.

สุนัขทั้งสองตัวเดินวนไปมาพร้อมกับคำราม หูตั้งชัน และตาหรี่ลง

Cada perro esperaba que el otro mostrara debilidad o un paso en falso.

สุนัขแต่ละตัวต่างรอให้สุนัขตัวอื่นแสดงจุดอ่อนหรือก้าวพลาด

Para Buck, la escena era inquietantemente conocida y recordada profundamente.

สำหรับบัค ฉากนั้นดูเหมือนคุ้นเคยและจดจำได้อย่างลึกซึ้ง

El bosque blanco, la tierra fría, la batalla bajo la luz de la luna.

ป่าสีขาว พื้นดินอันหนาวเย็น การต่อสู้ใต้แสงจันทร์

Un pesado silencio llenó la tierra, profundo y antinatural.

ความเงียบอันหนักหน่วงแผ่ปกคลุมไปทั่วแผ่นดิน

ลึกล้ำและดูผิดธรรมชาติ

Ningún viento se agitó, ninguna hoja se movió, ningún sonido rompió la quietud.

ไม่มีลมพัด ไม่มีใบไม้เคลื่อนไหว

ไม่มีเสียงใดมาทำลายความเงียบสงบ

El aliento de los perros se elevaba como humo en el aire helado y silencioso.

ลมหายใจของสุนัขพวยพุ่งขึ้นเหมือนควันในอากาศอันเงียบสงบแและเย็นยะเยือก

El conejo fue olvidado hace mucho tiempo por la manada de bestias salvajes.

กระต่ายนั้นถูกลืมโดยฝูงสัตว์ป่ามานานแล้ว

Estos lobos medio domesticados ahora permanecían quietos formando un amplio círculo.

หมาป่าที่เชื่องเพียงครึ่งเดียวเหล่านี้ยืนนิ่งเป็นวงกลมกว้าง

Estaban en silencio, sólo sus ojos brillantes revelaban su hambre.

พวกเขาเงียบงัน

มีเพียงดวงตาที่เปล่งประกายเผยให้เห็นความหิวโหยของพวกเขา

Su respiración se elevó mientras observaban cómo comenzaba la pelea final.

ลมหายใจของพวกเขาลอยขึ้นไปเพื่อเฝ้าดูการต่อสู้ครั้งสุดท้ายเริ่มต้นขึ้น

Para Buck, esta batalla era vieja y esperada, nada extraña.

สำหรับบัค การต่อสู้ครั้งนี้เป็นเรื่องเก่าและเป็นที่คาดเดาได้

ไม่ใช่เรื่องแปลกเลย

Parecía el recuerdo de algo que siempre estuvo destinado a suceder.

มันรู้สึกเหมือนเป็นความทรงจำถึงสิ่งที่มักจะเกิดขึ้นเสมอ

Spitz era un perro de pelea entrenado, perfeccionado por innumerables peleas salvajes.

สปิทซ์เป็นสุนัขต่อสู้ที่ผ่านการฝึกฝนมาเพื่อต่อสู้อย่างดุเดือดนับไม่ถ้วน

Desde Spitzbergen hasta Canadá, había vencido a muchos enemigos.

ตั้งแต่สปิทซ์เบอร์เกนไปจนถึงแคนาดา

เขาได้ฝึกฝนศัตรูมาแล้วมากมาย

Estaba lleno de furia, pero nunca dejó controlar la rabia.

เขาเต็มไปด้วยความโกรธ แต่ไม่เคยควบคุมความโมโหได้เลย

Su pasión era aguda, pero siempre templada por un duro instinto.

ความหลงใหลของเขารุนแรง

แต่ก็ถูกควบคุมโดยสัญชาตญาณที่รุนแรงอยู่เสมอ

Nunca atacó hasta que su propia defensa estuvo en su lugar.

เขาไม่เคยโจมตีจนกว่าการป้องกันของตนเองจะพร้อม

Buck intentó una y otra vez alcanzar el vulnerable cuello de Spitz.

บัคพยายามซ้ำแล้วซ้ำเล่าที่จะเอื้อมถึงคอที่เปราะบางของสปิทซ์

Pero cada golpe era correspondido con un corte de los afilados dientes de Spitz.

แต่การโจมตีทุกครั้งจะต้องเจอกับฟันอันแหลมคมของสปิทซ์

Sus colmillos chocaron y ambos perros sangraron por los labios desgarrados.

เขี้ยวของพวกมันปะทะกัน

และสุนัขทั้งสองตัวมีเลือดออกจากริมฝีปากที่ฉีกขาด

No importaba cuánto se lanzara Buck, no podía romper la defensa.

ไม่ว่าบัคจะพุ่งทะยานอย่างไร

เขาก็ไม่สามารถทำลายการป้องกันได้

Se puso más furioso y se abalanzó con salvajes ráfagas de poder.

เขายิ่งโกรธมากขึ้น รีบพุ่งพลังเข้ามาอย่างดุเดือด

Una y otra vez, Buck atacó la garganta blanca de Spitz.

บัคโจมตีลำคอสีขาวของสปิทซ์ซ้ำแล้วซ้ำเล่า

Cada vez que Spitz esquivaba el ataque, contraatacaba con un mordisco cortante.

แต่ละครั้งที่สปิทซ์หลบเลี่ยงและตอบโต้ด้วยการกัดแบบเฉือน

Entonces Buck cambió de táctica y se abalanzó nuevamente hacia la garganta.

จากนั้น บั๊กก็เปลี่ยนกลยุทธ์

รีบเข้ามาเหมือนจะโจมตีที่ลำคออีกครั้ง

Pero él retrocedió a mitad del ataque y se giró para atacar desde un costado.

แต่เขากลับถอยกลับระหว่างการโจมตี

และหันกลับมาโจมตีจากด้านข้าง

Le lanzó el hombro a Spitz con la intención de derribarlo.

เขาเหวี่ยงไหล่ไปที่สปิทซ์ ตั้งใจที่จะล้มเขาลง

Cada vez que lo intentaba, Spitz lo esquivaba y contraatacaba con un corte.

ทุกครั้งที่เขาพยายาม สปิทซ์จะหลบและโต้ตอบด้วยการฟัน

El hombro de Buck se enrojeció cuando Spitz saltó después de cada golpe.

ไหล่ของบัคปวดร้าวเมื่อสปิทซ์กระโดดหนีหลังจากโดนตีทุกครั้ง

Spitz no había sido tocado, mientras que Buck sangraba por muchas heridas.

สปิทซ์ไม่ได้ถูกแตะต้อง

ในขณะที่บัคมีเลือดไหลจากบาดแผลหลายแห่ง

La respiración de Buck era rápida y pesada y su cuerpo estaba cubierto de sangre.

ลมหายใจของบัคเร็วและหนัก ร่างกายของเขาเปื้อนเลือด

La pelea se volvió más brutal con cada mordisco y embestida.

การต่อสู้กลายเป็นเรื่องโหดร้ายมากขึ้นเมื่อถูกกัดและโจมตีแต่ละครั้ง

A su alrededor, sesenta perros silenciosos esperaban que cayera el primero.

รอบๆ ตัวพวกเขามีสุนัขเงียบๆ หกสิบตัวที่รอให้ตัวแรกตกลงมา

Si un perro caía, la manada terminaría la pelea.

หากสุนัขตัวใดตัวหนึ่งหลุดออกไป ฝูงสุนัขจะต้องยุติการต่อสู้

Spitz vio que Buck se estaba debilitando y comenzó a presionar para atacar.

สปิทซ์เห็นว่าบัคเริ่มอ่อนแรง และเริ่มกดดันโจมตี

Mantuvo a Buck fuera de equilibrio, obligándolo a luchar para mantener el equilibrio.

เขาทำให้บัคเสียสมดุล ทำให้เขาต้องสู้เพื่อทรงตัว

Una vez Buck tropezó y cayó, y todos los perros se levantaron.

ครั้งหนึ่งบัคสะดุดและล้ม สุนัขทุกตัวก็ลุกขึ้น

Pero Buck se enderezó a mitad de la caída y todos volvieron a caer.

แต่บัคก็ลุกขึ้นมาได้ในขณะที่ล้มลง และทุกคนก็ล้มลงไปอีกครั้ง

Buck tenía algo poco común: una imaginación nacida de un instinto profundo.

บัคมีสิ่งที่หายาก

นั่นก็คือจินตนาการที่เกิดจากสัญชาตญาณส่วนลึก

Peleó con impulso natural, pero también peleó con astucia.

เขาต่อสู้โดยใช้แรงขับเคลื่อนตามธรรมชาติ

แต่เขาก็ต่อสู้ด้วยความฉลาดแกมโกงด้วยเช่นกัน

Cargó de nuevo como si repitiera su truco de ataque con el hombro.

เขาชาร์จอีกครั้งราวกับว่ากำลังทำท่าโจมตีไหล่ซ้ำๆ

Pero en el último segundo, se agachó y pasó por debajo de Spitz.

แต่ในวินาทีสุดท้าย เขาได้ลดตัวลงมาและกวาดไปใต้สปิทซ์

Sus dientes se clavaron en la pata delantera izquierda de Spitz con un chasquido.

ฟันของเขาล็อคเข้าที่ขาหน้าซ้ายของสปิทซ์อย่างรวดเร็ว

Spitz ahora estaba inestable, con su peso sobre sólo tres patas.

ขณะนี้ สปิทซ์ยืนไม่มั่นคง โดยมีน้ำหนักอยู่บนขาเพียงสามขา

Buck atacó de nuevo e intentó derribarlo tres veces.

บัคโจมตีอีกครั้ง พยายามสามครั้งที่จะล้มเขาลง

En el cuarto intento utilizó el mismo movimiento con éxito.

ในความพยายามครั้งที่สี่

เขาใช้การเคลื่อนไหวเดียวกันและประสบความสำเร็จ

Esta vez Buck logró morder la pata derecha de Spitz.

คราวนี้บัคสามารถกัดขาขวาของสปิทซ์ได้สำเร็จ

Spitz, aunque lisiado y en agonía, siguió luchando por sobrevivir.

แม้ว่าสปิทซ์จะพิการและทรมาน แต่ก็ยังคงดิ้นรนเพื่อเอาชีวิตรอด

Vio que el círculo de huskies se estrechaba, con las lenguas afuera y los ojos brillantes.

เขามองเห็นสุนัขฮัสกี้ตัวหนึ่งขดตัวแน่น

แลบลิ้นและดวงตาเป็นประกาย

Esperaron para devorarlo, tal como habían hecho con los otros.

พวกมันคอยที่จะกลืนกินเขาเหมือนอย่างที่พวกเขาทำกับผู้อื่น

Esta vez, él estaba en el centro; derrotado y condenado.

คราวนี้เขามายืนอยู่ตรงกลาง พ่ายแพ้และพินาศ

Ya no había opción de escapar para el perro blanco.

ตอนนี้ไม่มีทางเลือกอื่นนอกจากต้องหลบหนีสำหรับสุนัขสีขาวแล้ว

Buck no mostró piedad, porque la piedad no pertenecía a la naturaleza.

บัคไม่แสดงความเมตตา เพราะความเมตตาไม่ควรมีอยู่ในป่า

Buck se movió con cuidado, preparándose para la carga final.

บัคเคลื่อนไหวอย่างระมัดระวังเพื่อเตรียมพร้อมสำหรับการชาร์จครั้งสุดท้าย

El círculo de perros esquimales se cerró; sintió sus respiraciones cálidas.

ฝูงสุนัขไซบีเรียนฮัสกี้เดินเข้ามาใกล้ เขาสัมผัสได้ถึงลมหายใจอุ่น ๆ ของพวกมัน

Se agacharon, preparados para saltar cuando llegara el momento.

พวกมันหมอบตัวต่ำเตรียมที่จะกระโจนเมื่อถึงเวลา

Spitz temblaba en la nieve, gruñendo y cambiando su postura.

สปิทซ์ตัวสั่นในหิมะ ส่งเสียงขู่คำรามและเปลี่ยนท่าทาง

Sus ojos brillaban, sus labios se curvaron y sus dientes brillaron en una amenaza desesperada.

เขาจ้องมองด้วยดวงตาที่ดุร้าย ริมฝีปากที่โค้งงอ

ฟันที่กระพริบเป็นสัญญาณคุกคามอย่างสิ้นหวัง

Se tambaleó, todavía intentando contener el frío mordisco de la muerte.

เขาเซไปข้างหน้า

พยายามต้านทานความหนาวเหน็บแห่งความตายเอาไว้

Ya había visto esto antes, pero siempre desde el lado ganador.

เขาเคยเห็นแบบนี้มาก่อนแต่เป็นฝ่ายชนะเสมอ

Ahora estaba en el bando perdedor; el derrotado; la presa; la muerte.

บัดนี้เขาอยู่ในฝ่ายที่แพ้ ฝ่ายพ่ายแพ้ ฝ่ายตกเป็นเหยื่อ ฝ่ายความตาย

Buck voló en círculos para asestar el golpe final, mientras el círculo de perros se acercaba cada vez más.

บั๊กเดินวนเพื่อโจมตีครั้งสุดท้าย

วงแหวนของสุนัขก็เข้ามาใกล้มากขึ้น

Podía sentir sus respiraciones calientes; listas para matar.

เขาสัมผัสได้ถึงลมหายใจร้อนๆ ของพวกมัน พร้อมที่จะสังหาร

Se hizo un silencio absoluto, todo estaba en su lugar, el tiempo se había detenido.

ความเงียบสงบเริ่มเข้ามาแทนที่ ทุกสิ่งอยู่ในที่ของมัน

เวลาหยุดนิ่งไป

Incluso el aire frío entre ellos se congeló por un último momento.

แม้แต่ลมเย็นระหว่างพวกเขาก็ยังแข็งตัวเป็นวินาทีสุดท้าย

Sólo Spitz se movió, intentando contener su amargo final.

มีเพียงสปิทซ์เท่านั้นที่เคลื่อนไหว

เพื่อพยายามระงับอารมณ์ที่ขมขื่นของเขาเอาไว้

El círculo de perros se iba cerrando a su alrededor, tal como era su destino.

วงสุนัขกำลังปิดล้อมเขาเช่นเดียวกับชะตากรรมของเขา

Ahora estaba desesperado, sabiendo lo que estaba a punto de suceder.

ตอนนี้เขาหมดหวังแล้ว เพราะรู้ว่ากำลังจะเกิดอะไรขึ้น

Buck saltó y hombro con hombro chocó una última vez.

บัคกระโจนเข้ามา ไหล่ชนไหล่เป็นครั้งสุดท้าย

Los perros se lanzaron hacia adelante, cubriendo a Spitz en la oscuridad nevada.

สุนัขวิ่งไปข้างหน้า

ปกคลุมสปิทซ์ด้วยความมืดมิดที่เต็มไปด้วยหิมะ

Buck observaba, erguido, vencedor en un mundo salvaje.

บัคเฝ้าดูอย่างยืนหยัดอย่างสง่า เขาเป็นผู้ชนะในโลกที่โหดร้าย

La bestia primordial dominante había cometido su asesinato, y fue bueno.

สัตว์ดึกดำบรรพ์ที่มีอำนาจเหนือกว่าได้สังหารมันแล้ว

และมันก็เป็นเรื่องดี

Aquel que ha alcanzado la maestría
ผู้ที่ได้ชัยชนะสู่ความเป็นเจ้านาย

¿Eh? ¿Qué dije? Digo la verdad cuando digo que Buck es un demonio.

"เอ๊ะ ฉันพูดอะไรนะ ฉันพูดจริงนะที่บอกว่าบัคเป็นปีศาจ"

François dijo esto a la mañana siguiente después de descubrir que Spitz había desaparecido.

ฟรานซัวส์พูดเช่นนี้ในเช้าวันรุ่งขึ้นหลังจากพบว่าสปิทซ์หายไป

Buck permaneció allí, cubierto de heridas por la feroz pelea.

บัคยืนอยู่ที่นั่น

ร่างกายเต็มไปด้วยบาดแผลจากการต่อสู้อันโหดร้าย

François acercó a Buck al fuego y señaló las heridas.

ฟรานซัวส์ดึงบั๊กเข้ามาใกล้กองไฟแล้วชี้ไปที่บาดแผล

"Ese Spitz peleó como Devik", dijo Perrault, mirando los profundos cortes.

"สปิทซ์ตัวนั้นต่อสู้เหมือนกับเดวิค"

เพอร์โรลต์กล่าวขณะจ้องมองบาดแผลลึก

—Y ese Buck peleó como dos demonios —respondió François inmediatamente.

"และบัคก็ต่อสู้ราวกับเป็นปีศาจสองตัว" ฟรานซัวส์ตอบทันที

"Ahora iremos a buen ritmo; no más Spitz, no más problemas".

"ตอนนี้เราจะใช้เวลาให้คุ้มค่า ไม่มี Spitz อีกต่อไป

ไม่มีปัญหาอีกต่อไป"

Perrault estaba empacando el equipo y cargando el trineo con cuidado.

เพอร์โรลต์กำลังบรรจุอุปกรณ์และบรรทุกเลื่อนอย่างระมัดระวัง

François enjaezó a los perros para prepararlos para la carrera del día.

ฟรานซัวส์เตรียมสุนัขให้พร้อมสำหรับการวิ่งในแต่ละวัน

Buck trotó directamente a la posición de liderazgo que alguna vez ocupó Spitz.

บัควิ่งตรงไปสู่ตำแหน่งผู้นำที่เคยครองโดยสปิทซ์

Pero François, sin darse cuenta, condujo a Solleks hacia el frente.

แต่ฟรานซัวส์ไม่ทันสังเกต เขาก็พาโซเลกส์ไปข้างหน้า

A juicio de François, Solleks era ahora el mejor perro guía.

ในความเห็นของ François Solleks

เป็นสุนัขนำทางที่ดีที่สุดในขณะนี้

Buck se abalanzó furioso sobre Solleks y lo hizo retroceder en protesta.

บัคกระโจนเข้าหาโซเลกส์ด้วยความโกรธและขับไล่เขากลับไปเพื่

อประท้วง

Se situó en el mismo lugar que una vez estuvo Spitz, ocupando la posición de liderazgo.

เขายืนอยู่ที่เดิมที่สปิทซ์เคยยืน โดยอ้างตำแหน่งผู้นำ

—¿Eh? ¿Eh? —gritó François, dándose palmadas en los muslos, divertido.

"เอ๊ะ? เอ๊ะ?"

ฟรานซัวส์ร้องขึ้นพร้อมตบต้นขาตัวเองด้วยความขบขัน

—Mira a Buck. Mató a Spitz y ahora quiere aceptar el trabajo.

"ดูบัคสิ เขาฆ่าสปิตซ์ ตอนนี้เขาอยากจะรับงานนี้!"

—¡Vete, Chook! —gritó, intentando ahuyentar a Buck.

"ไปให้พ้นนะ นก!" เขาตะโกนพยายามไล่บั๊กออกไป

Pero Buck se negó a moverse y se mantuvo firme en la nieve.

แต่บัคปฏิเสธที่จะเคลื่อนไหวและยืนหยัดมั่นคงท่ามกลางหิมะ

François agarró a Buck por la nuca y lo arrastró a un lado.

ฟรานซัวส์คว้าคอของบัคแล้วลากเขาออกไป

Buck gruñó bajo y amenazante, pero no atacó.

บัคคำรามต่ำและคุกคามแต่ไม่ได้โจมตี

François puso a Solleks de nuevo en cabeza, intentando resolver la disputa.

ฟรานซัวส์พาโซลเลกส์กลับมาเป็นผู้นำอีกครั้งและพยายามยุติข้อพิพาท

El perro viejo mostró miedo de Buck y no quería quedarse.

สุนัขแก่ตัวนี้แสดงอาการกลัวบัคและไม่อยากอยู่ต่อ

Cuando François le dio la espalda, Buck expulsó nuevamente a Solleks.

เมื่อฟรานซัวส์หันหลัง บัคก็ไล่โซเลกส์ออกไปอีกครั้ง

Solleks no se resistió y se hizo a un lado silenciosamente una vez más.

โซลเลกส์ไม่ได้ต่อต้านและก้าวถอยไปอย่างเงียบๆ อีกครั้ง

François se enojó y gritó: "¡Por Dios, te arreglo!"

ฟรานซัวส์โกรธมากและตะโกนว่า "ด้วยพระเจ้า ฉันจะรักษาคุณ!"

Se acercó a Buck sosteniendo un pesado garrote en su mano.

เขาเดินเข้ามาหาบัคโดยถือไม้กระบองหนักๆ ไว้ในมือ

Buck recordaba bien al hombre del suéter rojo.

บัคจำชายผู้สวมเสื้อกันหนาวสีแดงได้ดี

Se retiró lentamente, observando a François, pero gruñendo profundamente.

เขาถอยกลับอย่างช้าๆ พลางมองฟรานซัวส์แต่คำรามอย่างหนักแน่น

No se apresuró a regresar, incluso cuando Solleks ocupó su lugar.

เขาไม่รีบกลับแม้ว่าโซเลคส์จะยืนอยู่ในตำแหน่งของเขาก็ตาม

Buck voló en círculos fuera de su alcance, gruñendo con furia y protesta.

บั๊กเดินวนไปจนสุดระยะแล้วขู่คำรามด้วยความโกรธและประท้วง

Mantuvo la vista fija en el palo, dispuesto a esquivarlo si François lanzaba.

เขาเฝ้าจับตาดูสโมสรเพื่อเตรียมพร้อมหลบหากฟรานซัวส์ขว้าง

Se había vuelto sabio y cauteloso en cuanto a las costumbres de los hombres con armas.

เขาเริ่มฉลาดและระมัดระวังในวิถีทางของชายผู้ถืออาวุธ

François se dio por vencido y llamó a Buck nuevamente a su antiguo lugar.

ฟรานซัวส์ยอมแพ้และเรียกบัคกลับไปที่เดิมของเขาอีกครั้ง

Pero Buck retrocedió con cautela, negándose a obedecer la orden.

แต่บัคกลับก้าวถอยกลับด้วยความระมัดระวัง

ปฏิเสธที่จะปฏิบัติตามคำสั่ง

François lo siguió, pero Buck sólo retrocedió unos pasos más.

ฟรานซัวส์เดินตามไป แต่บัคเพียงถอยกลับไปอีกไม่กี่ก้าว

Después de un tiempo, François arrojó el arma al suelo, frustrado.

หลังจากนั้นไม่นาน ฟรานซัวส์ก็โยนอาวุธลงด้วยความหงุดหงิด

Pensó que Buck tenía miedo de que le dieran una paliza y que iba a venir sin hacer mucho ruido.

เขาคิดว่าบัคกลัวโดนตีจึงจะมาอย่างเงียบๆ

Pero Buck no estaba evitando el castigo: estaba luchando por su rango.

แต่บัคไม่ได้หลบเลี่ยงการลงโทษ เขากำลังต่อสู้เพื่อยศศักดิ์

Se había ganado el puesto de perro líder mediante una pelea a muerte.

เขาได้รับตำแหน่งสุนัขนำทางจากการต่อสู้จนตาย

No iba a conformarse con nada menos que ser el líder.

เขาจะไม่ยอมตกลงกับอะไรที่น้อยกว่าการเป็นผู้นำ

Perrault participó en la persecución para ayudar a atrapar al rebelde Buck.

เพอร์โรลต์ร่วมไล่ตามเพื่อช่วยจับบัคผู้ก่อกบฏ

Juntos lo hicieron correr alrededor del campamento durante casi una hora.

พวกเขาพาเขาเดินรอบค่ายด้วยกันเกือบหนึ่งชั่วโมง

Le lanzaron garrotes, pero Buck los esquivó hábilmente.

พวกมันขว้างกระบองใส่เขา

แต่บั๊กก็หลบแต่ละกระบองได้อย่างชำนาญ

Lo maldijeron a él, a sus padres, a sus descendientes y a cada cabello que tenía.

พวกเขาสาปแช่งเขา บรรพบุรุษของเขา ลูกหลานของเขา

และผมทุกเส้นบนตัวเขา

Pero Buck sólo gruñó y se quedó fuera de su alcance.

แต่บัคกลับขู่คำรามและอยู่ให้พ้นจากการเอื้อมถึงของพวกเขา

Nunca intentó huir, sino que rodeó el campamento deliberadamente.

เขาไม่เคยพยายามที่จะวิ่งหนีแต่เดินวนรอบค่ายอย่างจงใจ

Dejó claro que obedecería una vez que le dieran lo que quería.

เขาชี้แจงให้ชัดเจนว่าเขาจะเชื่อฟังเมื่อพวกเขาให้สิ่งที่เขาต้องการ

François finalmente se sentó y se rascó la cabeza con frustración.

ในที่สุดฟรานซัวส์ก็นั่งลงและเกาหัวด้วยความหงุดหงิด

Perrault miró su reloj, maldijo y murmuró algo sobre el tiempo perdido.

เพอร์โรลต์ตรวจสอบนาฬิกาของเขา สาบาน

และบ่นพึมพำถึงเวลาที่หายไป

Ya había pasado una hora cuando debían estar en el sendero.

เวลาผ่านไปหนึ่งชั่วโมงแล้วเมื่อพวกเขาควรออกเดินตามเส้นทาง

François se encogió de hombros tímidamente y miró al mensajero, quien suspiró derrotado.

ฟรานซัวส์ยักไหล่อย่างเขินอายให้กับคนส่งสารที่ถอนหายใจด้วยค

วามพ่ายแพ้

Entonces François se acercó a Solleks y llamó a Buck una vez más.

จากนั้น ฟรานซัวส์ก็เดินไปหาโซเลกส์และเรียกบัคอีกครั้ง

Buck se rió como se ríe un perro, pero mantuvo una distancia cautelosa.

บัคหัวเราะเหมือนสุนัข แต่ยังคงรักษาระยะห่างอย่างระมัดระวัง

François le quitó el arnés a Solleks y lo devolvió a su lugar.

ฟรานซัวส์ถอดสายรัดของโซเลกส์และนำเขากลับไปไว้ที่เดิม

El equipo de trineo estaba completamente arneses y solo había un lugar libre.

ทีมรถเลื่อนยืน โดยมีสายรัดครบ เหลือที่ว่างเพียงจุดเดียว

La posición de liderazgo quedó vacía, claramente destinada solo para Buck.

ตำแหน่งผู้นำยังคงว่างอยู่ ชัดเจนว่าเป็นของบัคเพียงคนเดียว

François volvió a llamar, y nuevamente Buck rió y se mantuvo firme.

ฟรานซัวส์เรียกอีกครั้ง และบัคก็หัวเราะและยืนหยัดต่อไปอีกครั้ง

—Tira el garrote —ordenó Perrault sin dudarlo.

“โยนไม้กระบองลง” เปอร์โรลต์สั่งโดยไม่ลังเล

François obedeció y Buck inmediatamente trotó hacia adelante orgulloso.

ฟรานซัวส์เชื่อฟัง

และบัคก็เดินเร็วไปข้างหน้าด้วยความภาคภูมิใจทันที

Se rió triunfante y asumió la posición de líder.

เขาหัวเราะอย่างชัยชนะและก้าวขึ้นเป็นผู้นำ

François aseguró sus correajes y el trineo se soltó.

ฟรานซัวส์รักษาร่องรอยของเขาไว้ และเลื่อนก็หลุดออก

Ambos hombres corrieron al lado del equipo mientras corrían hacia el sendero del río.

ชายทั้งสองวิ่งไปพร้อม ๆ

กันในขณะที่ทีมกำลังแข่งขันกันบนเส้นทางริมแม่น้ำ

François tenía en alta estima a los "dos demonios" de Buck.

ฟรานซัวส์มีความคิดเห็นที่ดีเกี่ยวกับ "ปีศาจสองตน" ของบัค

Pero pronto se dio cuenta de que en realidad había subestimado al perro.

แต่ไม่นานเขาก็ตระหนักได้ว่าที่จริงแล้วเขาประเมินสุนัขตัวนี้ต่ำไ

ป

Buck asumió rápidamente el liderazgo y trabajó con excelencia.

บัครับตำแหน่งผู้นำอย่างรวดเร็วและมีผลงานที่ยอดเยี่ยม

En juicio, pensamiento rápido y acción veloz, Buck superó a Spitz.

ในเรื่องของการตัดสินใจ การคิดอย่างรวดเร็ว

และการกระทำที่รวดเร็ว บัคก็แซงหน้าสปิตซ์ไป

François nunca había visto un perro igual al que Buck mostraba ahora.

ฟรานซัวส์ไม่เคยเห็นสุนัขที่ทัดเทียมกับสิ่งที่บัคแสดงให้เห็นตอน
นี้มาก่อน

Pero Buck realmente sobresalía en imponer el orden e
imponer respeto.

แต่บัคมีความโดดเด่นในด้านการรักษาความสงบเรียบร้อยและการ
สั่งให้คนอื่นเคารพ

Dave y Solleks aceptaron el cambio sin preocupación ni
protesta.

เดฟและโซเลกส์ยอมรับการเปลี่ยนแปลงโดยปราศจากความกังวล
หรือการประท้วง

Se concentraron únicamente en el trabajo y en tirar con
fuerza de las riendas.

พวกเขาเน้นแต่เรื่องการทำงานและการดึงบังเหียนอย่างหนัก

A ellos les importaba poco quién iba delante, siempre y
cuando el trineo siguiera moviéndose.

พวกเขาไม่สนใจว่าใครจะเป็นผู้นำตราบใดที่รถเลื่อนยังคงเคลื่อน
ที่ต่อไป

Billee, la alegre, podría haber liderado todo lo que a ellos les
importaba.

บิลลี่ผู้ร่าเริงสามารถนำได้เท่าที่พวกเขาสนใจ

Lo que les importaba era la paz y el orden en las filas.

สิ่งที่สำคัญสำหรับพวกเขาคือสันติภาพและความสงบเรียบร้อยใน
หมู่ทหาร

El resto del equipo se había vuelto rebelde durante la
decadencia de Spitz.

ส่วนที่เหลือของทีมเติบโตขึ้นอย่างไม่เป็นระเบียบในช่วงที่ Spitz
เสื่อมถอย

Se sorprendieron cuando Buck inmediatamente los puso en orden.

พวกเขาตกตะลึงเมื่อบัคนำพวกมันมาสั่งทันที

Pike siempre había sido perezoso y arrastraba los pies detrás de Buck.

ไพค์เป็นคนขี้เกียจและชอบลากเท้าตามหลังบัคอยู่เสมอ

Pero ahora el nuevo liderazgo lo ha disciplinado severamente.

แต่ตอนนี้ได้รับการฝึกฝนอย่างเข้มงวดจากผู้นำคนใหม่

Y rápidamente aprendió a aportar su granito de arena en el equipo.

และเขาเรียนรู้ที่จะดึงน้ำหนักของเขาในทีมได้อย่างรวดเร็ว

Al final del día, Pike trabajó más duro que nunca.

เมื่อสิ้นสุดวัน ไพค์ก็ทำงานหนักมากกว่าที่เคย

Esa noche en el campamento, Joe, el perro amargado, finalmente fue sometido.

คืนนั้นในค่าย โจ เจ้าหมาเปรี้ยว ได้ถูกปราบลงในที่สุด

Spitz no logró disciplinarlo, pero Buck no falló.

สปิทซ์ล้มเหลวในการลงโทษเขา แต่บัคไม่ล้มเหลว

Utilizando su mayor peso, Buck superó a Joe en segundos.

บัคใช้พลังน้ำหนักที่มากขึ้นเอาชนะโจได้ภายในไม่กี่วินาที

Mordió y golpeó a Joe hasta que gimió y dejó de resistirse.

เขาขบและทุบตีโจจนกระทั่งเขาครางและหยุดต่อต้าน

Todo el equipo mejoró a partir de ese momento.

ทั้งทีมได้รับการปรับปรุงนับตั้งแต่วินาทีนั้นเป็นต้นมา

Los perros recuperaron su antigua unidad y disciplina.

สุนัขกลับมามีความสามัคคีและมีวินัยเหมือนเช่นเคย

En Rink Rapids, se unieron dos nuevos huskies nativos, Teek y Koona.

ที่ Rink Rapids สุนัขฮัสกี้พื้นเมือง 2 ตัวใหม่ชื่อ Teek และ Koona
ได้เข้าร่วมด้วย

El rápido entrenamiento que Buck les dio sorprendió incluso a François.

การฝึกอย่างรวดเร็วของบัคทำให้แม้แต่ฟรานซัวส์ก็ประหลาดใจ

"¡Nunca hubo un perro como ese Buck!" gritó con asombro.

"ไม่เคยมีหมาตัวไหนเหมือนบัคตัวนั้นเลย!"

เขาร้องด้วยความประหลาดใจ

¡No, jamás! ¡Vale mil dólares, por Dios!

"ไม่หรอก ไม่มีวัน! เขามีค่าหนึ่งพันเหรียญแน่ พระเจ้า!"

—¿Eh? ¿Qué dices, Perrault? —preguntó con orgullo.

"เอ๊ะ คุณว่ายังไงบ้าง เปอร์โรลต์" เขาถามด้วยความภาคภูมิใจ

Perrault asintió en señal de acuerdo y revisó sus notas.

เพอร์โรลต์พยักหน้าเห็นด้วยและตรวจสอบบันทึกของเขา

Ya vamos por delante del cronograma y ganamos más cada día.

เราก้าวหน้ากว่ากำหนดแล้วและได้รับมากขึ้นทุกวัน

El sendero estaba duro y liso, sin nieve fresca.

เส้นทางเป็นพื้นแข็งและเรียบ ไม่มีหิมะตกใหม่

El frío era constante, rondando los cincuenta grados bajo cero durante todo el tiempo.

อากาศหนาวเย็นคงที่ อยู่ที่ประมาณ 50 องศาต่ำกว่าศูนย์ตลอด

Los hombres cabalgaban y corrían por turnos para entrar en calor y ganar tiempo.

ผู้ชายขี่และวิ่งสลับกันเพื่อให้ร่างกายอบอุ่นและเพื่อประหยัดเวลา

Los perros corrían rápido, con pocas paradas y siempre avanzando.

สุนัขวิ่งเร็วมากโดยมีการหยุดเพียงไม่กี่ครั้ง

และพยายามวิ่งไปข้างหน้าเสมอ

El río Thirty Mile estaba casi congelado y era fácil cruzarlo.

แม่น้ำเธิร์ตี้ไมล์ส่วนใหญ่เป็นน้ำแข็งและสามารถสัญจรข้ามได้ง่าย

Salieron en un día lo que habían tardado diez días en llegar.

พวกเขาออกไปภายในหนึ่งวัน แต่ใช้เวลาเดินทางถึงสิบวัน

Hicieron una carrera de sesenta millas desde el lago Le Barge
hasta White Horse.

พวกเขาวิ่งระยะทาง 60

ไมล์จากทะเลสาบเลอบาร์จไปยังไวท์ฮอร์ส

A través de los lagos Marsh, Tagish y Bennett se movieron
increíblemente rápido.

เมื่อข้ามทะเลสาบ Marsh, Tagish และ Bennett

พวกมันก็เคลื่อนที่เร็วมาก

El hombre corriendo remolcado detrás del trineo por una
cuerda.

ชายที่กำลังวิ่งอยู่ถูกดึงไปด้านหลังรถเลื่อนด้วยเชือก

En la última noche de la segunda semana llegaron a su
destino.

ในคืนสุดท้ายของสัปดาห์ที่สองพวกเขาก็มาถึงจุดหมายปลายทาง

Habían llegado juntos a la cima del Paso Blanco.

พวกเขามาถึงยอดไวท์พาสพร้อมกัน

Descendieron al nivel del mar con las luces de Skaguay
debajo de ellos.

พวกเขาดำดิ่งลงสู่ระดับน้ำทะเล โดยมีแสงไฟ Skaguay

อยู่ด้านล่าง

Había sido una carrera que estableció un récord a través de
kilómetros de desierto frío.

เป็นการวิ่งที่สร้างสถิติใหม่ผ่านป่าดงดิบอันหนาวเหน็บเป็นระยะท

างหลายไมล์

Durante catorce días seguidos, recorrieron un promedio de cuarenta millas.

พวกเขาวิ่งได้เฉลี่ยระยะทาง 40 ไมล์ติดต่อกันเป็นเวลา 14 วัน

En Skaguay, Perrault y François transportaban mercancías por la ciudad.

ในเมืองสเกกวัย เปอร์โรลต์และฟรานซัวส์ขนส่งสินค้าผ่านเมือง

Fueron aplaudidos y la multitud admirada les ofreció muchas bebidas.

พวกเขาได้รับเสียงเชียร์และเสนอเครื่องดื่มมากมายจากฝูงชนที่ชื่น

ชม

Los cazadores de perros y los trabajadores se reunieron alrededor del famoso equipo de perros.

บรรดาผู้ปราบปรามสุนัขและคนงานมารวมตัวกันรอบ ๆ

ทีมสุนัขชื่อดัง

Luego, los forajidos del oeste llegaron a la ciudad y sufrieron una derrota violenta.

จากนั้นพวกนอกกฎหมายชาวตะวันตกก็เข้ามาในเมืองและพบกับ

ความพ่ายแพ้อย่างรุนแรง

La gente pronto se olvidó del equipo y se centró en un nuevo drama.

ผู้คนลืมทีมงานไปในไม่ช้าและหันไปสนใจละครใหม่

Luego vinieron las nuevas órdenes que cambiaron todo de golpe.

จากนั้นก็มาถึงคำสั่งใหม่ที่เข้ามาเปลี่ยนแปลงทุกสิ่งทุกอย่างทันที

François llamó a Buck y lo abrazó con orgullo entre lágrimas.

ฟรานซัวส์เรียกบัคมาหาเขาและกอดเขาด้วยน้ำตาแห่งความภูมิใจ

Ese momento fue la última vez que Buck volvió a ver a François.

ช่วงเวลานั้นเป็นครั้งสุดท้ายที่บัคได้พบกับฟรานซัวส์อีกครั้ง

Como muchos hombres antes, tanto François como Perrault se habían ido.

เช่นเดียวกับผู้ชายหลายคนก่อนหน้านี้

ทั้งฟรานซัวส์และแปร์โรลต์ต่างก็จากไป

Un mestizo escocés se hizo cargo de Buck y sus compañeros de equipo de perros de trineo.

สุนัขพันธุ์ผสมสก็อตรับหน้าที่ดูแลบัคและเพื่อนร่วมทีมสุนัขลากเลื่อนของเขา

Con una docena de otros equipos de perros, regresaron por el sendero hasta Dawson.

พวกมันพร้อมสุนัขอีกหลายฝูงเดินทางกลับมาตามเส้นทางสู่เมืองดอว์สัน

Ya no era una carrera rápida, solo un trabajo duro con una carga pesada cada día.

ตอนนี้มันไม่ได้เป็นการวิ่งเร็วอีกต่อไป

แต่เป็นเพียงงานหนักที่ต้องแบกรับภาระมากมายในแต่ละวัน

Éste era el tren correo que llevaba noticias a los buscadores de oro cerca del Polo.

นี่คือรถไฟไปรษณีย์ที่นำข่าวไปยังนักล่าทองคำใกล้ขั้วโลก

A Buck no le gustaba el trabajo, pero lo soportaba bien y se enorgullecía de su esfuerzo.

บัคไม่ชอบงานชิ้นนี้แต่ก็ทนมันได้ดี

และภูมิใจในความพยายามของเขา

Al igual que Dave y Solleks, Buck mostró devoción por cada tarea diaria.

เช่นเดียวกับเดฟและโซเลกส์

บัคแสดงให้เห็นถึงความทุ่มเทในการทำงานแต่ละวัน

Se aseguró de que cada uno de sus compañeros hiciera su parte.

เขาทำให้แน่ใจว่าเพื่อนร่วมทีมของเขาแต่ละคนดึงน้ำหนักที่ยุติธรรมของพวกเขา

La vida en el sendero se volvió aburrida, repetida con la precisión de una máquina.

ชีวิตบนเส้นทางนั้นน่าเบื่อหน่าย

ซ้ำแล้วซ้ำเล่าด้วยความแม่นยำเหมือนเครื่องจักร

Cada día parecía igual, una mañana se fundía con la siguiente.

แต่ละวันรู้สึกเหมือนกัน เช้าวันหนึ่งค่อยๆ กลายเป็นเช้าวันใหม่

A la misma hora, los cocineros se levantaron para hacer fogatas y preparar la comida.

ในเวลาเดียวกัน พ่อครัวก็ลุกขึ้นก่อไฟและปรุงอาหาร

Después del desayuno, algunos abandonaron el campamento mientras otros enjaezaron los perros.

หลังจากรับประทานอาหารเช้าแล้ว บางคนก็ออกจากค่าย

ในขณะที่บางคนก็จูงสุนัข

Se pusieron en marcha antes de que la tenue señal del amanecer tocara el cielo.

พวกเขาออกเดินทางก่อนที่เสียงเตือนรุ่งอรุณจะดังขึ้นบนท้องฟ้า

Por la noche se detenían para acampar, cada hombre con una tarea determinada.

เมื่อถึงกลางคืนพวกเขาก็หยุดพักเพื่อตั้งค่าย

โดยแต่ละคนมีหน้าที่ที่แตกต่างกันออกไป

Algunos montaron tiendas de campaña, otros cortaron leña y recogieron ramas de pino.

บางคนก็กางเต็นท์ บางคนก็ตัดฟืนและเก็บกิ่งสน

Se llevaba agua o hielo a los cocineros para la cena.

น้ำและน้ำแข็งถูกนำกลับไปให้พ่อครัวเพื่อรับประทานมื้อเย็น

Los perros fueron alimentados y esta fue la mejor parte del día para ellos.

สุนัขได้กินอาหารแล้ว

และนี่คือช่วงเวลาที่ดีที่สุดของวันสำหรับพวกมัน

Después de comer pescado, los perros se relajaron y descansaron cerca del fuego.

หลังจากกินปลาแล้ว สุนัขก็พักผ่อนและนอนเล่นใกล้กองไฟ

Había otros cien perros en el convoy con los que mezclarse.

มีสุนัขอีกนับร้อยตัวในขบวนที่ต้องเข้าร่วมด้วย

Muchos de esos perros eran feroces y rápidos para pelear sin previo aviso.

สุนัขหลายตัวเหล่านี้ดุร้ายและต่อสู้อย่างรวดเร็วโดยไม่ทันตั้งตัว

Pero después de tres victorias, Buck dominó incluso a los luchadores más feroces.

แต่หลังจากได้รับชัยชนะสามครั้ง

บัคก็สามารถเอาชนะแม้แต่ผู้ต่อสู้ที่ดุร้ายที่สุดได้

Cuando Buck gruñó y mostró los dientes, se hicieron a un lado.

เมื่อบัคขู่และแสดงฟัน พวกมันก็ถอยไปข้างๆ

Quizás lo mejor de todo es que a Buck le encantaba tumbarse cerca de la fogata parpadeante.

สิ่งที่ดีที่สุดก็คือ บัคชอบนอนใกล้กองไฟที่กำลังสั่นไหว

Se agachó con las patas traseras dobladas y las patas delanteras estiradas hacia adelante.

เขานอนหมอบโดยพับขาหลังไว้และเหยียดขาหน้าไปข้างหน้า

Levantó la cabeza mientras parpadeaba suavemente ante las llamas brillantes.

ศีรษะของเขาเงยขึ้นขณะที่เขากระพริบตาเบาๆ

ไปที่เปลวไฟที่เรืองแสง

A veces recordaba la gran casa del juez Miller en Santa Clara.

บางครั้งเขาก็นึกถึงบ้านหลังใหญ่ของผู้พิพากษามิลเลอร์ในซานตา

คลารา

Pensó en la piscina de cemento, en Ysabel y en el pug llamado Toots.

เขาคิดถึงสระซีเมนต์ของอิซาเบลและสุนัขพันธุ์ปั๊กที่ชื่อทูทส์

Pero más a menudo recordaba el garrote del hombre del suéter rojo.

แต่บ่อยครั้งที่เขาจำสโมสรของชายที่สวมเสื้อสเวตเตอร์สีแดงได้ม

ากกว่า

Recordó la muerte de Curly y su feroz batalla con Spitz.

เขาจดจำการตายของเคิร์ลี่และการต่อสู้อันดุเดือดของเขากับสปิท

ซ์ได้

También recordó la buena comida que había comido o con la que aún soñaba.

เขายังนึกถึงอาหารดีๆ ที่เขาเคยกินหรือยังคงฝันถึงอีกด้วย

Buck no sentía nostalgia: el cálido valle era distante e irreal.

บัคไม่ได้คิดถึงบ้าน—หุบเขาอันอบอุ่นอยู่ห่างไกลและไม่จริง

Los recuerdos de California ya no ejercían ninguna atracción sobre él.

ความทรงจำเกี่ยวกับแคลิฟอร์เนียไม่ได้ดึงดูดเขาอีกต่อไป

Más fuertes que la memoria eran los instintos profundos en su linaje.

แข็งแกร่งยิ่งกว่าความทรงจำคือสัญชาตญาณที่ฝังลึกอยู่ในสายเลือ

ดของเขา

Los hábitos que una vez se habían perdido habían
regresado, revividos por el camino y la naturaleza.

นิสัยที่เคยหายไปก็กลับคืนมา

โดยได้รับการฟื้นคืนมาจากเส้นทางและความเป็นธรรมชาติ

Mientras Buck observaba la luz del fuego, a veces se
convertía en otra cosa.

เมื่อบัคมองดูแสงไฟ บางครั้งก็กลายเป็นสิ่งอื่น

Vio a la luz del fuego otro fuego, más antiguo y más
profundo que el actual.

เขาเห็นไฟอีกดวงหนึ่งในแสงไฟ

ซึ่งเก่ากว่าและเข้มกว่าดวงปัจจุบัน

Junto a ese otro fuego se agazapaba un hombre que no se
parecía en nada al cocinero mestizo.

ข้างๆ ไฟอีกกองหนึ่งมีชายคนหนึ่งหมอบอยู่

ไม่เหมือนพ่อครัวลูกครึ่ง

Esta figura tenía piernas cortas, brazos largos y músculos
duros y anudados.

รูปร่างนี้มีขาที่สั้น แขนยาว และกล้ามเนื้อที่แข็งเป็นปม

Su cabello era largo y enmarañado, y caía hacia atrás desde
los ojos.

ผมของเขายาวและยุ่งเหยิงลาดลงมาด้านหลังจากดวงตา

Hizo ruidos extraños y miró con miedo hacia la oscuridad.

เขาส่งเสียงแปลกๆ และจ้องมองออกไปด้วยความกลัวในความมืด

Sostenía agachado un garrote de piedra, firmemente
agarrado con su mano larga y áspera.

เขาถือกระบองหินไว้ต่ำโดยกำไว้แน่นด้วยมือที่ยาวและหยาบของเ

ขา

El hombre vestía poco: sólo una piel carbonizada que le
colgaba por la espalda.

ชายผู้นั้นสวมเสื้อผ้าเพียงน้อยชิ้น

มีเพียงผิวหนังที่ไหม้เกรียมห้อยลงมาตามหลังของเขา

Su cuerpo estaba cubierto de espeso vello en los brazos, el pecho y los muslos.

ร่างกายของเขาปกคลุมไปด้วยขนหนาตามแขน หน้าอก และต้นขา

Algunas partes del cabello estaban enredadas en parches de pelaje áspero.

เส้นผมบางส่วนพันกันเป็นปื้นๆ เหมือนขนหยาบๆ

No se mantenía erguido, sino inclinado hacia delante desde las caderas hasta las rodillas.

เขาไม่ได้ยืนตัวตรง แต่โน้มตัวไปข้างหน้าตั้งแต่สะโพกถึงเข่า

Sus pasos eran elásticos y felinos, como si estuviera siempre dispuesto a saltar.

ก้าวเดินของเขามีความยืดหยุ่นเหมือนแมว

ราวกับว่าเขาพร้อมที่จะกระโดดอยู่เสมอ

Había un estado de alerta agudo, como si viviera con miedo constante.

มีอารมณ์ตื่นตัวอย่างรุนแรง

เหมือนกับว่าเขามีชีวิตอยู่ด้วยความหวาดกลัวตลอดเวลา

Este hombre anciano parecía esperar el peligro, ya sea que lo viera o no.

ชายในสมัยก่อนผู้นี้ดูเหมือนจะคาดหวังถึงอันตราย

ไม่ว่าจะมองเห็นอันตรายนั้นหรือไม่ก็ตาม

A veces, el hombre peludo dormía junto al fuego, con la cabeza metida entre las piernas.

บางครั้งชายที่มีขนดกจะนอนหลับอยู่ข้างกองไฟ

โดยเอาหัวซุกไว้ระหว่างขา

Sus codos descansaban sobre sus rodillas, sus manos entrelazadas sobre su cabeza.

ข้อศอกของเขาวางอยู่บนเข่าและมือของเขาประสานกันไว้เหนือศี
รษะ

Como un perro, usó sus brazos peludos para protegerse de la lluvia que caía.

เขาใช้แขนที่มีขนดกปัดน้ำฝนออกไปเหมือนกับสุนัข

Más allá de la luz del fuego, Buck vio dos brasas brillando en la oscuridad.

เหนือแสงไฟ บัคมองเห็นถ่านแฝดเรืองแสงในความมืด

Siempre de dos en dos, eran los ojos de las bestias rapaces al acecho.

พวกมันเป็นดวงตาของสัตว์ร้ายที่กำลังล่าเหยื่ออยู่เสมอ

โดยจ้องมาที่สองต่อสองเสมอ

Escuchó cuerpos chocando contra la maleza y ruidos en la noche.

เขาได้ยินเสียงร่างกายกระแทกเข้ากับพุ่มไม้และเสียงดังที่เกิดขึ้นใ
นยามค่ำคืน

Acostado en la orilla del Yukón, parpadeando, Buck soñaba junto al fuego.

บัคนอนอยู่ริมฝั่งแม่น้ำยูคอน กระพริบตาและฝันถึงกองไฟ

Las vistas y los sonidos de ese mundo salvaje le ponían los pelos de punta.

ภาพและเสียงของโลกอันดุร้ายนั้นทำเอาผมของเขาลุกตั้งขึ้น

El pelaje se le subió por la espalda, los hombros y el cuello.

ขนลุกไปตามหลัง ไหล่ และคอของเขา

Él gimió suavemente o emitió un gruñido bajo y profundo en su pecho.

เขาครางเบาๆ หรือส่งเสียงคำรามลึกๆ ลงในอกของเขา

Entonces el cocinero mestizo gritó: "¡Oye, Buck, despierta!"

จากนั้นพ่อครัวลูกครึ่งก็ตะโกนว่า "เฮ้ คุณบัค ตื่นได้แล้ว!"

El mundo de los sueños desapareció y la vida real regresó a los ojos de Buck.

โลกแห่งความฝันหายไป

และชีวิตจริงกลับคืนสู่ดวงตาของบัคอีกครั้ง

Iba a levantarse, estirarse y bostezar, como si acabara de despertar de una siesta.

เขาจะลุกขึ้น ยืดตัว และหาว เหมือนกับตื่นจากการงีบหลับ

El viaje fue duro, con el trineo del correo arrastrándose detrás de ellos.

การเดินทางเป็นเรื่องยาก

เพราะมีรถเลื่อนไปรษณีย์ลากตามหลังมาด้วย

Las cargas pesadas y el trabajo duro agotaban a los perros cada largo día.

การทำงานหนักและการทำงานหนักทำให้สุนัขเหนื่อยล้าในแต่ละ

วัน

Llegaron a Dawson delgados, cansados y necesitando más de una semana de descanso.

พวกเขามาถึงเมืองดอว์สันในสภาพที่ผอมแห้ง เหนื่อยล้า

และต้องการพักผ่อนนานกว่าหนึ่งสัปดาห์

Pero sólo dos días después, emprendieron nuevamente el descenso por el Yukón.

แต่เพียงสองวันต่อมาพวกเขาก็ออกเดินทางตามแม่น้ำยูคอนอีกครั้ง

Estaban cargados con más cartas destinadas al mundo exterior.

พวกเขาบรรจุจดหมายอีกมากมายซึ่งมุ่งหน้าไปยังโลกภายนอก

Los perros estaban exhaustos y los hombres se quejaban constantemente.

สุนัขเหนื่อยมาก และผู้ชายก็บ่นอยู่ตลอดเวลา

La nieve caía todos los días, suavizando el camino y ralentizando los trineos.

หิมะตกทุกวัน

ทำให้เส้นทางนุ่มนวลขึ้นและรถเลื่อนหิมะเคลื่อนที่ได้ช้าลง

Esto provocó que el tirón fuera más difícil y hubo más resistencia para los corredores.

ทำให้การดึงยากขึ้นและแรงต้านต่อผู้วิ่งมากขึ้น

A pesar de eso, los pilotos fueron justos y se preocuparon por sus equipos.

แม้จะเป็นเช่นนั้น

แต่คนขับก็ยังคงยุติธรรมและใส่ใจทีมของพวกเขา

Cada noche, los perros eran alimentados antes de que los hombres pudieran comer.

ในแต่ละคืน สุนัขจะได้รับอาหารก่อนที่ผู้ชายจะได้กินอาหาร

Ningún hombre duerme sin antes revisar las patas de su propio perro.

ไม่มีใครนอนหลับโดยไม่ตรวจดูเท้าสุนัขของตัวเอง

Aún así, los perros se fueron debilitando a medida que los kilómetros iban desgastando sus cuerpos.

อย่างไรก็ตาม

สุนัขกลับอ่อนแอลงเมื่อร่างกายของพวกมันต้องทำงานหนักขึ้น

Habían viajado mil ochocientas millas durante el invierno.

พวกเขาเดินทางได้หนึ่งพันแปดร้อยไมล์ในช่วงฤดูหนาว

Tiraron de trineos a lo largo de cada milla de esa brutal distancia.

พวกเขาลากเลื่อนข้ามทุกไมล์ในระยะทางอันโหดร้ายนั้น

Incluso los perros de trineo más resistentes sienten tensión después de tantos kilómetros.

แม้แต่สุนัขลากเลื่อนที่แข็งแกร่งที่สุดก็ยังรู้สึกถึงความเครียดหลังจ

ากเดินทางเป็นระยะทางหลายไมล์

Buck aguantó, mantuvo a su equipo trabajando y mantuvo la disciplina.

บัคยึดมั่นทำให้ทีมของเขาทำงานและรักษาวินัยไว้

Pero Buck estaba cansado, al igual que los demás en el largo viaje.

แต่บัคก็เหนื่อยเช่นเดียวกับคนอื่นๆ ในการเดินทางอันยาวไกล

Billee gemía y lloraba mientras dormía todas las noches sin falta.

บิลลี่คร่ำครวญและร้องไห้ในขณะหลับทุกคืนโดยไม่พลาด

Joe se volvió aún más amargado y Solleks se mantuvo frío y distante.

โจยิ่งรู้สึกขมขื่นมากขึ้น และโซเลกส์ก็ยังคงเย็นชาและห่างเหิน

Pero fue Dave quien sufrió más de todo el equipo.

แต่เดฟคือคนที่ต้องทนทุกข์ทรมานมากที่สุดในทีม

Algo había ido mal dentro de él, aunque nadie sabía qué.

มีบางสิ่งบางอย่างผิดปกติภายในตัวเขา

แม้จะไม่มีใครรู้ว่าคืออะไรก็ตาม

Se volvió más malhumorado y les gritaba a los demás con creciente enojo.

เขาเริ่มอารมณ์แปรปรวนมากขึ้น และโกรธคนอื่นมากขึ้น

Cada noche iba directo a su nido, esperando ser alimentado.

ในแต่ละคืนมันจะตรงไปยังรังของมันเพื่อรอรับอาหาร

Una vez que cayó, Dave no se levantó hasta la mañana.

เมื่อเขาลงมาแล้ว เดฟก็ไม่ลุกขึ้นอีกเลยจนกระทั่งเช้า

En las riendas, tirones o arranques repentinos le hacían gritar de dolor.

เมื่อบังคับม้าให้กระตุกหรือเริ่มกระทันหัน

เขาจะร้องออกมาด้วยความเจ็บปวด

Su conductor buscó la causa, pero no encontró heridos.

คนขับรถของเขาพยายามค้นหาสาเหตุ แต่ไม่พบผู้ได้รับบาดเจ็บ

Todos los conductores comenzaron a observar a Dave y discutieron su caso.

คนขับรถทุกคนเริ่มมองดูเดฟและพูดคุยเกี่ยวกับกรณีของเขา

Hablaron durante las comidas y durante el último cigarrillo del día.

พวกเขาคุยกันระหว่างมื้ออาหารและระหว่างสูบบุหรี่ครั้งสุดท้ายของวัน

Una noche tuvieron una reunión y llevaron a Dave al fuego.

คืนหนึ่งพวกเขาประชุมกันและพาเดฟไปที่กองไฟ

Le apretaron y le palparon el cuerpo, y él gritaba a menudo.

พวกเขาพยายามบีบบังคับและตรวจค้นร่างกายของเขาจนเขาต้องร้องตะโกนบ่อยครั้ง

Estaba claro que algo iba mal, aunque no parecía haber ningún hueso roto.

เห็นได้ชัดว่ามีบางอย่างผิดปกติ

แม้ว่าจะไม่มีกระดูกใดที่ดูเหมือนจะหักก็ตาม

Cuando llegaron a Cassiar Bar, Dave se estaba cayendo.

ตอนที่พวกเขาไปถึงคาสเซียร์ บาร์ เดฟก็ล้มลงแล้ว

El mestizo escocés pidió un alto y eliminó a Dave del equipo.

ลูกครึ่งสก็อตแลนด์สั่งหยุดและไล่เดฟออกจากทีม

Sujetó a Solleks en el lugar de Dave, más cerca del frente del trineo.

เขายึด Solleks ไว้แทน Dave

ซึ่งอยู่ใกล้กับด้านหน้าของรถเลื่อนมากที่สุด

Su intención era dejar que Dave descansara y corriera libremente detrás del trineo en movimiento.

เขาตั้งใจจะปล่อยให้เดฟได้พักผ่อนและวิ่งเล่นตามเลื่อนที่กำลังเคลื่อนที่

Pero incluso estando enfermo, Dave odiaba que lo sacaran del trabajo que había tenido.

แต่ถึงแม้จะป่วย เดฟก็ยังเกลียดที่จะถูกหักออกจากงานที่เขาเคยทำ

Gruñó y gimió cuando le quitaron las riendas del cuerpo.

เขาขู่และครางครวญขณะที่สายบังเหียนถูกดึงออกจากตัวของเขา

Cuando vio a Solleks en su lugar, lloró con el corazón roto.

เมื่อเห็นโซเลคส์อยู่ในสถานที่ของเขา

เขาก็ร้องไห้ด้วยความเจ็บปวดใจสลาย

El orgullo por el trabajo en los senderos estaba profundamente arraigado en Dave, incluso cuando se acercaba la muerte.

ความภาคภูมิใจในการทำงานเส้นทางยังคงอยู่ในตัวเดฟ

แม้ว่าความตายจะใกล้เข้ามา

Mientras el trineo se movía, Dave se tambaleaba sobre la nieve blanda cerca del sendero.

ขณะที่รถเลื่อนเคลื่อนที่

เดฟก็ดิ้นรนไปในหิมะที่อ่อนนุ่มใกล้เส้นทาง

Atacó a Solleks, mordiéndolo y empujándolo desde el costado del trineo.

เขาโจมตีโซเลกส์โดยกัดและผลักเขาจากด้านข้างของรถเลื่อน

Dave intentó saltar al arnés y recuperar su lugar de trabajo.

เดฟพยายามกระโดดเข้าไปในสายรัดและกลับมายืนที่เดิมเพื่อทำงาน

Gritó, se quejó y lloró, dividido entre el dolor y el orgullo por el trabajo.

เขาส่งเสียงร้องโหยหวน คร่ำครวญ และร้องไห้

สับสนระหว่างความเจ็บปวดและความภาคภูมิใจในการทำงานหนัก

El mestizo usó su látigo para intentar alejar a Dave del equipo.

ลูกครึ่งใช้แส้ของเขาเพื่อพยายามไล่เดฟออกไปจากทีม

Pero Dave ignoró el látigo y el hombre no pudo golpearlo más fuerte.

แต่เดฟไม่สนใจการเฆี่ยนตี

และชายคนนั้นก็ไม่สามารถตีเขาได้แรงกว่านี้

Dave rechazó el camino más fácil detrás del trineo, donde la nieve estaba acumulada.

เดฟปฏิเสธเส้นทางที่ง่ายกว่าด้านหลังรถเลื่อนซึ่งมีหิมะปกคลุมอยู่

En cambio, luchaba en la nieve profunda junto al sendero, en la miseria.

แต่เขาต้องดิ้นรนต่อสู้ในหิมะลึกข้างเส้นทางอย่างทุกข์ทรมาน

Finalmente, Dave se desplomó, quedó tendido en la nieve y aullando de dolor.

ในที่สุด เดฟก็ล้มลง นอนอยู่บนหิมะ

และร้องโหยหวนด้วยความเจ็บปวด

Gritó cuando el largo tren de trineos pasó a su lado uno por uno.

เขาร้องตะโกนในขณะที่ขบวนรถเลื่อนยาววิ่งผ่านเขาไปทีละคัน

Aún con las fuerzas que le quedaban, se levantó y tropezó tras ellos.

แม้ว่าเขาจะยังมีพละกำลังเหลืออยู่

แต่เขาก็ยังคงลุกขึ้นและเดินตามพวกเขาไป

Lo alcanzó cuando el tren se detuvo nuevamente y encontró su viejo trineo.

เขาตามทันเมื่อรถไฟหยุดอีกครั้งและพบเลื่อนเก่าของเขา

Pasó junto a los otros equipos y se quedó de nuevo al lado de Solleks.

เขาดิ้นรนแซงทีมอื่นๆ ไปและมายืนอยู่ข้างโซเลกส์อีกครั้ง

Cuando el conductor se detuvo para encender su pipa, Dave aprovechó su última oportunidad.

ในขณะที่คนขับหยุดเพื่อจุดไปป์ เดฟก็คว้าโอกาสสุดท้ายของเขา

Cuando el conductor regresó y gritó, el equipo no avanzó.

เมื่อคนขับรถกลับมาและตะโกน ทีมก็ไม่ยอมเดินหน้าต่อ

Los perros habían girado la cabeza, confundidos por la parada repentina.

สุนัขหันหัวไปมาเพราะสับสนจากการหยุดกะทันหัน

El conductor también estaba sorprendido: el trineo no se había movido ni un centímetro hacia adelante.

คนขับก็ตกใจเช่นกัน

เพราะรถเลื่อนไม่ได้ขยับไปข้างหน้าแม้แต่น้อย

Llamó a los demás para que vinieran a ver qué había sucedido.

เขาเรียกคนอื่นๆ ให้มาดูว่าเกิดอะไรขึ้น

Dave había mordido las riendas de Solleks, rompiéndolas ambas.

เดฟได้กัดสายบังเหียนของโซเลกส์จนขาดทั้งสองข้าง

Ahora estaba de pie frente al trineo, nuevamente en su posición correcta.

ตอนนี้เขายืนอยู่ข้างหน้ารถเลื่อน กลับสู่ตำแหน่งที่ถูกต้องของเขา

Dave miró al conductor y le rogó en silencio que se mantuviera en el carril.

เดฟเงยหน้าขึ้นมองคนขับ พร้อมกับอ้อนวอนอย่างเงียบๆ

ว่าอย่าให้ต้องจอดตาม

El conductor estaba desconcertado, sin saber qué hacer con el perro que luchaba.

คนขับรู้สึกงุนงง ไม่รู้ว่าจะต้องทำอย่างไรกับสุนัขที่กำลังดิ้นรนอยู่

Los otros hombres hablaron de perros que habían muerto al ser sacados a la calle.

ผู้ชายคนอื่นๆ พูดถึงสุนัขที่ตายจากการถูกพาออกไป

Contaron sobre perros viejos o heridos cuyo corazón se rompió al ser abandonados.

พวกเขาเล่าถึงสุนัขแก่หรือสุนัขที่ได้รับบาดเจ็บที่หัวใจจะแตกสลา

ยเมื่อถูกทิ้งไว้ข้างหลัง

Estuvieron de acuerdo en que era una misericordia dejar que Dave muriera mientras aún estaba en su arnés.

พวกเขาตกลงกันว่าเป็นความเมตตาที่จะปล่อยให้เดฟตายในขณะที่

ยังอยู่ภายใต้การควบคุมของเขา

Lo volvieron a sujetar al trineo y Dave tiró con orgullo.

เขาถูกมัดกลับเข้ากับรถเลื่อน และเดฟก็ดึงรถด้วยความภาคภูมิใจ

Aunque a veces gritaba, trabajaba como si el dolor pudiera ignorarse.

แม้ว่าบางครั้งเขาจะร้องไห้

แต่เขาก็ทำเหมือนกับว่าความเจ็บปวดนั้นไม่สามารถถูกละเลยได้

Más de una vez se cayó y fue arrastrado antes de levantarse de nuevo.

มีหลายครั้งที่เขาล้มและถูกฉุดดึงก่อนจะลุกขึ้นมาอีกครั้ง

Un día, el trineo pasó por encima de él y desde ese momento empezó a cojear.

ครั้งหนึ่ง รถเลื่อนกลิ้งทับเขา

และเขาก็เดินกะเผลกตั้งแต่นั้นเป็นต้นมา

Aún así, trabajó hasta llegar al campamento y luego se acostó junto al fuego.

อย่างไรก็ตามเขายังคงทำงานจนกระทั่งถึงค่าย

แล้วจึงนอนอยู่ใกล้กองไฟ

Por la mañana, Dave estaba demasiado débil para viajar o incluso mantenerse en pie.

เมื่อถึงเช้า

เดฟก็อ่อนแรงเกินกว่าจะเดินทางหรือแม้แต่จะยืนตรงได้

En el momento de preparar el arnés, intentó alcanzar a su conductor con un esfuerzo tembloroso.

เมื่อถึงเวลารัดเข็มขัดนิรภัย

เขาพยายามจะเอื้อมถึงคนขับด้วยแรงอันสั่นเทา

Se obligó a levantarse, se tambaleó y se desplomó sobre el suelo nevado.

เขาฝืนตัวเองลุกขึ้น เซ และล้มลงบนพื้นที่เต็มไปด้วยหิมะ

Utilizando sus patas delanteras, arrastró su cuerpo hacia el área del arnés.

เขาใช้ขาหน้าลากร่างไปยังบริเวณสายรัด

Avanzó poco a poco, centímetro a centímetro, hacia los perros de trabajo.

เขาค่อย ๆ ขยับตัวไปข้างหน้าทีละน้อยเพื่อเข้าหาสุนัขทำงาน

Sus fuerzas se acabaron, pero siguió avanzando en su último y desesperado esfuerzo.

กำลังของเขาหมดลง

แต่เขายังคงเดินหน้าต่อไปในการผลักดันครั้งสุดท้ายอย่างสิ้นหวัง

Sus compañeros de equipo lo vieron jadeando en la nieve, todavía deseando unirse a ellos.

เพื่อนร่วมทีมของเขาเห็นเขาหายใจแรงในหิมะ

และยังคงปรารถนาที่จะเข้าร่วมกับพวกเขา

Lo oyeron aullar de dolor mientras dejaban atrás el campamento.

พวกเขาได้ยินเขาคร่ำครวญด้วยความเศร้าโศกขณะที่พวกเขาออกจ
ากค่าย

Cuando el equipo desapareció entre los árboles, el grito de Dave resonó detrás de ellos.

ในขณะที่ทีมหายลับเข้าไปในป่า

เสียงร้องของเดฟก็ดังสะท้อนอยู่ข้างหลังพวกเขา

El tren de trineos se detuvo brevemente después de cruzar un tramo de bosque junto al río.

รถไฟเลื่อนหยุดชั่วครู่หลังจากข้ามท่อนไม้ริมแม่น้ำ

El mestizo escocés caminó lentamente de regreso hacia el campamento que estaba detrás.

ลูกครึ่งสก็อตเดินช้าๆ กลับไปที่ค่ายด้านหลัง

Los hombres dejaron de hablar cuando lo vieron salir del tren de trineos.

คนเหล่านั้นหยุดพูดคุยกันเมื่อเห็นเขาออกจากรถไฟเลื่อน

Entonces un único disparo se oyó claro y nítido en el camino.

จากนั้นก็มีเสียงปืนดังขึ้นชัดเจนและคมชัดข้ามเส้นทาง

El hombre regresó rápidamente y ocupó su lugar sin decir palabra.

ชายผู้นั้นกลับมาอย่างรวดเร็วและไปยืนในตำแหน่งของเขาโดยไม่
พูดอะไรสักคำ

Los látigos crujieron, las campanas tintinearon y los trineos rodaron por la nieve.

เสียงแส้สะบัดดัง ระฆังดังกริ๊ง และรถเลื่อนแล่นไปบนหิมะ

Pero Buck sabía lo que había sucedido... y todos los demás perros también.

แต่บัครู้ว่าเกิดอะไรขึ้น และสุนัขตัวอื่นๆ ก็รู้เช่นกัน

El trabajo de las riendas y el sendero
ความเหน็ดเหนื่อยของบังเหียนและเส้นทาง

Treinta días después de salir de Dawson, el Salt Water Mail llegó a Skaguay.
สามสิบวันหลังจากออกจาก Dawson จดหมาย Salt Water Mail
ก็มาถึง Skaguay

Buck y sus compañeros tomaron la delantera, llegando en lamentables condiciones.
บั๊กและเพื่อนร่วมทีมขึ้นนำ แต่มาในสภาพที่น่าสมเพช

Buck había bajado de ciento cuarenta a ciento quince libras.
น้ำหนักบัคลดลงจากหนึ่งร้อยสี่สิบปอนด์เหลือหนึ่งร้อยสิบห้าปอนด์

Los otros perros, aunque más pequeños, habían perdido aún más peso corporal.
สุนัขตัวอื่นๆ แม้จะมีขนาดเล็กกว่า แต่ก็สูญเสียน้ำหนักตัวมากกว่า

Pike, que antes fingía cojear, ahora arrastraba tras él una pierna realmente herida.
ไพค์ที่เคยเป็นขาพิการปลอมๆ ตอนนี้ต้องลากขาที่บาดเจ็บจริงๆ
ไว้ข้างหลัง

Solleks cojeaba mucho y Dub tenía un omóplato torcido.
โซลเลกส์เดินกะเผลกอย่างหนัก

และดับก็มีกระดูกสะบักที่ได้รับบาดเจ็บ

Todos los perros del equipo tenían las patas doloridas por las semanas que pasaron en el sendero helado.
สุนัขในทีมทุกตัวมีแผลที่เท้าจากการเดินบนเส้นทางที่เป็นน้ำแข็ง
มาเป็นเวลาหลายสัปดาห์

Ya no tenían resorte en sus pasos, sólo un movimiento lento y arrastrado.

พวกเขาไม่มีแรงเดินเหลืออยู่เลย มีเพียงการเคลื่อนไหวช้าๆ

และลากยาว

Sus pies golpeaban el sendero con fuerza y cada paso añadía más tensión a sus cuerpos.

เท้าของพวกเขาเหยียบลงบนเส้นทางอย่างแรง

โดยแต่ละก้าวก็ยิ่งทำให้ร่างกายต้องรับแรงกดดันมากขึ้น

No estaban enfermos, sólo agotados más allá de toda recuperación natural.

พวกเขาไม่ได้ป่วย

เพียงแค่หมดเรี่ยวแรงจนไม่สามารถรักษาตัวเองได้อีกต่อไป

No era el cansancio de un día duro que se curaba con una noche de descanso.

นี่ไม่ใช่ความเหนื่อยล้าจากการทำงานหนักเพียงวันเดียว

แต่ก็หายได้ด้วยการพักผ่อนเพียงคืนเดียว

Fue un agotamiento acumulado lentamente a lo largo de meses de esfuerzo agotador.

มันเป็นความเหนื่อยล้าที่ค่อยๆ

สะสมจากความพยายามอย่างหนักเป็นเวลานานหลายเดือน

No quedaban reservas de fuerza: habían agotado todas las que tenían.

ไม่มีกำลังสำรองเหลืออยู่เลย พวกเขาใช้ไปหมดทุกหน่วยที่มีแล้ว

Cada músculo, fibra y célula de sus cuerpos estaba gastado y desgastado.

กล้ามเนื้อ เส้นใย

และเซลล์ทุกเซลล์ในร่างกายล้วนถูกใช้และสึกหรอไป

Y había una razón: habían recorrido dos mil quinientas millas.

และมีเหตุผล—พวกเขาได้เดินทางมาแล้วกว่าสองพันห้าร้อยไมล์

Habían descansado sólo cinco días durante las últimas mil ochocientas millas.

พวกเขาได้พักผ่อนเพียงห้าวันเท่านั้นในช่วงหนึ่งพันแปดร้อยไมล์ที่ผ่านมา

Cuando llegaron a Skaguay, parecían apenas capaces de mantenerse en pie.

เมื่อพวกเขามาถึงสเกกวัย พวกเขาแทบจะยืนตัวตรงไม่ได้เลย

Se esforzaron por mantener las riendas tensas y permanecer delante del trineo.

พวกเขาพยายามดิ้นรนที่จะบังคับสายบังเหียนให้แน่นและอยู่ข้างหน้ารถเลื่อน

En las bajadas sólo lograron evitar ser atropellados.

บนทางลาดลงพวกเขาทำได้เพียงหลีกเลี่ยงการถูกชนเท่านั้น

"Sigan adelante, pobres pies doloridos", dijo el conductor mientras cojeaban.

"เดินต่อไปเถอะ เท้าที่เจ็บ"

คนขับรถพูดขณะที่พวกเขาเดินกะเผลกไปเรื่อยๆ

"Este es el último tramo, luego todos tendremos un largo descanso, seguro".

"นี่คือช่วงสุดท้ายแล้ว จากนั้นเราทุกคนจะได้พักผ่อนยาวๆ อย่างแน่นอน"

"Un descanso verdaderamente largo", prometió mientras los observaba tambalearse hacia adelante.

"การพักผ่อนอันยาวนานจริงๆ"

เขาสัญญาขณะมองดูพวกเขาเดินโซเซไปข้างหน้า

Los conductores esperaban que ahora tuvieran un descanso largo y necesario.

ผู้ขับขี่คาดหวังว่าพวกเขาจะได้พักเป็นเวลานานตามที่จำเป็น

Habían recorrido mil doscientas millas con sólo dos días de descanso.

พวกเขาเดินทางไปไกลถึงหนึ่งพันสองร้อยไมล์โดยมีเวลาพักผ่อนเพียงสองวัน

Por justicia y razón, sintieron que se habían ganado tiempo para relajarse.

ด้วยความยุติธรรมและเหตุผล

พวกเขารู้สึกว่าตนสมควรได้รับเวลาพักผ่อน

Pero eran demasiados los que habían llegado al Klondike y muy pocos los que se habían quedado en casa.

แต่มีคนจำนวนมากเกินไปที่ไปที่คลอนไดค์

และมีเพียงไม่กี่คนที่อยู่บ้าน

Las cartas de las familias llegaron en masa, creando montañas de correo retrasado.

จดหมายจากครอบครัวต่างๆ หลั่งไหลเข้ามา

ทำให้เกิดจดหมายล่าช้าเป็นกอง

Llegaron órdenes oficiales: nuevos perros de la Bahía de Hudson tomarían el control.

คำสั่งอย่างเป็นทางการมาถึงแล้ว—

สุนัขฮัดสันเบย์ตัวใหม่กำลังจะเข้ามารับหน้าที่แทน

Los perros exhaustos, ahora llamados inútiles, debían ser eliminados.

สุนัขที่เหนื่อยล้าซึ่งปัจจุบันเรียกว่าไร้ค่าจะต้องถูกกำจัดทิ้ง

Como el dinero importaba más que los perros, los iban a vender a bajo precio.

เนื่องจากเงินสำคัญกว่าสุนัข จึงขายได้ในราคาถูก

Pasaron tres días más antes de que los perros sintieran lo débiles que estaban.

ผ่านไปอีกสามวันก่อนที่สุนัขจะรู้สึกว่ามันอ่อนแอแค่ไหน

En la cuarta mañana, dos hombres de Estados Unidos compraron todo el equipo.

เช้าวันที่สี่ ผู้ชายสองคนจากอเมริกาซื้อทีมทั้งหมด

La venta incluía todos los perros, además de sus arneses usados.

การขายนี้รวมสุนัขทุกตัวพร้อมทั้งอุปกรณ์รัดตัวที่สึกหรอของสุนัขด้วย

Los hombres se llamaban entre sí "Hal" y "Charles" mientras completaban el trato.

ชายทั้งสองเรียกกันว่า "ฮาล" และ "ชาร์ลส์"

ในขณะที่พวกเขาทำข้อตกลงเสร็จสิ้น

Charles era un hombre de mediana edad, pálido, con labios flácidos y puntas de bigote feroces.

ชาร์ลส์เป็นคนวัยกลางคน ผิวซีด

มีริมฝีปากเหี่ยวและมีหนวดที่แหลมคม

Hal era un hombre joven, de unos diecinueve años, que llevaba un cinturón lleno de cartuchos.

ฮาลเป็นชายหนุ่มอายุน่าจะประมาณสิบเก้าปีที่สวมเข็มขัดที่ยัดด้วยกระสุนปืน

El cinturón contenía un gran revólver y un cuchillo de caza, ambos sin usar.

เข็มขัดมีปืนลูกโม่ขนาดใหญ่และมีดล่าสัตว์ซึ่งไม่ได้ใช้งานอยู่

Esto demostró lo inexperto e inadecuado que era para la vida en el norte.

มันแสดงให้เห็นว่าเขาขาดประสบการณ์และไม่เหมาะกับชีวิตในภาคเหนือ

Ninguno de los dos pertenecía a la naturaleza; su presencia desafiaba toda razón.

ทั้งสองมนุษย์ไม่ควรอยู่ในป่า

การมีอยู่ของพวกเขาขัดต่อเหตุผลใดๆ ทั้งสิ้น

Buck observó cómo el dinero intercambiaba manos entre el comprador y el agente.

บั๊กเฝ้าดูขณะที่เงินถูกแลกเปลี่ยนระหว่างผู้ซื้อและตัวแทน

Sabía que los conductores de trenes correos abandonaban su vida como el resto.

เขารู้ว่าพนักงานขับรถไฟไปรษณีย์กำลังจะทิ้งชีวิตเขาไปเช่นเดียวกับคนอื่นๆ

Siguieron a Perrault y a François, ahora desaparecidos sin posibilidad de recuperación.

พวกเขาติดตาม Perrault และ François

จนไม่มีใครจำได้อีกต่อไปแล้ว

Buck y el equipo fueron conducidos al descuidado campamento de sus nuevos dueños.

บั๊กและทีมถูกนำไปยังค่ายทรุดโทรมของเจ้าของใหม่

La tienda se hundía, los platos estaban sucios y todo estaba desordenado.

เต็นท์ทรุดโทรม จานชามสกปรก

และทุกสิ่งทุกอย่างไม่เป็นระเบียบ

Buck también notó que había una mujer allí: Mercedes, la esposa de Charles y hermana de Hal.

บัคสังเกตเห็นผู้หญิงคนหนึ่งตรงนั้นด้วย—เมอร์เซเดส

ภรรยาของชาร์ลส์ และน้องสาวของฮาล

Formaban una familia completa, aunque no eran aptos para el recorrido.

พวกเขาสร้างครอบครัวที่สมบูรณ์แบบ

ถึงแม้จะไม่เหมาะกับเส้นทางก็ตาม

Buck observó nervioso cómo el trío comenzó a empacar los suministros.

บัคเฝ้าดูอย่างกังวลขณะที่ทั้งสามคนเริ่มเก็บสิ่งของ

Trabajaron duro, pero sin orden: sólo alboroto y esfuerzos desperdiciados.

พวกเขาทำงานหนักแต่ไม่มีระเบียบ

มีแต่เรื่องวุ่นวายและความพยายามที่สูญเปล่า

La tienda estaba enrollada hasta formar un volumen demasiado grande para el trineo.

เต็นท์ถูกม้วนเป็นรูปร่างใหญ่เทอะทะ

ใหญ่เกินกว่าที่จะบรรทุกเลื่อนได้

Los platos sucios se empaquetaron sin limpiarlos ni secarlos.

จานสกปรกถูกบรรจุโดยไม่ได้ทำความสะอาดหรือทำให้แห้งเลย

Mercedes revoloteaba por todos lados, hablando, corrigiendo y entrometiéndose constantemente.

เมอร์เซเดสกระพือปีกอยู่ตลอดเวลา พูดคุย แก้ไข

และแทรกแซงอยู่ตลอดเวลา

Cuando le ponían un saco en el frente, ella insistía en que lo pusieran en la parte de atrás.

เมื่อวางกระสอบไว้ด้านหน้า เธอก็ยืนกรานให้วางไว้ด้านหลัง

Metió la bolsa en el fondo y al siguiente momento la necesitó.

เธอบรรจุกระสอบไว้ที่ด้านล่างและวินาทีถัดไปเธอก็ต้องการมัน

De esta manera, el trineo fue desempaquetado nuevamente para alcanzar la bolsa específica.

จากนั้นจึงนำเลื่อนออกมาอีกครั้งเพื่อไปหยิบถุงใบหนึ่งที่ต้องการ

Cerca de allí, tres hombres estaban parados afuera de una tienda de campaña, observando cómo se desarrollaba la escena.

ใกล้ๆ กัน มีชายสามคนยืนอยู่หน้าเต็นท์ มองดูเหตุการณ์ที่เกิดขึ้น

Sonrieron, guiñaron el ojo y sonrieron ante la evidente confusión de los recién llegados.

พวกเขายิ้ม กระพริบตา

และยิ้มกริ่มให้กับความสับสนที่ชัดเจนของผู้มาใหม่

"Ya tienes una carga bastante pesada", dijo uno de los hombres.

"คุณมีน้ำหนักมากจริงๆ นะ" ชายคนหนึ่งกล่าว

"No creo que debas llevar esa tienda de campaña, pero es tu elección".

"ฉันไม่คิดว่าคุณควรจะถือเต็นท์นั้นไป แต่เป็นทางเลือกของคุณ"

"¡Inimaginable!", exclamó Mercedes levantando las manos con desesperación.

"ไม่ฝันเลย!"

เมอร์เซเดสร้องออกมาพร้อมยกมือขึ้นด้วยความสิ้นหวัง

"¿Cómo podría viajar sin una tienda de campaña donde refugiarme?"

"ฉันจะเดินทางได้อย่างไรหากไม่มีเต็นท์ให้พักใต้หลังคา?"

"Es primavera, ya no volverás a ver el frío", respondió el hombre.

"ตอนนี้เป็นฤดูใบไม้ผลิแล้ว

คุณจะไม่เห็นอากาศหนาวเย็นอีกแล้ว" ชายคนนั้นตอบ

Pero ella meneó la cabeza y ellos siguieron apilando objetos en el trineo.

แต่เธอส่ายหัว และพวกเขาก็ยังคงวางสิ่งของต่างๆ ไว้บนเลื่อน

La carga se elevó peligrosamente a medida que añadían los últimos elementos.

โหลดสูงจนเป็นอันตรายเมื่อพวกเขาเพิ่มสิ่งสุดท้ายเข้าไป

"¿Crees que el trineo se deslizará?" preguntó uno de los hombres con mirada escéptica.

"คิดว่ารถเลื่อนจะขี่ได้เหรอ?" ชายคนหนึ่งถามด้วยท่าทาง ไม่เชื่อ

"¿Por qué no debería?", replicó Charles con gran fastidio.

"ทำไมจะไม่ได้ล่ะ" ชาร์ลสสวนกลับด้วยความรำคาญอย่างรุนแรง

—Está bien —dijo rápidamente el hombre, alejándose un poco de la ofensa.

"โอ้ ไม่เป็นไร" ชายคนนั้นพูดอย่างรวดเร็ว

และถอยห่างจากสิ่งที่กำลังทำอยู่

"Solo me preguntaba, me pareció que tenía la parte superior demasiado pesada".

"ฉันแค่สงสัยว่ามันดูหนักไปนิดสำหรับฉัน"

Charles se dio la vuelta y ató la carga lo mejor que pudo.

ชาร์ลส์หันกลับไปและผูกภาระให้ดีที่สุดเท่าที่จะทำได้

Pero las ataduras estaban sueltas y el embalaje en general estaba mal hecho.

แต่การผูกนั้นหลวมและการบรรจุโดยรวมก็ทำได้ไม่ดี

"Claro, los perros tirarán de eso todo el día", dijo otro hombre con sarcasmo.

"แน่นอน สุนัขจะทำแบบนั้นตลอดทั้งวัน"

ชายอีกคนพูดอย่างประชดประชัน

—Por supuesto —respondió Hal con frialdad, agarrando el largo palo del trineo.

"แน่นอน" ฮาลตอบอย่างเย็นชาขณะคว้าเสาค้ำที่ยาวของรถเลื่อน

Con una mano en el poste, blandía el látigo con la otra.

เขาใช้มือข้างหนึ่งจับเสา และใช้มืออีกข้างฟาดแส้

"¡Vamos!", gritó. "¡Muévanse!", instando a los perros a empezar.

"ไปกันเถอะ!" เขาร้องตะโกน "ขยับตัวหน่อย!" เร่งเร้าให้สุนัขเริ่ม

Los perros se inclinaron hacia el arnés y se tensaron durante unos instantes.

สุนัขเอนตัวเข้าไปในสายรัดและเกร็งอยู่ครู่หนึ่ง

Entonces se detuvieron, incapaces de mover ni un centímetro el trineo sobrecargado.

แล้วพวกเขาก็หยุดลง

โดยไม่สามารถขยับเลื่อนที่บรรทุกของเกินขนาดได้แม้แต่น้อย

—¡Esos brutos perezosos! —gritó Hal, levantando el látigo para golpearlos.

"พวกสัตว์ขี้เกียจ!"

ฮาลตะโกนพร้อมกับยกแส้ขึ้นเพื่อโจมตีพวกมัน

Pero Mercedes entró corriendo y le arrebató el látigo de las manos a Hal.

แต่เมอร์เซเดสรีบเข้ามาและคว้าแส้จากมือของฮาล

—Oh, Hal, no te atrevas a hacerles daño —gritó alarmada.

"โอ้ ฮาล อย่าได้กล้าทำร้ายพวกเขานะ"

เธอร้องด้วยความตื่นตระหนก

"Prométeme que serás amable con ellos o no daré un paso más".

"สัญญากับฉันสิว่าคุณจะใจดีกับพวกเขา

ไม่งั้นฉันจะไม่ก้าวไปอีกขั้น"

—No sabes nada de perros —le espetó Hal a su hermana.

"เธอไม่รู้เรื่องสุนัขเลย" ฮาลตะคอกใส่พี่สาวของเขา

"Son perezosos y la única forma de moverlos es azotándolos".

"พวกมันขี้เกียจ

และวิธีเดียวที่จะเคลื่อนย้ายพวกมันได้คือการเฆี่ยนตีพวกมัน"

"Pregúntale a cualquiera, pregúntale a uno de esos hombres de allí si dudas de mí".

"ถามใครก็ได้—ถามผู้ชายคนใดคนหนึ่งที่นั่นถ้าคุณสงสัยฉัน"

Mercedes miró a los espectadores con ojos suplicantes y llorosos.

เมอร์เซเดสมองดูผู้คนด้วยดวงตาที่วิงวอนและมีน้ำตาคลอเบ้า

Su rostro mostraba lo profundamente que odiaba ver cualquier dolor.

ใบหน้าของเธอแสดงให้เห็นว่าเธอเกลียดการเห็นความเจ็บปวดมากแค่ไหน

"Están débiles, eso es todo", dijo un hombre. "Están agotados".

ชายคนหนึ่งกล่าวว่า "พวกเขาอ่อนแอมาก พวกมันเหนื่อยล้า"

"Necesitan descansar, han trabajado demasiado tiempo sin descansar".

"พวกเขาต้องการพักผ่อน—

พวกเขาทำงานมานานเกินไปโดยไม่ได้พักผ่อนเลย"

—Maldito sea el resto —murmuró Hal con el labio curvado.

"ขอให้คำสาปจงหมดไป" ฮาลพึมพำพร้อมกับยกริมฝีปากขึ้น

Mercedes jadeó, visiblemente dolida por la grosera palabra que pronunció.

เมอร์เซเดสหายใจไม่ออก

แสดงความเจ็บปวดอย่างเห็นได้ชัดจากคำพูดหยาบคายของเขา

Aún así, ella se mantuvo leal y defendió instantáneamente a su hermano.

อย่างไรก็ตามเธอยังคงภักดีและปกป้องพี่ชายของเธอทันที

—No le hagas caso a ese hombre —le dijo a Hal—. Son nuestros perros.

"อย่าไปสนใจผู้ชายคนนั้นเลย" เธอกล่าวกับฮาล

"พวกมันเป็นหมาของเรา"

"Los conduces como mejor te parezca, haz lo que creas correcto".

"คุณขับมันตามที่คุณเห็นว่าเหมาะสม—

ทำในสิ่งที่คุณคิดว่าถูกต้อง"

Hal levantó el látigo y volvió a golpear a los perros sin piedad.

ฮาลยกแส้ขึ้นและฟาดสุนัขอีกครั้งอย่างไม่ปรานี

Se lanzaron hacia adelante, con el cuerpo agachado y los pies hundidos en la nieve.

พวกเขาพุ่งตัวไปข้างหน้า ร่างกายต่ำลง และเท้าเหยียบไปในหิมะ

Ponían toda su fuerza en tirar, pero el trineo no se movía.

พวกเขาใช้พลังทั้งหมดไปกับการดึง แต่รถเลื่อนกลับไม่เคลื่อนที่

El trineo quedó atascado, como un ancla congelada en la nieve compacta.

รถเลื่อนยังคงติดอยู่เหมือนกับสมอที่ถูกแช่แข็งในหิมะที่อัดแน่น

Tras un segundo esfuerzo, los perros se detuvieron de nuevo, jadeando con fuerza.

หลังจากพยายามครั้งที่สอง สุนัขก็หยุดอีกครั้ง

และหายใจหอบอย่างหนัก

Hal levantó el látigo una vez más, justo cuando Mercedes interfirió nuevamente.

ฮาลยกแส้ขึ้นอีกครั้ง ในขณะที่เมอร์เซเดสเข้ามาขัดขวางอีกครั้ง

Ella cayó de rodillas frente a Buck y abrazó su cuello.

เธอคุกเข่าลงตรงหน้าบัคและกอดคอเขา

Las lágrimas llenaron sus ojos mientras le suplicaba al perro exhausto.

น้ำตาคลอเบ้าขณะที่เธอวิงวอนสุนัขที่เหนื่อยล้า

"Pobres queridos", dijo, "¿por qué no tiran más fuerte?"

"พวกคุณน่าสงสารจัง" เธอกล่าว "ทำไมคุณไม่ดึงแรงกว่านี้ล่ะ?"

"Si tiras, no te azotarán así".

"ถ้าดึงก็จะไม่ได้โดนตีแบบนี้"

A Buck no le gustaba Mercedes, pero estaba demasiado cansado para resistirse a ella ahora.

บัคไม่ชอบเมอร์เซเดส แต่เขาเหนื่อยเกินกว่าจะต่อต้านเธอตอนนี้

Él aceptó sus lágrimas como una parte más de ese día miserable.

เขารับน้ำตาของเธอว่าเป็นเพียงส่วนหนึ่งของวันอันน่าเศร้าเท่านั้น

Uno de los hombres que observaban finalmente habló después de contener su ira.

ในที่สุดชายคนหนึ่งที่เฝ้าดูก็พูดขึ้นหลังจากพยายามระงับความโกรธไว้

"No me importa lo que les pase a ustedes, pero esos perros importan".

"ฉันไม่สนใจว่าจะเกิดอะไรขึ้นกับพวกคุณ

แต่สุนัขพวกนั้นสำคัญ"

"Si quieres ayudar, suelta ese trineo: está congelado hasta la nieve".

"ถ้าคุณอยากช่วย ก็ช่วยดึงเลื่อนนั้นออกซะ

เพราะมันแข็งตัวจนติดหิมะแล้ว"

"Presiona con fuerza el polo G, derecha e izquierda, y rompe el sello de hielo".

"กดเสาค้ำแรงๆ ทั้งขวาและซ้าย เพื่อทำลายผนึกน้ำแข็ง"

Se hizo un tercer intento, esta vez siguiendo la sugerencia del hombre.

ความพยายามครั้งที่สามเกิดขึ้นคราวนี้ตามคำแนะนำของชายคนนี้

Hal balanceó el trineo de un lado a otro, soltando los patines.

ฮาลโยกเลื่อนไปมา ทำให้ผู้วิ่งหลุดออกไป

El trineo, aunque sobrecargado y torpe, finalmente avanzó con dificultad.

แม้ว่ารถเลื่อนจะบรรทุกเกินขนาดและดูไม่คล่องตัว

แต่ในที่สุดก็สามารถเคลื่อนตัวไปข้างหน้าได้

Buck y los demás tiraron salvajemente, impulsados por una tormenta de latigazos.

บั๊กและคนอื่นๆ ดึงอย่างแรงจนเกิดการเหวี่ยงอย่างรุนแรง

Cien metros más adelante, el sendero se curvaba y descendía hacia la calle.

เมื่อเดินไปข้างหน้าอีกร้อยหลา

เส้นทางก็โค้งและลาดลงไปบนถนน

Se hubiera necesitado un conductor habilidoso para mantener el trineo en posición vertical.

จำเป็นต้องมีคนขับที่มีทักษะจึงจะสามารถรักษาให้รถเลื่อนตั้งตรงได้

Hal no era hábil y el trineo se volcó al girar en la curva.

ฮาลไม่ชำนาญ และรถเลื่อนก็เอียงขณะแกว่งไปรอบๆ โค้ง

Las ataduras sueltas cedieron y la mitad de la carga se derramó sobre la nieve.

เชือกที่ผูกไว้หลวมๆ ทำให้หลุดออก

และครึ่งหนึ่งของน้ำหนักก็หกลงบนหิมะ

Los perros no se detuvieron; el trineo, más ligero, siguió volando de lado.

สุนัขไม่ได้หยุด แต่รถเลื่อนที่เบากว่าก็บินไปด้านข้าง

Enojados por el abuso y la pesada carga, los perros corrieron más rápido.

เนื่องจากความโกรธจากการถูกทารุณและภาระที่หนัก

จึงทำให้สุนัขวิ่งเร็วขึ้น

Buck, furioso, echó a correr, con el equipo siguiéndolo detrás.

บัคโกรธมากและวิ่งออกไปโดยมีเพื่อนร่วมทีมวิ่งตามหลัง

Hal gritó "¡Guau! ¡Guau!", pero el equipo no le hizo caso.

ฮาลตะโกนว่า "ว้าว! ว้าว!" แต่ทีมงานไม่ได้สนใจเขาเลย

Tropezó, cayó y fue arrastrado por el suelo por el arnés.

เขาสะดุดล้มและถูกสายรัดดึงไปกับพื้น

El trineo volcado saltó sobre él mientras los perros corrían delante.

รถเลื่อนที่พลิกคว่ำกระแทกเข้าใส่เขา

ขณะที่สุนัขวิ่งแซงหน้าเขาไป

El resto de los suministros se dispersaron por la concurrida calle de Skaguay.

เสบียงที่เหลือกระจายอยู่ทั่วถนนสายหลักที่พลุกพล่านของเมืองสกาเกวย์

La gente bondadosa se apresuró a detener a los perros y recoger el equipo.

คนใจดีต่างวิ่งไปหยุดสุนัขและเก็บอุปกรณ์ต่างๆ

También dieron consejos, contundentes y prácticos, a los nuevos viajeros.

พวกเขายังให้คำแนะนำที่ตรงไปตรงมาและปฏิบัติได้จริงแก่ผู้เดินทางมือใหม่อีกด้วย

"Si quieres llegar a Dawson, lleva la mitad de la carga y el doble de perros".

"หากคุณต้องการเข้าถึง Dawson จงเอาของไปครึ่งหนึ่ง

และเพิ่มสุนัขเป็นสองเท่า"

Hal, Charles y Mercedes escucharon, aunque no con entusiasmo.

ฮาล ชาร์ลส์ และเมอร์เซเดสฟัง

แม้จะไม่ได้ด้วยความกระตือรือร้นก็ตาม

Instalaron su tienda de campaña y comenzaron a clasificar sus suministros.

พวกเขากางเต็นท์และเริ่มคัดแยกสิ่งของของตน

Salieron alimentos enlatados, lo que hizo reír a carcajadas a los espectadores.

อาหารกระป๋องก็ถูกวางออกมาทำเอาผู้ที่เห็นเหตุการณ์หัวเราะออกมาดังๆ

"¿Enlatado en el camino? Te morirás de hambre antes de que se derrita", dijo uno.

"ของกระป๋องบนเส้นทาง คุณจะอดตายก่อนที่มันจะละลาย"

คนหนึ่งกล่าว

¿Mantas de hotel? Mejor tíralas todas.

"ผ้าห่มโรงแรมเหรอ? โยนทิ้งไปเลยดีกว่า"

"Si también deshazte de la tienda de campaña, aquí nadie lava los platos".

"รื้อเต็นท์ออกซะ แล้วที่นี่ก็ไม่มีใครล้างจาน"

¿Crees que estás viajando en un tren Pullman con sirvientes a bordo?

"คุณคิดว่าคุณกำลังนั่งรถไฟพูลแมนพร้อมคนรับใช้บนเครื่องเหรอ?"

El proceso comenzó: todos los objetos inútiles fueron arrojados a un lado.

กระบวนการเริ่มต้นขึ้น—สิ่งของไร้ประโยชน์ทุกชิ้นถูกโยนทิ้งไป

Mercedes lloró cuando sus maletas fueron vaciadas en el suelo nevado.

เมอร์เซเดสร้องไห้ขณะที่กระเป๋าของเธอถูกเทลงบนพื้นที่เต็มไปด้วยหิมะ

Ella sollozaba por cada objeto que tiraba, uno por uno, sin pausa.

เธอสะอื้นให้กับสิ่งของทุกชิ้นที่ถูกโยนออกไป

ทีละชิ้นโดยไม่หยุดพัก

Ella juró no dar un paso más, ni siquiera por diez Charleses.

นางปฏิญาณว่าจะไม่ก้าวไปอีกก้าวเดียว

แม้กระทั่งถึงชาร์ลส์สิบคนก็ตาม

Ella le rogó a cada persona cercana que le permitiera conservar sus cosas preciosas.

เธอขอร้องทุกคนที่อยู่ใกล้เคียงให้ยอมเก็บของมีค่าของเธอไว้ให้

Por último, se secó los ojos y comenzó a arrojar incluso la ropa más importante.

ในที่สุดเธอก็เช็ดตาและเริ่มโยนแม้กระทั่งเสื้อผ้าที่สำคัญออกไป

Cuando terminó con los suyos, comenzó a vaciar los suministros de los hombres.

เมื่อจัดการของตัวเองเสร็จแล้ว เธอก็เริ่มขนของของผู้ชายออกไป

Como un torbellino, destrozó las pertenencias de Charles y Hal.

เธอฉีกข้าวของของชาร์ลส์และฮาลออกไปอย่างวุ่นวาย

Aunque la carga se redujo a la mitad, todavía era mucho más pesada de lo necesario.

แม้ว่าภาระจะลดลงครึ่งหนึ่ง แต่ก็ยังหนักกว่าที่จำเป็นมาก

Esa noche, Charles y Hal salieron y compraron seis perros nuevos.

คืนนั้น ชาร์ลสกับฮาลออกไปซื้อสุนัขใหม่มาหกตัว

Estos nuevos perros se unieron a los seis originales, además de Teek y Koona.

สุนัขตัวใหม่เหล่านี้จะมาร่วมตัวกับสุนัขตัวเดิมทั้งหกตัว

พร้อมด้วย Teek และ Koona

Juntos formaron un equipo de catorce perros enganchados al trineo.

พวกเขารวมทีมสุนัขสิบสี่ตัวเข้ากับรถลากเลื่อน

Pero los nuevos perros no eran aptos y estaban mal entrenados para el trabajo con trineos.

แต่สุนัขใหม่ไม่เหมาะสมและได้รับการฝึกฝนในการลากเลื่อนไม่ดี

Tres de los perros eran pointers de pelo corto y uno era un Terranova.

สุนัขสามตัวเป็นสุนัขพันธุ์พอยน์เตอร์ขนสั้น

และหนึ่งตัวเป็นพันธุ์นิวฟันด์แลนด์

Los dos últimos perros eran mestizos, sin ninguna raza ni propósito claros.

สุนัขสองตัวสุดท้ายเป็นสุนัขจรจัดที่ไม่มีสายพันธุ์หรือวัตถุประสงค์ที่ชัดเจนใดๆ เลย

No entendieron el camino y no lo aprendieron rápidamente.

พวกเขาไม่เข้าใจเส้นทางและไม่สามารถเรียนรู้ได้อย่างรวดเร็ว

Buck y sus compañeros los miraron con desprecio y profunda irritación.

บั๊กและเพื่อนๆ

ของเขามองดูพวกเขาด้วยความดูถูกและหงุดหงิดอย่างมาก

Aunque Buck les enseñó lo que no debían hacer, no podía enseñarles cuál era el deber.

แม้ว่าบัคจะสอนพวกเขาว่าอะไรไม่ควรทำ

แต่เขาไม่สามารถสอนหน้าที่ได้

No se adaptaron bien a la vida en senderos ni al tirón de las riendas y los trineos.

พวกเขาไม่ยอมรับการใช้ชีวิตแบบตามรอยหรือการดึงสายบังคับและเลื่อน

Sólo los mestizos intentaron adaptarse, e incluso a ellos les faltó espíritu de lucha.

มีเพียงพวกลูกผสมเท่านั้นที่พยายามปรับตัว

และแม้แต่พวกมันก็ขาดจิตวิญญาณนักสู้

Los demás perros estaban confundidos, debilitados y destrozados por su nueva vida.

สุนัขตัวอื่นๆ รู้สึกสับสน อ่อนแอ

และเสียใจกับชีวิตใหม่ของพวกมัน

Con los nuevos perros desorientados y los viejos exhaustos, la esperanza era escasa.

เมื่อสุนัขตัวใหม่ยังไม่รู้เรื่อง และสุนัขตัวเก่าก็หมดแรง

ความหวังก็เริ่มริบหรี่

El equipo de Buck había recorrido dos mil quinientas millas de senderos difíciles.

ทีมของบัคต้องเดินทางผ่านเส้นทางที่ยากลำบากกว่า 2,500 ไมล์

Aún así, los dos hombres estaban alegres y orgullosos de su gran equipo de perros.

อย่างไรก็ตาม

ชายทั้งสองก็ยังคงร่าเริงและภูมิใจกับสุนัขตัวใหญ่ของพวกเขา

Creían que viajaban con estilo, con catorce perros enganchados.

พวกเขาคิดว่าพวกเขาเดินทางอย่างมีสไตล์โดยมีสุนัขสิบสี่ตัวร่วมเดินทางด้วย

Habían visto trineos partir hacia Dawson y otros llegar desde allí.

พวกเขาเห็นรถเลื่อนออกเดินทางไปยังเมืองดอว์สัน

และมีรถเลื่อนคันอื่นๆ ตามมาด้วย

Pero nunca habían visto uno tirado por tantos catorce perros.

แต่ไม่เคยเห็นใครลากด้วยสุนัขมากถึงสิบสี่ตัวเลย

Había una razón por la que equipos como ese eran raros en el desierto del Ártico.

มีเหตุผลว่าทำไมทีมดังกล่าวจึงหายากในถิ่นทุรกันดารอาร์กติก

Ningún trineo podría transportar suficiente comida para alimentar a catorce perros durante el viaje.

รถเลื่อนไม่มีทางบรรทุกอาหารพอเลี้ยงสุนัขได้ถึง 14

ตัวตลอดการเดินทาง

Pero Charles y Hal no lo sabían: habían hecho los cálculos.

แต่ชาร์ลส์และฮาลไม่รู้เรื่องนี้—พวกเขาคิดเลขไปแล้ว

Planificaron la comida: tanta cantidad por perro, tantos días, y listo.

พวกเขาเขียนรายละเอียดอาหารไว้หมดแล้ว:

มากมายต่อสุนัขหนึ่งตัว หลายวัน เสร็จเรียบร้อย

Mercedes miró sus figuras y asintió como si tuviera sentido.

เมอร์เซเดสมองดูตัวเลขของพวกเขาและพยักหน้าราวกับว่ามันสมเ

หตุสมผล

Todo le parecía muy sencillo, al menos en el papel.

สำหรับเธอแล้วทุกอย่างดูเรียบง่ายมาก อย่างน้อยก็บนกระดาษ

A la mañana siguiente, Buck guió al equipo lentamente por la calle nevada.

เช้าวันรุ่งขึ้น บัคนำทีมเดินขึ้นถนนที่เต็มไปด้วยหิมะอย่างช้าๆ

No había energía ni espíritu en él ni en los perros detrás de él.

ไม่มีพลังงานหรือจิตวิญญาณในตัวเขาหรือสุนัขที่อยู่ข้างหลังเขาเล

ย

Estaban muertos de cansancio desde el principio: no les quedaban reservas.

พวกเขาเหนื่อยล้ามาตั้งแต่เริ่มต้น—ไม่มีพลังสำรองเหลืออยู่เลย

Buck ya había hecho cuatro viajes entre Salt Water y
Dawson.

บัคได้เดินทางระหว่างซอลท์วอเตอร์และดอว์สันไปแล้ว 4 ครั้ง

Ahora, enfrentado nuevamente el mismo desafío, no sentía
nada más que amargura.

คราวนี้เมื่อต้องเผชิญกับเส้นทางเดิมอีกครั้ง

เขาไม่รู้สึกถึงสิ่งใดเลยนอกจากความขมขื่น

Su corazón no estaba en ello, ni tampoco el corazón de los
otros perros.

หัวใจของเขาไม่ได้อยู่ในนั้น และหัวใจของสุนัขตัวอื่นก็เช่นกัน

Los nuevos perros eran tímidos y los huskies carecían de
confianza.

สุนัขตัวใหม่ขี้อาย และฮัสกี้ก็ขาดความไว้วางใจ

Buck sintió que no podía confiar en estos dos hombres ni en
su hermana.

บัคสัมผัสได้ว่าเขาไม่สามารถพึ่งพาผู้ชายสองคนนี้หรือพี่สาวของ

พวกเขาได้

No sabían nada y no mostraron señales de aprender en el
camino.

พวกเขาไม่รู้อะไรเลยและไม่มีทีท่าว่าเรียนรู้อะไรเลยบนเส้นทาง

Estaban desorganizados y carecían de cualquier sentido de
disciplina.

พวกเขาไร้ระเบียบและขาดวินัย

Les tomó media noche montar un campamento descuidado
cada vez.

พวกเขาใช้เวลาครึ่งคืนในการตั้งแคมป์อย่างลวกๆ ทุกครั้ง

Y la mitad de la mañana siguiente la pasaron otra vez
jugueteando con el trineo.

และครึ่งเช้าของอีกวันพวกเขาก็ใช้เวลาคลำหาเลื่อนอีกครั้ง

Al mediodía, a menudo se detenían simplemente para arreglar la carga desigual.

พอถึงเที่ยงคนมักจะหยุดเพื่อซ่อมโหลดที่ไม่เท่ากัน

Algunos días, viajaron menos de diez millas en total.

บางวันพวกเขาเดินทางได้ไม่ถึงสิบไมล์เลยด้วยซ้ำ

Otros días ni siquiera conseguían salir del campamento.

วันอื่นๆ พวกเขาไม่สามารถออกจากค่ายได้เลย

Nunca llegaron a cubrir la distancia alimentaria planificada.

พวกเขาไม่เคยเข้าใกล้การครอบคลุมระยะทางการกินอาหารตามแผนเลย

Como era de esperar, muy rápidamente se quedaron sin comida para los perros.

ตามที่คาดไว้ อาหารสำหรับสุนัขของพวกเขาหมดลงอย่างรวดเร็ว

Empeoró las cosas sobrealimentándolos en los primeros días.

พวกเขาทำให้เรื่องแย่ลงโดยการให้อาหารมากเกินไปในช่วงแรกๆ

Esto acercaba la hambruna con cada ración descuidada.

ส่งผลให้ความอดอยากใกล้เข้ามาทุกทีเมื่อได้รับอาหารอย่างไม่ระมัดระวัง

Los nuevos perros no habían aprendido a sobrevivir con muy poco.

สุนัขตัวใหม่ยังไม่เรียนรู้ที่จะเอาชีวิตรอดด้วยสิ่งเล็กๆ น้อยๆ

Comieron con hambre, con apetitos demasiado grandes para el camino.

พวกเขากินอย่างหิวโหย

ความอยากอาหารสูงเกินกว่าจะเดินตามเส้นทางได้

Al ver que los perros se debilitaban, Hal creyó que la comida no era suficiente.

เมื่อเห็นว่าสุนัขเริ่มอ่อนแรง ฮาลเชื่อว่าอาหารไม่เพียงพอ

Duplicó las raciones, empeorando aún más el error.

เขาเพิ่มปริมาณอาหารเป็นสองเท่า ทำให้ความผิดพลาดยิ่งแย่ลง

Mercedes añadió más problemas con lágrimas y suaves súplicas.

เมอร์เซเดสยังเพิ่มปัญหาด้วยน้ำตาและการวิงวอนอย่างอ่อนโยน

Cuando no pudo convencer a Hal, alimentó a los perros en secreto.

เมื่อเธอไม่สามารถโน้มน้าวฮาลได้ เธอจึงให้อาหารสุนัขอย่างลับๆ

Ella robó de los sacos de pescado y se lo dio a sus espaldas.

นางขโมยกระสอบปลาแล้วส่งให้พวกเขาข้างหลังเขา

Pero lo que los perros realmente necesitaban no era más comida: era descanso.

แต่สิ่งที่สุนัขต้องการจริงๆ ไม่ใช่อาหาร แต่เป็นการพักผ่อน

Iban a poca velocidad, pero el pesado trineo aún seguía avanzando.

แม้ว่าพวกเขาจะทำเวลาได้ไม่ดีนัก แต่รถเลื่อนหนักๆ

ก็ยังคงลากต่อไป

Ese peso solo les quitaba las fuerzas que les quedaban cada día.

น้ำหนักเพียงเท่านี้ก็ทำให้พลังที่เหลือของพวกเขาหมดไปในแต่ละ

วัน

Luego vino la etapa de desalimentación ya que los suministros escasearon.

จากนั้นก็มาถึงช่วงของการให้อาหาร ไม่เพียงพอเนื่องจากเสบียงใก

ล้จะหมด

Una mañana, Hal se dio cuenta de que la mitad de la comida para perros ya había desaparecido.

เช้าวันหนึ่งฮาลตระหนักได้ว่าอาหารสุนัขครึ่งหนึ่งหายไปแล้ว

Sólo habían recorrido una cuarta parte de la distancia total del recorrido.

พวกเขาเดินทางได้เพียงหนึ่งในสี่ของระยะทางเส้นทางทั้งหมด

No se podía comprar más comida por ningún precio que se ofreciera.

ไม่สามารถซื้ออาหารได้อีกต่อไป

ไม่ว่าจะเสนอราคามาเท่าใดก็ตาม

Redujo las raciones de los perros por debajo de la ración diaria estándar.

เขาลดปริมาณอาหารที่สุนัขได้รับลงต่ำกว่าปริมาณมาตรฐานต่อวัน

Al mismo tiempo, exigió viajes más largos para compensar las pérdidas.

ในขณะเดียวกันเขายังเรียกร้องการเดินทางที่นานขึ้นเพื่อชดเชยความสูญเสีย

Mercedes y Carlos apoyaron este plan, pero fracasaron en su ejecución.

เมอร์เซเดสและชาร์ลส์สนับสนุนแผนนี้

แต่ล้มเหลวในการดำเนินการ

Su pesado trineo y su falta de habilidad hicieron que el avance fuera casi imposible.

รถเลื่อนที่หนักและทักษะที่ไม่เพียงพอทำให้แทบจะเคลื่อนที่ไม่ได้เลย

Era fácil dar menos comida, pero imposible forzar más esfuerzo.

การให้ปริมาณอาหารน้อยลงเป็นเรื่องง่าย

แต่การพยายามให้มากขึ้นนั้นเป็นไปไม่ได้

No podían salir temprano ni tampoco viajar horas extras.

พวกเขาไม่สามารถเริ่มต้นได้เช้าตรู่

และไม่สามารถเดินทางนอกเวลาได้

No sabían cómo trabajar con los perros, ni tampoco ellos mismos.

พวกเขาไม่รู้ว่าจะต้องฝึกสุนัขอย่างไร หรือแม้แต่ฝึกตัวเองด้วยซ้ำ

El primer perro que murió fue Dub, el desafortunado pero trabajador ladrón.

สุนัขตัวแรกที่ตายคือ ดับ เจ้าหัวขโมยผู้โชคร้ายแต่ขยันทำงาน

Aunque a menudo lo castigaban, Dub había hecho su parte sin quejarse.

แม้ว่าจะถูกทำโทษบ่อยครั้ง ดับก็ยังคงทำหน้าที่ของตนโดยไม่บ่น

Su hombro lesionado empeoró sin cuidados ni necesidad de descanso.

ไหล่ที่บาดเจ็บของเขาแย่ลงโดยไม่ได้รับการดูแลหรือพักผ่อน

Finalmente, Hal usó el revólver para acabar con el sufrimiento de Dub.

ในที่สุดฮาลก็ใช้ปืนพกเพื่อยุติความทุกข์ทรมานของดับ

Un dicho común afirma que los perros normales mueren con raciones para perros esquimales.

มีคำพูดทั่วไปที่กล่าวว่า

สุนัขปกติจะตายเมื่อกินอาหารของสุนัขไซบีเรียนฮัสกี้

Los seis nuevos compañeros de Buck tenían sólo la mitad de la porción de comida del husky.

เพื่อนใหม่ทั้งหกตัวของบัคมีส่วนแบ่งอาหารเพียงครึ่งเดียวของฮัสกี้

Primero murió el Terranova y después los tres bracos de pelo corto.

นิวฟันด์แลนด์ตายก่อน

จากนั้นก็ตายพร้อมกับสุนัขพันธุ์ขนสั้นอีกสามตัว

Los dos mestizos resistieron más tiempo pero finalmente perecieron como el resto.

ลูกครึ่งทั้งสองตัวยืนหยัดได้นานกว่าแต่สุดท้ายก็ตายไปเช่นเดียวกั
บตัวอื่นๆ

Para entonces, todas las comodidades y la dulzura de Southland habían desaparecido.

เมื่อถึงเวลานี้

สิ่งอำนวยความสะดวกและความอ่อนโยนทั้งหมดของดินแดนทาง

ใต้ก็หายไป

Las tres personas habían perdido los últimos vestigios de su educación civilizada.

คนทั้งสามได้ทิ้งร่องรอยสุดท้ายของการเลี้ยงดูแบบมีอารยธรรมข

องตนไปแล้ว

Despojado de glamour y romance, el viaje al Ártico se volvió brutalmente real.

การเดินทางในอาร์กติกที่ปราศจากความหรูหราและความโรแมนติ

ก กลับกลายเป็นเรื่องจริงอย่างโหดร้าย

Era una realidad demasiado dura para su sentido de masculinidad y feminidad.

มันเป็นความจริงที่โหดร้ายเกินไปสำหรับความรู้สึกถึงความเป็นช

ายและความเป็นหญิงของพวกเขา

Mercedes ya no lloraba por los perros, ahora lloraba sólo por ella misma.

เมอร์เซเดสไม่ร้องไห้เพื่อสุนัขอีกต่อไป

แต่เขากลับร้องไห้เพื่อตัวเองเท่านั้น

Pasó su tiempo llorando y peleando con Hal y Charles.

เธอใช้เวลาในการร้องไห้และทะเลาะกับฮาลและชาร์ลส์

Pelear era lo único que nunca estaban demasiado cansados para hacer.

การทะเลาะกันเป็นสิ่งเดียวที่พวกเขาไม่เคยเหนื่อยเกินไปที่จะทำ

Su irritabilidad surgió de la miseria, creció con ella y la superó.

ความหงุดหงิดของพวกเขาเกิดจากความทุกข์

เติบโตมาพร้อมกับมัน และเอาชนะมันไปได้

La paciencia del camino, conocida por quienes trabajan y sufren con bondad, nunca llegó.

ความอดทนในเส้นทางที่ผู้ที่ทำงานหนักและทนทุกข์ด้วยความเมต

ตาคุ้นเคย ไม่เคยมาถึง

Esa paciencia que conserva dulce la palabra a pesar del dolor les era desconocida.

ความอดทนที่ทำให้คำพูดยังคงหวานชื่นแม้จะต้องทนทุกข์ไม่ใช่สิ่

งที่พวกเขารู้จัก

No tenían ni un ápice de paciencia ni la fuerza que suponía sufrir con gracia.

พวกเขาไม่มีทีท่าว่าจะมีความอดทน

ไม่มีกำลังที่ได้รับจากการทนทุกข์อย่างสง่างาม

Estaban rígidos por el dolor: les dolían los músculos, los huesos y el corazón.

พวกเขาปวดร้าวไปทั้งตัว ปวดตามกล้ามเนื้อ กระดูก และหัวใจ

Por eso se volvieron afilados de lengua y rápidos para usar palabras ásperas.

เพราะเหตุนี้พวกเขาจึงพูดจาหยาบคายและพูดจารุนแรง

Cada día comenzaba y terminaba con voces enojadas y amargas quejas.

แต่ละวันเริ่มต้นและสิ้นสุดด้วยเสียงโกรธเคืองและการบ่นอันขมขื่

น

Charles y Hal discutían cada vez que Mercedes les daba una oportunidad.

ชาร์ลส์และฮาลทะเลาะกันทุกครั้งที่เมอร์เซเดสให้โอกาสพวกเขา

Cada hombre creía que hacía más de lo que le correspondía en el trabajo.

แต่ละคนเชื่อว่าตนทำงานเกินส่วนที่ตนควรจะทำ

Ninguno de los dos perdió la oportunidad de decirlo una y otra vez.

และไม่เคยพลาดโอกาสที่จะพูดแบบนั้นซ้ำแล้วซ้ำเล่า

A veces Mercedes se ponía del lado de Charles, a veces del lado de Hal.

บางครั้งเมอร์เซเดสก็เข้าข้างชาร์ลส์ บางครั้งก็เข้าข้างฮาล

Esto dio lugar a una gran e interminable disputa entre los tres.

ทำให้เกิดการทะเลาะวิวาทกันอย่างใหญ่หลวงไม่สิ้นสุดระหว่างทั้ง

สามคน

Una disputa sobre quién debería cortar leña se salió de control.

การโต้เถียงว่าใครควรสับฟืนเริ่มไม่สามารถควบคุมได้

Pronto se nombraron padres, madres, primos y parientes muertos.

ในไม่ช้า พ่อ แม่ ลูกพี่ลูกน้อง

และญาติที่เสียชีวิตก็ได้รับการระบุชื่อ

Las opiniones de Hal sobre el arte o las obras de su tío se convirtieron en parte de la pelea.

ทัศนคติของฮาลเกี่ยวกับศิลปะหรือบทละครของลุงของเขากลายม

าเป็นส่วนหนึ่งของการต่อสู้

Las creencias políticas de Charles también entraron en el debate.

ความเชื่อทางการเมืองของชาร์ลส์ยังเข้ามามีส่วนร่วมในการอภิปร

ายด้วย

Para Mercedes, incluso los chismes de la hermana de su marido parecían relevantes.

สำหรับเมอร์เซเดส

แม้แต่เรื่องนินทาของน้องสาวสามีของเธอก็ดูเหมือนจะมีความสำ
คัญ

Ella expresó sus opiniones sobre eso y sobre muchos de los
defectos de la familia de Charles.

เธอแสดงความคิดเห็นเกี่ยวกับเรื่องนั้นและข้อบกพร่องหลายประ
การของครอบครัวชาร์ลส์

Mientras discutían, el fuego permaneció apagado y el
campamento medio montado.

ระหว่างที่พวกเขายังโต้เถียงกัน

ไฟก็ยังคงไม่ติดและค่ายก็ตั้งได้ครึ่งหนึ่ง

Mientras tanto, los perros permanecieron fríos y sin comida.

ระหว่างนั้นสุนัขก็ยังคงหนาวและไม่มีอาหารกิน

Mercedes tenía un motivo de queja que consideraba
profundamente personal.

เมอร์เซเดสเก็บความคับข้องใจที่เธอถือเป็นเรื่องส่วนตัวอย่างมาก

Se sintió maltratada como mujer, negándole sus privilegios
de gentileza.

เธอรู้สึกว่าตนเองถูกปฏิบัติอย่างไม่เป็นธรรมในฐานะผู้หญิง

และถูกปฏิเสธสิทธิพิเศษต่างๆ ของเธอ

Ella era bonita y dulce, y acostumbrada a la caballerosidad
toda su vida.

เธอสวยและอ่อนโยน และปฏิบัติตนเป็นสุภาพบุรุษมาตลอดชีวิต

Pero su marido y su hermano ahora la trataban con
impaciencia.

แต่ตอนนี้สามีและพี่ชายของเธอกลับปฏิบัติต่อเธอด้วยความหงุดห
งิด

Su costumbre era actuar con impotencia y comenzaron a quejarse.

เธอเคยมีนิสัยชอบทำตัวไร้ทางสู้ และพวกเขาก็เริ่มบ่น

Ofendida por esto, les hizo la vida aún más difícil.

เธอรู้สึกไม่พอใจกับเรื่องนี้

และทำให้ชีวิตของพวกเขาลำบากมากยิ่งขึ้น

Ella ignoró a los perros e insistió en montar ella misma el trineo.

เธอไม่สนใจสุนัขและยืนกรานที่จะขี่เลื่อนเอง

Aunque parecía ligera de aspecto, pesaba ciento veinte libras.

แม้ว่าเธอจะดูตัวเล็ก แต่เธอก็มีน้ำหนักถึงหนึ่งร้อยยี่สิบปอนด์

Esa carga adicional era demasiado para los perros hambrientos y débiles.

ภาระที่เพิ่มขึ้นนั้นมากเกินไปสำหรับสุนัขที่อดอาหารและอ่อนแอ

Aún así, ella cabalgó durante días, hasta que los perros se desplomaron en las riendas.

เธอยังคงขี่ม้าต่อไปหลายวัน จนกระทั่งสุนัขล้มลงในบังเหียน

El trineo se detuvo y Charles y Hal le rogaron que caminara.

รถเลื่อนหยุดนิ่ง และชาร์ลส์กับฮาลก็ขอร้องให้เธอเดิน

Ellos suplicaron y rogaron, pero ella lloró y los llamó crueles.

พวกเขาได้ร้องขอและวิงวอน

แต่เธอกลับร้องไห้และเรียกพวกเขาว่าโหดร้าย

En una ocasión la sacaron del trineo con pura fuerza y enojo.

ครั้งหนึ่งพวกเขาได้ดึงเธอลงจากรถเลื่อนด้วยพลังและความโกรธ

อย่างเต็มที่

Nunca volvieron a intentarlo después de lo que pasó aquella vez.

พวกเขาไม่เคยลองอีกเลยหลังจากเหตุการณ์ที่เกิดขึ้นครั้งนั้น

Ella se quedó flácida como un niño mimado y se sentó en la nieve.

เธอเดินอ่อนปวกเปียกเหมือนเด็กที่ถูกตามใจและนั่งลงบนหิมะ

Ellos siguieron adelante, pero ella se negó a levantarse o seguirlos.

พวกเขาเดินต่อไป แต่เธอกลับปฏิเสธที่จะลุกขึ้นหรือเดินตามหลัง

Después de tres millas, se detuvieron, regresaron y la llevaron de regreso.

เมื่อผ่านไปสามไมล์ พวกเขาก็หยุด กลับมา และพาเธอกลับไป

La volvieron a cargar en el trineo, nuevamente usando la fuerza bruta.

พวกเขาจึงโหลดเธอขึ้นมาบนเลื่อนอีกครั้ง โดยใช้กำลังแรงมาก

En su profunda miseria, fueron insensibles al sufrimiento de los perros.

ในความทุกข์ยากแสนสาหัสของพวกเขา

พวกเขากลับไม่รู้สึกรู้สาต่อความทุกข์ทรมานของสุนัขเลย

Hal creía que uno debía endurecerse y forzar esa creencia a los demás.

ฮาลเชื่อว่าคนเราจะต้องเข้มแข็งขึ้นและบังคับให้ผู้อื่นเชื่อแบบนั้น

Primero intentó predicar su filosofía a su hermana.

เขาพยายามเทศนาปรัชญาของเขาให้พี่สาวของเขาฟังก่อน

y luego, sin éxito, le predicó a su cuñado.

แล้วเขาเทศนาสั่งสอนพี่เขยของเขาแต่ก็ไม่ประสบผลสำเร็จ

Tuvo más éxito con los perros, pero sólo porque los lastimaba.

เขาประสบความสำเร็จกับสุนัขมากขึ้น

แต่ก็เป็นเพราะเขาทำร้ายพวกมันเท่านั้น

En Five Fingers, la comida para perros se quedó completamente sin comida.

ที่ร้าน Five Fingers อาหารสุนัขหมดเกลี้ยงเลย

Una vieja india desdentada vendió unas cuantas libras de cuero de caballo congelado

หญิงชราไร้ฟันขายหนังม้าแช่แข็งจำนวนไม่กี่ปอนด์

Hal cambió su revólver por la piel de caballo seca.

ฮาลนำปืนพกของเขาไปแลกกับหนังม้าแห้ง

La carne había procedido de caballos hambrientos de ganaderos meses antes.

เนื้อเหล่านั้นมาจากม้าหรือคนเลี้ยงวัวที่อดอาหารมาหลายเดือนแล้ว

Congelada, la piel era como hierro galvanizado: dura y incomestible.

หนังที่ถูกแช่แข็งนั้นมีลักษณะเหมือนเหล็กอาบสังกะสี

เหนียวและไม่สามารถกินได้

Los perros tenían que masticar sin parar la piel para poder comérsela.

สุนัขต้องเคี้ยวหนังอย่างไม่หยุดยั้งเพื่อจะกินมัน

Pero las cuerdas correosas y el pelo corto no constituían apenas alimento.

แต่สายหนังและขนสั้น ๆ นั้นแทบจะไม่มีประโยชน์เลย

La mayor parte de la piel era irritante y no era alimento en ningún sentido estricto.

ส่วนใหญ่แล้วหนังจะระคายเคือง และไม่ใช่อาหารแต่อย่างใด

Y durante todo ese tiempo, Buck se tambaleaba al frente, como en una pesadilla.

และตลอดเวลาที่ผ่านมา บัคเซไปข้างหน้าราวกับอยู่ในฝันร้าย

Tiraba cuando podía, y cuando no, se quedaba tendido hasta que un látigo o un garrote lo levantaban.

เขาดึงเมื่อสามารถ เมื่อทำไม่ได้

เขาจะนอนลงจนกว่าจะยกแส้หรือกระบองขึ้น

Su fino y brillante pelaje había perdido toda la rigidez y brillo que alguna vez tuvo.

ขนที่เงางามของเขาสูญเสียความแข็งกระด้างและความมันเงาที่เคย

มีอยู่จนหมดสิ้น

Su cabello colgaba lacio, enmarañado y cubierto de sangre seca por los golpes.

ผมของเขาห้อยย้อย ลากยาว

และเต็มไปด้วยเลือดแห้งจากการถูกโจมตี

Sus músculos se encogieron hasta convertirse en cuerdas y sus almohadillas de carne estaban todas desgastadas.

กล้ามเนื้อของเขาหดตัวเหลือเพียงเส้นเชือก

และเนื้อหนังก็สึกกร่อนไปหมด

Cada costilla, cada hueso se veía claramente a través de los pliegues de la piel arrugada.

ซี่โครงแต่ละซี่และกระดูกแต่ละชิ้นปรากฏชัดเจนผ่านรอยพับของ

ผิวหนังที่เหี่ยวเฉา

Fue desgarrador, pero el corazón de Buck no podía romperse.

มันเป็นเรื่องที่น่าเศร้าใจ แต่หัวใจของบัคกลับไม่อาจแตกสลายได้

El hombre del suéter rojo lo había probado y demostrado hacía mucho tiempo.

ชายผู้สวมเสื้อสเวตเตอร์สีแดงได้ทดสอบและพิสูจน์มาแล้วเมื่อนา

นมาแล้ว

Tal como sucedió con Buck, sucedió con el resto de sus compañeros de equipo.

เช่นเดียวกับบัค

และเพื่อนร่วมทีมที่เหลือของเขาทุกคนก็เป็นเช่นนั้น

Eran siete en total, cada uno de ellos un esqueleto andante de miseria.

มีทั้งหมดเจ็ดคน

โดยแต่ละคนเป็นโครงกระดูกเดินได้แห่งความทุกข์ยาก

Se habían vuelto insensibles a los latigazos y solo sentían un dolor distante.

พวกเขาชาจนไม่อาจตีได้

แต่กลับรู้สึกเพียงความเจ็บปวดที่ห่างไกล

Incluso la vista y el sonido les llegaban débilmente, como a través de una espesa niebla.

แม้แต่การมองเห็นและการได้ยินก็มาถึงพวกเขาอย่างรางๆ

ราวกับผ่านหมอกหนา

No estaban ni medio vivos: eran huesos con tenues chispas en su interior.

พวกมันยังไม่ตายไปครึ่งตัว—

พวกมันเป็นเพียงกระดูกที่มีประกายไฟริบหรี่อยู่ข้างใน

Al detenerse, se desplomaron como cadáveres y sus chispas casi desaparecieron.

เมื่อหยุดลงพวกมันก็ล้มลงเหมือนศพ

ประกายไฟของพวกมันแทบจะหายไป

Y cuando el látigo o el garrote volvían a golpear, las chispas revoloteaban débilmente.

และเมื่อแส้หรือกระบองตีอีกครั้ง ประกายไฟก็กระพือเบาๆ

Entonces se levantaron, se tambalearon hacia adelante y arrastraron sus extremidades hacia delante.

แล้วพวกมันก็ลุกขึ้น เซไปข้างหน้า และลากแขนขาไปข้างหน้า

Un día el amable Billee se cayó y ya no pudo levantarse.
วันหนึ่งบิลลี่ผู้ใจดีล้มลง และ ไม่สามารถลุกขึ้นมาได้อีก

Hal había cambiado su revólver, por lo que utilizó un hacha para matar a Billee.
ฮาลได้แลกปืนพกของเขาไปแล้ว

ดังนั้นเขาจึงใช้ขวานฆ่าบิลลี่แทน

Lo golpeó en la cabeza, luego le cortó el cuerpo y se lo llevó arrastrado.
เขาตีศีรษะของเขาแล้วตัดร่างของเขาออกแล้วลากมันออกไป

Buck vio esto, y también los demás; sabían que la muerte estaba cerca.
บั๊กเห็นเช่นนี้ และคนอื่นๆ ก็เห็นเช่นกัน

พวกเขารู้ว่าความตายกำลังใกล้เข้ามา

Al día siguiente Koona se fue, dejando sólo cinco perros en el equipo hambriento.
วันรุ่งขึ้น คูน่าก็จากไป

โดยทิ้งสุนัขในทีมที่อดอยากเพียงห้าตัวเท่านั้น

Joe, que ya no era malo, estaba demasiado perdido como para darse cuenta de gran cosa.
โจไม่ใจร้ายอีกต่อไปแล้ว

และเขาก็ไปไกลเกินกว่าจะตระหนักถึงสิ่งใดมากนัก

Pike, que ya no fingía su lesión, estaba apenas consciente.
ไพค์ไม่แกล้งบาดเจ็บอีกต่อไป และแทบจะไม่มีสติอยู่เลย

Solleks, todavía fiel, lamentó no tener fuerzas para dar.
โซลเลกส์ยังคงซื่อสัตย์และ โศกเศร้าว่าเขาไม่มีกำลังที่จะให้ได้

Teek fue el que más perdió porque estaba más fresco, pero su rendimiento se estaba agotando rápidamente.
ทีคโดนตีมากที่สุดเพราะว่าเขาสดกว่า แต่ฟอร์มตกเร็วมาก

Y Buck, todavía a la cabeza, ya no mantenía el orden ni lo hacía cumplir.

และบัคยังคงเป็นผู้นำ

แต่เขาไม่สามารถรักษาคำสั่งหรือบังคับใช้คำสั่งนั้นอีกต่อไป

Medio ciego por la debilidad, Buck siguió el rastro sólo por el tacto.

ด้วยความอ่อนแอและตาบอดครึ่งหนึ่ง

บัคจึงเดินตามรอยไปโดยรู้สึกเพียงลำพัง

Era un hermoso clima primaveral, pero ninguno de ellos lo notó.

เป็นอากาศฤดูใบไม้ผลิที่สวยงาม แต่ไม่มีใครสังเกตเห็น

Cada día el sol salía más temprano y se ponía más tarde que el anterior.

ในแต่ละวันดวงอาทิตย์จะขึ้นเร็วกว่าและตกช้ากว่าก่อนหน้านี้

A las tres de la mañana ya había amanecido; el crepúsculo duró hasta las nueve.

เมื่อถึงตีสามก็รุ่งเช้า และยังมีแสงพลบค่ำอยู่จนถึงเก้าโมง

Los largos días estuvieron llenos del resplandor del sol primaveral.

วันอันยาวนานเต็มไปด้วยแสงแดดอันส่องสว่างของฤดูใบไม้ผลิ

El silencio fantasmal del invierno se había transformado en un cálido murmullo.

ความเงียบสงบที่น่าขนลุกของฤดูหนาวได้เปลี่ยนไปเป็นเสียงพึม

พำอันอบอุ่น

Toda la tierra estaba despertando, viva con la alegría de los seres vivos.

แผ่นดินทั้งมวลตื่นขึ้นและเต็มไปด้วยความชื่นบานของสรรพชีวิต

El sonido provenía de lo que había permanecido muerto e inmóvil durante el invierno.

เสียงนั้นมาจากสิ่งที่นอนตายและนิ่งอยู่ตลอดฤดูหนาว

Ahora, esas cosas se movieron nuevamente, sacudiéndose el largo sueño helado.

บัดนี้ สิ่งเหล่านั้นก็เคลื่อนไหวอีกครั้ง

สลัดการนอนหลับอันหนาวเหน็บอันยาวนานออกไป

La savia subía a través de los oscuros troncos de los pinos que esperaban.

น้ำเลี้ยงกำลังไหลขึ้นมาจากลำต้นอันมืดมิดของต้นสนที่รอคอยอยู่

Los sauces y los álamos brotan brillantes y jóvenes brotes en cada ramita.

ต้นหลิวและต้นแอสเพนผลิดอกตูมสดใสบนกิ่งแต่ละกิ่ง

Los arbustos y las enredaderas se vistieron de un verde fresco a medida que el bosque cobraba vida.

ไม้พุ่มและเถาวัลย์เริ่มมีสีเขียวสดชื่นเมื่อป่าไม้กลับมามีชีวิตชีวา

Los grillos cantaban por la noche y los insectos se arrastraban bajo el sol del día.

จิ้งหรีดส่งเสียงร้องในเวลากลางคืน

และแมลงคลานอยู่ใต้แสงแดดตอนกลางวัน

Las perdices graznaban y los pájaros carpinteros picoteaban en lo profundo de los árboles.

นกกระทาส่งเสียงร้องดัง

และนกหัวขวานก็บินว่อนไปทั่วบริเวณต้นไม้

Las ardillas parloteaban, los pájaros cantaban y los gansos graznaban al hablarles a los perros.

กระรอกส่งเสียงจ้อกแจ้ นกร้องเพลง

และห่านส่งเสียงร้องเหนือสุนัข

Las aves silvestres llegaron en grupos afilados, volando desde el sur.

นกป่าบินมาเป็นลิ่มแหลมขึ้นมาจากทางทิศใต้

De cada ladera llegaba la música de arroyos ocultos y caudalosos.

จากเนินเขาทุกแห่งมีเสียงดนตรีของสายน้ำที่ไหลเชี่ยวที่ซ่อนอยู่ดัง

ออกมา

Todas las cosas se descongelaron y se rompieron, se doblaron y volvieron a ponerse en movimiento.

ทุกสิ่งทุกอย่างละลายและแตกหัก

งอและระเบิดกลับขึ้นมาเคลื่อนไหวอีกครั้ง

El Yukón se esforzó por romper las frías cadenas del hielo congelado.

ยูคอนพยายามอย่างหนักเพื่อทำลายโซ่ความหนาวเย็นของน้ำแข็งที่

แข็งตัว

El hielo se derritió desde abajo, mientras que el sol lo derritió desde arriba.

น้ำแข็งละลายจากด้านล่าง

ในขณะที่ดวงอาทิตย์ทำให้มันละลายจากด้านบน

Se abrieron agujeros de aire, se abrieron grietas y algunos trozos cayeron al río.

ช่องระบายอากาศเปิดออก รอยแตกร้าวแพร่กระจาย

และชิ้นส่วนต่างๆ ตกลงไปในแม่น้ำ

En medio de toda esta vida frenética y llameante, los viajeros se tambaleaban.

ท่ามกลางชีวิตที่วุ่นวายและลุกโชนนี้ นักเดินทางต่างก็เซไปมา

Dos hombres, una mujer y una jauría de perros esquimales caminaban como muertos.

ชายสองคน หญิงหนึ่งคน

และสุนัขไซบีเรียนฮัสกี้ฝูงหนึ่งเดินเหมือนคนตาย

Los perros caían, Mercedes lloraba, pero seguía montando el trineo.

สุนัขล้มลง เมอร์เซเดสร้องไห้แต่ยังคงขี่เลื่อนต่อไป

Hal maldijo débilmente y Charles parpadeó con los ojos llorosos.

ฮาลสาปแช่งอย่างอ่อนแรง

และชาร์ลส์ก็กระพริบตาผ่านดวงตาที่คลอไปด้วยน้ำตา

Se toparon con el campamento de John Thornton junto a la desembocadura del río Blanco.

พวกเขาบังเอิญไปเจอค่ายของจอห์น ธอร์นตันที่ปากแม่น้ำไวท์

Cuando se detuvieron, los perros cayeron al suelo, como si todos hubieran muerto.

เมื่อพวกมันหยุดลง สุนัขก็ล้มลงราบราวกับว่าพวกมันตายหมด

Mercedes se secó las lágrimas y miró a John Thornton.

เมอร์เซเดสเช็ดน้ำตาแล้วมองไปที่จอห์น ธอร์นตัน

Charles se sentó en un tronco, lenta y rígidamente, dolorido por el camino.

ชาร์ลส์นั่งลงบนท่อนไม้อย่างช้าๆ และเกร็ง

เพราะรู้สึกปวดเมื่อยจากเส้นทาง

Hal habló mientras Thornton tallaba el extremo del mango de un hacha.

ฮาลพูดในขณะที่ธอร์นตันแกะสลักส่วนปลายของด้ามขวาน

Él tallaba madera de abedul y respondía con respuestas breves y firmes.

เขาเหลาไม้เบิร์ชแล้วตอบสั้นๆ และแน่วแน่

Cuando se le preguntó, dio consejos, seguro de que no serían seguidos.

เมื่อถูกถาม เขาก็ให้คำแนะนำ

เพราะแน่ใจว่าจะไม่มีใครปฏิบัติตาม

Hal explicó: "Nos dijeron que el hielo del sendero se estaba desprendiendo".

ฮาลอธิบายว่า

"พวกเขาบอกเราว่าน้ำแข็งบนเส้นทางกำลังจะละลาย"

Dijeron que nos quedáramos allí, pero llegamos a White River.

"พวกเขาบอกให้เราอยู่นิ่งๆ แต่เราก็ไปถึงไวท์ริเวอร์ได้"

Terminó con un tono burlón, como para proclamar la victoria en medio de las dificultades.

เขาจบด้วยน้ำเสียงเยาะเย้ย

ราวกับจะอ้างชัยชนะแม้ต้องเจอความยากลำบาก

—Y te dijeron la verdad —respondió John Thornton a Hal en voz baja.

"และพวกเขาก็บอกคุณความจริง" จอห์น

ธอร์นตันตอบฮาลอย่างเงียบๆ

"El hielo puede ceder en cualquier momento; está a punto de desprenderse".

"น้ำแข็งอาจแตกออกได้ทุกเมื่อ—มันพร้อมที่จะหลุดออกมา"

"Solo la suerte ciega y los tontos pudieron haber llegado tan lejos con vida".

"มีเพียงโชคช่วยและคนโง่เท่านั้นที่ทำให้มีชีวิตมาถึงจุดนี้ได้"

"Te lo digo directamente: no arriesgaría mi vida ni por todo el oro de Alaska".

"ฉันบอกคุณตรงๆ เลยว่า

ฉันจะไม่เสี่ยงชีวิตเพื่อทองคำทั้งหมดในอลาสก้า"

—Supongo que es porque no eres tonto —respondió Hal.

"นั่นก็เพราะว่าคุณไม่ได้เป็นคนโง่ ฉันคิดว่าอย่างนั้น" ฮาลตอบ

—De todos modos, seguiremos hasta Dawson. —Desenrolló el látigo.

"ยังไงก็ตาม เราจะไปหา Dawson" เขาคลายแส้ของเขาออก

—¡Sube, Buck! ¡Hola! ¡Sube! ¡Vamos! —gritó con dureza.

"ลุกขึ้นมาสิ บัค สวัสดี ลุกขึ้น มาเลย!" เขาตะโกนเสียงแข็ง

Thornton siguió tallando madera, sabiendo que los tontos no escucharían razones.

ธอร์นตันยังคงแกะสลักต่อไป โดยรู้ว่าคนโง่จะไม่ได้ยินเหตุผล

Detener a un tonto era inútil, y dos o tres tontos no cambiaban nada.

การหยุดคนโง่เป็นเรื่องไร้ประโยชน์

และการถูกหลอกสองหรือสามครั้งก็ไม่ได้ทำให้อะไรดีขึ้นเลย

Pero el equipo no se movió ante la orden de Hal.

แต่ทีมไม่ได้เคลื่อนไหวเมื่อได้ยินเสียงสั่งของฮาล

A estas alturas, sólo los golpes podían hacerlos levantarse y avanzar.

บัดนี้

มีเพียงการโจมตีเท่านั้นที่จะทำให้พวกเขาลุกขึ้นและดึงไปข้างหน้าได้

El látigo golpeó una y otra vez a los perros debilitados.

แส้ฟาดซ้ำแล้วซ้ำเล่าไปที่สุนัขที่อ่อนแอ

John Thornton apretó los labios con fuerza y observó en silencio.

จอห์น ธอร์นตันเม้มริมฝีปากแน่นและเฝ้าดูอย่างเงียบงัน

Solleks fue el primero en ponerse de pie bajo el látigo.

โซลเลกส์เป็นคนแรกที่คลานขึ้นมายืนใต้เชือก

Entonces Teek lo siguió, temblando. Joe gritó al tambalearse.

ทีคเดินตามไปด้วยความสั่นเทา โจร้องลั่นขณะที่เขาสะดุดล้ม

Pike intentó levantarse, falló dos veces y finalmente se mantuvo en pie, tambaleándose.

ไพค์พยายามจะลุกขึ้น แต่ก็ล้มเหลวถึงสองครั้ง

และสุดท้ายก็ลุกขึ้นไม่ได้

Pero Buck yacía donde había caído, sin moverse en absoluto este momento.

แต่บัคยังคงนอนอยู่ที่เดิมและไม่ขยับตัวเลย

El látigo lo golpeaba una y otra vez, pero él no emitía ningún sonido.

แส้ฟาดเขาซ้ำแล้วซ้ำเล่าแต่เขาไม่ส่งเสียงใด ๆ

Él no se inmutó ni se resistió, simplemente permaneció quieto y en silencio.

เขาไม่ได้สะดุ้งหรือต่อต้าน เพียงยังคงนิ่งและเงียบ

Thornton se movió más de una vez, como si fuera a hablar, pero no lo hizo.

ธอร์นตันขยับตัวมากกว่าหนึ่งครั้ง ราวกับจะพูด แต่ก็ไม่ได้พูด

Sus ojos se humedecieron y el látigo siguió golpeando contra Buck.

ดวงตาของเขามีน้ำตาคลอ แต่แส้ยังคงฟาดไปที่บั๊ก

Finalmente, Thornton comenzó a caminar lentamente, sin saber qué hacer.

ในที่สุด ธอร์นตันก็เริ่มเดินไปมาอย่างช้าๆ

โดยไม่แน่ใจว่าจะทำอย่างไร

Era la primera vez que Buck fallaba y Hal se puso furioso.

นั่นเป็นครั้งแรกที่บัคล้มเหลว และฮาลก็โกรธมาก

Dejó el látigo y en su lugar tomó el pesado garrote.

เขาโยนแส้ลงแล้วหยิบไม้หนักขึ้นมาแทน

El palo de madera cayó con fuerza, pero Buck todavía no se levantó para moverse.

กระบองไม้ฟาดลงมาอย่างแรง แต่บัคก็ยังไม่ยอมลุกขึ้นเพื่อขยับตัว

Al igual que sus compañeros de equipo, era demasiado débil, pero más que eso.

เช่นเดียวกับเพื่อนร่วมทีมของเขา เขาอ่อนแอเกินไป—

แต่ก็มากกว่านั้น

Buck había decidido no moverse, sin importar lo que sucediera después.

บัคตัดสินใจที่จะไม่ย้ายไม่ว่าอะไรจะเกิดขึ้นต่อจากนี้

Sintió algo oscuro y seguro flotando justo delante.

เขารู้สึกถึงบางอย่างมืดมิดและแน่นอนลอยอยู่ข้างหน้า

Ese miedo se apoderó de él tan pronto como llegó a la orilla del río.

ความกลัวนั้นเข้าครอบงำเขาทันทีที่เขาไปถึงริมฝั่งแม่น้ำ

La sensación no lo había abandonado desde que sintió el hielo fino bajo sus patas.

ความรู้สึกนั้นยังคงอยู่กับเขาต่อไปอีกนับตั้งแต่เขาสัมผัสได้ถึงน้ำแ

ข็งบางๆ ใต้อุ้งเท้าของเขา

Algo terrible lo esperaba; lo sintió más allá del camino.

มีเรื่องเลวร้ายบางอย่างกำลังรออยู่—

เขาสัมผัสได้ถึงมันที่จุดปลายเส้นทาง

No iba a caminar hacia esa cosa terrible que había delante.

เขาจะไม่เดินไปหาสิ่งเลวร้ายที่อยู่ข้างหน้า

Él no iba a obedecer ninguna orden que lo llevara a esa cosa.

เขาจะไม่เชื่อฟังคำสั่งใด ๆ ที่พาเขาไปยังสิ่งนั้น

El dolor de los golpes apenas lo afectaba ahora: estaba demasiado lejos.

ความเจ็บปวดจากการถูกโจมตีแทบไม่สามารถแตะต้องเขาได้เลยต

อนนี้—เขาก้าวไปไกลเกินไปแล้ว

La chispa de la vida parpadeaba débilmente y se apagaba bajo cada golpe cruel.

ประกายแห่งชีวิตสั่นไหวต่ำลง

และหรี่ลงใต้การโจมตีอันโหดร้ายแต่ละครั้ง

Sus extremidades se sentían distantes; su cuerpo entero parecía pertenecer a otro.

แขนขาของเขารู้สึกเหมือนอยู่ห่างไกล

และร่างกายทั้งหมดของเขาเหมือนเป็นของอีกคนหนึ่ง

Sintió un extraño entumecimiento mientras el dolor desapareció por completo.

เขาเริ่มรู้สึกชาแปลกๆ ขณะที่ความเจ็บปวดหายไปหมด

Desde lejos, sentía que lo golpeaban, pero apenas lo sabía.

แต่ไกล เขาสัมผัสได้ว่าตัวเองกำลังถูกตี แต่แทบไม่รู้เลย

Podía oír los golpes débilmente, pero ya no dolían realmente.

เขาได้ยินเสียงกระแทกเบา ๆ แต่ตอนนี้ไม่เจ็บแล้ว

Los golpes dieron en el blanco, pero su cuerpo ya no parecía el suyo.

หมัดนั้นถูกโจมตี แต่ร่างกายของเขาดูไม่ใช่ของเขาอีกต่อไป

Entonces, de repente y sin previo aviso, John Thornton lanzó un grito salvaje.

แล้วจู่ๆ จอห์น

ธอร์นตันก็ร้องโวยวายอย่างบ้าคลั่งโดยไม่ได้เตือนล่วงหน้า

Era un grito inarticulado, más el grito de una bestia que el de un hombre.

มันเป็นเสียงที่ไม่ชัดเจน

เหมือนเสียงร้องของสัตว์มากกว่าเสียงร้องของมนุษย์

Saltó hacia el hombre con el garrote y tiró a Hal hacia atrás.

เขากระโจนเข้าหาชายที่ถือไม้กระบองแล้วผลักฮาลถอยหลัง

Hal voló como si lo hubiera golpeado un árbol y aterrizó con fuerza en el suelo.

ฮาลบินราวกับว่าโดนต้นไม้ชน และลงจอดอย่างแรงที่พื้นดิน

Mercedes gritó en pánico y se llevó las manos a la cara.

เมอร์เซเดสกรีดร้องออกมาด้วยความตื่นตระหนกและจับที่ใบหน้า

ของเธอ

Charles se limitó a mirar, se secó los ojos y permaneció
sentado.

ชาร์ลส์เพียงแต่มองดู เช็ดตา และนั่งอยู่

Su cuerpo estaba demasiado rígido por el dolor para
levantarse o ayudar en la pelea.

ร่างกายของเขาแข็งทื่อด้วยความเจ็บปวดจนไม่อาจลุกขึ้นหรือช่วย

ในการต่อสู้ได้

Thornton se quedó de pie junto a Buck, temblando de furia,
incapaz de hablar.

ธอร์นตันยืนอยู่เหนือบัค ตัวสั่นด้วยความโกรธ

จนพูดอะไรไม่ออก

Se estremeció de rabia y luchó por encontrar su voz a través
de ella.

เขาสั่นด้วยความโกรธและต่อสู้ดิ้นรนเพื่อค้นหาเสียงของตัวเองผ่า

นมัน

—Si vuelves a golpear a ese perro, te mataré —dijo
finalmente.

"ถ้าคุณตีสุนัขตัวนั้นอีก ฉันจะฆ่าคุณ" เขากล่าวในที่สุด

Hal se limpió la sangre de la boca y volvió a avanzar.

ฮาลเช็ดเลือดออกจากปากและเดินไปข้างหน้าอีกครั้ง

—Es mi perro —murmuró—. ¡Quítate del medio o te curaré!

"นั่นหมาของฉัน" เขาบ่นพึมพำ "หลีกทางไป

ไม่งั้นฉันจะจัดการคุณเอง"

"Voy a Dawson y no me lo vas a impedir", añadió.

"ผมจะไปดอว์สัน และคุณก็ไม่สามารถหยุดผมได้" เขากล่าวเสริม

Thornton se mantuvo firme entre Buck y el joven enojado.

ธอร์นตันยืนมั่นคงระหว่างบัคกับชายหนุ่มที่กำลังโกรธแค้น

No tenía intención de hacerse a un lado o dejar pasar a Hal.

เขาไม่มีความตั้งใจที่จะก้าวออกไปหรือปล่อยให้ฮาลผ่านไป

Hal sacó su cuchillo de caza, largo y peligroso en la mano.

ฮาลดึงมีดล่าสัตว์ของเขาออกมา ซึ่งอยู่ในมือที่ยาวและอันตราย

Mercedes gritó, luego lloró y luego rió con una histeria salvaje.

เมอร์เซเดสกรีดร้อง จากนั้นก็ร้องไห้ จากนั้นก็หัวเราะอย่างบ้าคลั่ง

Thornton golpeó la mano de Hal con el mango de su hacha, fuerte y rápido.

ธอร์นตันตีมือของฮาลด้วยด้ามขวานของเขาอย่างรุนแรงและรวดเ
ร็ว

El cuchillo se soltó del agarre de Hal y voló al suelo.

มีดหลุดจากการจับของฮาลและหล่นลงสู่พื้น

Hal intentó recoger el cuchillo y Thornton volvió a golpearle los nudillos.

ฮาลพยายามหยิบมีดขึ้นมา และธอร์นตันก็ตบข้อต่ออีกครั้ง

Entonces Thornton se agachó, agarró el cuchillo y lo sostuvo.

จากนั้น ธอร์นตันก็ก้มลง คว้ามีดและถือไว้

Con dos rápidos golpes del mango del hacha, cortó las riendas de Buck.

ด้วยการฟันด้ามขวานสองครั้งอย่างรวดเร็ว

เขาก็ตัดสายบังเหียนของบัคได้

Hal ya no tenía fuerzas para luchar y se apartó del perro.

ฮาลไม่มีการต่อสู้เหลืออยู่ในตัวเขาอีกแล้วและก้าวถอยห่างจากสุนั
ข

Además, Mercedes necesitaba ahora ambos brazos para mantenerse erguida.

นอกจากนี้

เมอร์เซเดสยังต้องใช้แขนทั้งสองข้างเพื่อให้เธอทรงตัวได้

Buck estaba demasiado cerca de la muerte como para volver a ser útil para tirar de un trineo.

บัคใกล้ตายมากเกินกว่าที่จะสามารถลากเลื่อนได้อีกครั้ง

Unos minutos después, se marcharon y se dirigieron río abajo.

อีกไม่กี่นาทีต่อมา พวกเขาก็ออกเดินทางมุ่งหน้าลงแม่น้ำ

Buck levantó la cabeza débilmente y los observó mientras salían del banco.

บั๊กเงยหน้าขึ้นอย่างอ่อนแรงและมองดูพวกเขาออกจากธนาคาร

Pike lideró el equipo, con Solleks en la parte trasera, al volante.

ไพค์เป็นผู้นำทีม โดยมีโซเลกส์อยู่ด้านหลังในตำแหน่งล้อ

Joe y Teek caminaron entre ellos, ambos cojeando por el cansancio.

โจและทีคเดินเข้ามาระหว่างนั้น

โดยทั้งสองเดินกะเผลกด้วยความเหนื่อยล้า

Mercedes se sentó en el trineo y Hal agarró el largo palo.

เมอร์เซเดสนั่งอยู่บนรถเลื่อน และฮาลก็จับเสาค้ำที่ยาวไว้

Charles se tambaleó detrás, sus pasos torpes e inseguros.

ชาร์ลส์สะดุดล้มด้านหลัง ก้าวเดินอย่างไม่คล่องแคล่วและไม่แน่ใจ

Thornton se arrodilló junto a Buck y buscó con delicadeza los huesos rotos.

ธอร์นตันคุกเข่าอยู่ข้างบัคและคลำหากระดูกที่หักอย่างเบามือ

Sus manos eran ásperas pero se movían con amabilidad y cuidado.

มือของเขาแม้จะหยาบกร้านแต่ก็เคลื่อนไหวด้วยความกรุณาและเอา

ใจใส่

El cuerpo de Buck estaba magullado pero no mostraba lesiones duraderas.

ร่างของบัคมีรอยฟกช้ำแต่ไม่มีอาการบาดเจ็บถาวร

Lo que quedó fue un hambre terrible y una debilidad casi total.

สิ่งที่ยังคงเหลืออยู่คือความหิวโหยอันแสนสาหัสและความอ่อนแอเกือบทั้งหมด

Cuando esto quedó claro, el trineo ya había avanzado mucho río abajo.

เมื่อเห็นชัดเจนแล้ว รถเลื่อนก็ล่องไปไกลแล้ว

El hombre y el perro observaron cómo el trineo se deslizaba lentamente sobre el hielo agrietado.

ชายและสุนัขเฝ้าดูรถเลื่อนค่อยๆ คลานไปบนน้ำแข็งที่แตกร้าว

Luego vieron que el trineo se hundía en un hueco.

จากนั้นพวกเขาก็มองเห็นรถเลื่อนจมลงไปในแอ่งน้ำ

El mástil voló hacia arriba, con Hal todavía aferrándose a él en vano.

เสาไฟลอยขึ้นไป โดยที่ฮาลยังคงเกาะมันไว้อย่างไร้ผล

El grito de Mercedes les llegó a través de la fría distancia.

เสียงกรีดร้องของเมอร์เซเดสดังไปถึงพวกเขาข้ามระยะทางที่หนาวเย็น

Charles se giró y dio un paso atrás, pero ya era demasiado tarde.

ชาร์ลส์หันหลังแล้วก้าวถอยหลัง—แต่เขาก็สายเกินไปแล้ว

Una capa de hielo entera cedió y todos ellos cayeron al suelo.

แผ่นน้ำแข็งทั้งหมดพังทลายลง และพวกมันก็ตกลงไปทั้งหมด

Los perros, los trineos y las personas desaparecieron en el agua negra que había debajo.

สุนัข รถลากเลื่อน และผู้คนหายไปในน้ำดำเบื้องล่าง

En el hielo por donde habían pasado sólo quedaba un amplio agujero.

เหลือเพียงหลุมกว้างในน้ำแข็งตรงที่พวกเขาผ่านไป

El sendero se había hundido por completo, tal como Thornton había advertido.

พื้นทางเดินลาดลงมาตามที่ธอร์นตันเตือนไว้

Thornton y Buck se miraron el uno al otro y guardaron silencio por un momento.

ธอร์นตันและบัคมองหน้ากันโดยเงียบไปครู่หนึ่ง

—Pobre diablo —dijo Thornton suavemente, y Buck le lamió la mano.

"เจ้าช่างน่าสงสาร" ธอร์นตันพูดเบาๆ และบัคก็เลียมือของเขา

Por el amor de un hombre

เพื่อความรักของชEายคนหนึ่ง

John Thornton se congeló los pies en el frío del diciembre anterior.

จอห์น ธอร์นตัน

เท้าของเขาแข็งเพราะความหนาวเย็นของเดือนธันวาคมปีก่อน

Sus compañeros lo hicieron sentir cómodo y lo dejaron recuperarse solo.

คู่หูของเขาทำให้เขาสบายใจและปล่อยให้เขาฟื้นตัวคนเดียว

Subieron al río para recoger una balsa de troncos para aserrar para Dawson.

พวกเขาเดินขึ้นแม่น้ำเพื่อรวบรวมแพซุงสำหรับดอว์สัน

Todavía cojeaba ligeramente cuando rescató a Buck de la muerte.

เขายังเดินกะเผลกเล็กน้อยตอนที่ช่วยบัคจากความตาย

Pero como el clima cálido continuó, incluso esa cojera desapareció.

แต่ด้วยอากาศอบอุ่นที่ยังคงดำเนินต่อไป

อาการขาเป๋ก็หายไปเช่นกัน

Durante los largos días de primavera, Buck descansaba a orillas del río.

บัคได้พักผ่อนริมฝั่งแม่น้ำระหว่างช่วงฤดูใบไม้ผลิที่ยาวนาน

Observó el agua fluir y escuchó a los pájaros y a los insectos.

เขาเฝ้าดูน้ำไหลและฟังเสียงนกและแมลง

Lentamente, Buck recuperó su fuerza bajo el sol y el cielo.

บัคค่อยๆ ฟื้นคืนพละกำลังภายใต้ดวงอาทิตย์และท้องฟ้า

Un descanso fue maravilloso después de viajar tres mil millas.

การพักผ่อนที่ยอดเยี่ยมหลังจากเดินทางมาสามพันไมล์

Buck se volvió perezoso a medida que sus heridas sanaban y su cuerpo se llenaba.

บัคเริ่มขี้เกียจเมื่อบาดแผลของเขาหายและร่างกายของเขาแข็งแรงขึ้น

Sus músculos se reafirmaron y la carne volvió a cubrir sus huesos.

กล้ามเนื้อของเขาแข็งแรงขึ้น

และเนื้อก็กลับมาปกคลุมกระดูกของเขาอีกครั้ง

Todos estaban descansando: Buck, Thornton, Skeet y Nig.

พวกเขาทั้งหมดกำลังพักผ่อน—บัค, ธอร์นตัน, สกีต และนิค

Esperaron la balsa que los llevaría a Dawson.

พวกเขารอแพที่จะพาพวกเขาลงไปที่ดอว์สัน

Skeet era un pequeño setter irlandés que se hizo amigo de Buck.

สกีตเป็นสุนัขไอริชเซตเตอร์ตัวเล็กที่เป็นเพื่อนกับบัค

Buck estaba demasiado débil y enfermo para resistirse a ella en su primer encuentro.

บัคอ่อนแอและป่วยเกินกว่าจะต้านทานเธอได้ในการพบกันครั้งแรกของพวกเขา

Skeet tenía el rasgo de sanador que algunos perros poseen naturalmente.

สกีตมีคุณสมบัติในการรักษาซึ่งสุนัขบางตัวมีอยู่แล้ว

Como una gata madre, lamió y limpió las heridas abiertas de Buck.

เธอเลียและทำความสะอาดบาดแผลสดของบัคเหมือนกับแม่แมว

Todas las mañanas, después del desayuno, repetía su minucioso trabajo.

ทุกเช้าหลังรับประทานอาหารเช้า

เธอจะทำหน้าที่อย่างระมัดระวังอีกครั้ง

Buck llegó a esperar su ayuda tanto como la de Thornton.

บัคเริ่มคาดหวังความช่วยเหลือจากเธอเท่าๆ

กับที่เขาคาดหวังความช่วยเหลือจากธอร์นตัน

Nig también era amigable, pero menos abierto y menos cariñoso.

นิคก็เป็นคนเป็นมิตรเช่นกัน

แต่เปิดเผยน้อยลงและแสดงความรักน้อยลง

Nig era un perro grande y negro, mitad sabueso y mitad lebrel.

นิคเป็นสุนัขสีดำตัวใหญ่

เป็นลูกครึ่งสุนัขบลัดฮาวด์และสุนัขล่ากวาง

Tenía ojos sonrientes y un espíritu bondadoso sin límites.

เขามีดวงตาที่ยิ้มแย้มและมีจิตใจดีอย่างไม่มีที่สิ้นสุด

Para sorpresa de Buck, ninguno de los perros mostró celos hacia él.

บัครู้สึกประหลาดใจที่สุนัขทั้งสองตัวไม่แสดงความอิจฉาเขา

Tanto Skeet como Nig compartieron la amabilidad de John Thornton.

ทั้ง Skeet และ Nig ต่างก็ได้รับความกรุณาจาก John Thornton

A medida que Buck se hacía más fuerte, lo atrajeron hacia juegos de perros tontos.

เมื่อบั๊กแข็งแกร่งขึ้น พวกเขาก็ล่อลวงเขาให้เล่นเกมสุนัขโง่ๆ

Thornton también jugaba a menudo con ellos, incapaz de resistirse a su alegría.

ธอร์นตันก็มักจะเล่นกับพวกมันด้วยเช่นกัน

De esta manera lúdica, Buck pasó de la enfermedad a una nueva vida.

ด้วยวิธีสนุกๆ นี้ บัคได้ก้าวจากการเจ็บป่วยไปสู่ชีวิตใหม่

El amor, el amor verdadero, ardiente y apasionado,
finalmente era suyo.

ความรัก—ความรักอันแท้จริง เร่าร้อน และเร่าร้อน—

กลายเป็นของเขาในที่สุด

Nunca había conocido ese tipo de amor en la finca de Miller.

เขาไม่เคยรู้จักความรักแบบนี้ที่คฤหาสน์ของมิลเลอร์เลย

Con los hijos del Juez había compartido trabajo y aventuras.

เขาและลูกชายของผู้พิพากษาได้ร่วมกันทำงานและผจญภัย

En los nietos vio un orgullo rígido y jactancioso.

เมื่อเห็นหลานชายมีท่าทีเย่อหยิ่งและโอ้อวด

Con el propio juez Miller mantuvo una amistad respetuosa.

เขาและผู้พิพากษามิลเลอร์มีมิตรภาพที่ดีต่อกัน

Pero el amor que era fuego, locura y adoración llegó con
Thornton.

แต่ความรักที่เป็นไฟ ความบ้าคลั่ง

และการบูชาก็มาพร้อมกับธอร์นตัน

Este hombre había salvado la vida de Buck, y eso solo
significaba mucho.

ชายคนนี้ช่วยชีวิตบัคไว้ และแค่นั้นก็มีความหมายมากแล้ว

Pero más que eso, John Thornton era el tipo de maestro
ideal.

แต่ยิ่งไปกว่านั้น จอห์น

ธอร์นตันยังเป็นปรมาจารย์ในอุดมคติอีกด้วย

Otros hombres cuidaban perros por obligación o necesidad
laboral.

ผู้ชายคนอื่นๆ ดูแลสุนัขเพราะหน้าที่หรือมีความจำเป็นทางธุรกิจ

John Thornton cuidaba a sus perros como si fueran sus hijos.

จอห์น

ธอร์นตันดูแลสุนัขของเขาเหมือนกับว่าพวกมันเป็นลูกของเขา

Él se preocupaba por ellos porque los amaba y simplemente no podía evitarlo.

เขาใส่ใจพวกเขาเพราะเขารักพวกเขาและไม่สามารถหยุดมันได้

John Thornton vio incluso más lejos de lo que la mayoría de los hombres lograron ver.

จอห์น

ธอร์นตันมองเห็นได้ไกลมากกว่าที่มนุษย์ส่วนใหญ่สามารถมองเห็นได้

Nunca se olvidó de saludarlos amablemente o decirles alguna palabra de aliento.

พระองค์ไม่เคยลืมที่จะทักทายพวกเขาอย่างเป็นมิตรหรือพูดจาให้กำลังใจ

Le encantaba sentarse con los perros para tener largas charlas, o "gases", como él decía.

เขาชอบนั่งคุยกับสุนัขนานๆ หรืออาจจะเรียกว่า "ผายลม" ก็ได้ตามที่เขาพูด

Le gustaba agarrar bruscamente la cabeza de Buck entre sus fuertes manos.

เขาชอบที่จะจับศีรษะของบัคอย่างรุนแรงระหว่างมือที่แข็งแกร่งของเขา

Luego apoyó su cabeza contra la de Buck y lo sacudió suavemente.

จากนั้นเขาก็เอาหัวของตัวเองพิงกับบัคและเขย่าเขาเบาๆ

Mientras tanto, él llamaba a Buck con nombres groseros que significaban amor para Buck.

ตลอดเวลา เขาก็เรียกบัคด้วยชื่อหยาบคายที่หมายถึงความรักต่อบัค

Para Buck, ese fuerte abrazo y esas palabras le trajeron una profunda alegría.

สำหรับบัค

การกอดที่รุนแรงและคำพูดเหล่านั้นทำให้มีความสุขอย่างมาก

Su corazón parecía latir con fuerza de felicidad con cada movimiento.

หัวใจของเขาดูเหมือนจะสั่นไหวด้วยความสุขทุกครั้งที่เคลื่อนไหว

Cuando se levantó de un salto, su boca parecía como si se estuviera riendo.

เมื่อเขาผุดลุกขึ้นมาอีกครั้ง ปากของเขาดูเหมือนว่าจะหัวเราะ

Sus ojos brillaban intensamente y su garganta temblaba con una alegría tácita.

ดวงตาของเขาเป็นประกายสดใส

และลำคอของเขาสั่นเทาด้วยความสุขที่ไม่สามารถเอ่ยออกมาได้

Su sonrisa se detuvo en ese estado de emoción y afecto rcsplandeciente.

รอยยิ้มของเขายังคงนิ่งอยู่ในอารมณ์และความรักอันเปี่ยมล้น

Entonces Thornton exclamó pensativo: "¡Dios! ¡Casi puede hablar!"

จากนั้น ธอร์นตันก็อุทานออกมาอย่างครุ่นคิดว่า "พระเจ้า!

เขาแทบจะพูดได้เลยนะ!"

Buck tenía una extraña forma de expresar amor que casi causaba dolor.

บัคมีวิธีการแสดงความรักแบบแปลกๆ ซึ่งเกือบทำให้เจ็บปวด

A menudo apretaba muy fuerte la mano de Thornton entre los dientes.

เขามักจะกัดมือของธอร์นตันแน่นมาก

La mordedura iba a dejar marcas profundas que permanecerían durante algún tiempo.

รอยกัดนั้นจะทิ้งรอยลึกไว้ซึ่งจะคงอยู่ต่อไปอีกระยะหนึ่ง

Buck creía que esos juramentos eran de amor y Thornton lo sabía también.

บัคเชื่อว่าคำสาบานเหล่านั้นคือความรัก และธอร์นตันก็รู้เช่นกัน

La mayoría de las veces, el amor de Buck se demostraba en una adoración silenciosa, casi silenciosa.

ส่วนใหญ่แล้วความรักของบัคจะแสดงออกมาในรูปแบบของความ

ชื่นชมที่เงียบงันจนแทบจะเงียบสนิท

Aunque se emocionaba cuando lo tocaban o le hablaban, no buscaba atención.

แม้จะตื่นเต้นเมื่อถูกสัมผัสหรือพูดคุย

แต่เขาก็ไม่ได้ต้องการความสนใจ

Skeet empujó su nariz bajo la mano de Thornton hasta que él la acarició.

สกีตเอาจมูกจิ้มใต้มือของธอร์นตันจนกระทั่งเขาลูบเธอ

Nig se acercó en silencio y apoyó su gran cabeza en la rodilla de Thornton.

นิคเดินขึ้นไปอย่างเงียบๆ

และวางศีรษะขนาดใหญ่ของเขาไว้บนตักของธอร์นตัน

Buck, por el contrario, se conformaba con amar desde una distancia respetuosa.

ในทางตรงกันข้ามบัคพอใจที่จะรักจากระยะห่างที่เคารพกัน

Durante horas permaneció tendido a los pies de Thornton, alerta y observando atentamente.

เขานอนอยู่แทบเท้าของธอร์นตันเป็นเวลาหลายชั่วโมงอย่างตื่นตัว

และเฝ้าดูอย่างใกล้ชิด

Buck estudió cada detalle del rostro de su amo y su más mínimo movimiento.

บั๊กศึกษาอย่างละเอียดทุกรายละเอียดของใบหน้าและการเคลื่อนไ

หวแม้เพียงเล็กน้อยของเจ้านาย

O yacía más lejos, estudiando la figura del hombre en silencio.

หรือโกหกอยู่ไกลออกไปโดยศึกษารูปร่างของชายคนนั้นในความเงียบ

Buck observó cada pequeño movimiento, cada cambio de postura o gesto.

บั๊กเฝ้าดูการเคลื่อนไหวเล็กๆ น้อยๆ แต่ละอย่าง

การเปลี่ยนท่าทางหรือกิริยาท่าทาง

Tan poderosa era esta conexión que a menudo atraía la mirada de Thornton.

ความเชื่อมโยงนี้ทรงพลังมากจนดึงดูดความสนใจของธอร์นตันอยู่เสมอ

Sostuvo la mirada de Buck sin palabras, pero el amor brillaba claramente a través de ella.

เขาสบตากับบัคโดยไม่พูดอะไร ความรักเปล่งประกายอย่างชัดเจน

Durante mucho tiempo después de ser salvado, Buck nunca perdió de vista a Thornton.

เป็นเวลานานหลังจากที่ได้รับการช่วยเหลือ

บัคไม่เคยปล่อยให้ธอร์นตันคลาดสายตาเลย

Cada vez que Thornton salía de la tienda, Buck lo seguía de cerca afuera.

เมื่อใดก็ตามที่ธอร์นตันออกจากเต็นท์ บัคก็จะเดินตามเขาไปติดๆ ข้างนอก

Todos los amos severos de las Tierras del Norte habían hecho que Buck tuviera miedo de confiar.

เจ้านายที่โหดร้ายทั้งหมดในดินแดนเหนือทำให้บัคไม่กล้าไว้วางใจ

Temía que ningún hombre pudiera seguir siendo su amo durante más de un corto tiempo.

เขาเกรงว่าจะไม่มีใครสามารถเป็นเจ้านายของเขาได้นานกว่าช่วงเวลาสั้นๆ

Temía que John Thornton desapareciera como Perrault y François.

เขาเกรงว่าจอห์น

ธอร์นตันจะหายตัวไปเหมือนกับเปโรลต์และฟรองซัวส์

Incluso por la noche, el miedo a perderlo acechaba el sueño inquieto de Buck.

แม้กระทั่งในเวลากลางคืน

ความกลัวที่จะสูญเสียเขาไปยังคงหลอกหลอนการนอนหลับไม่สบายของบัค

Cuando Buck se despertó, salió a escondidas al frío y fue a la tienda de campaña.

เมื่อบัคตื่น เขาก็คลานออกไปในที่เย็น และเดินไปที่เต็นท์

Escuchó atentamente el suave sonido de la respiración en su interior.

เขาตั้งใจฟังเสียงหายใจเบาๆ ภายใน

A pesar del profundo amor de Buck por John Thornton, lo salvaje siguió vivo.

แม้ว่าบัคจะรักจอห์น ธอร์นตันมาก แต่ป่าก็ยังมีชีวิตอยู่

Ese instinto primitivo, despertado en el Norte, no desapareció.

สัญชาตญาณดั้งเดิมที่ปลุกขึ้นในภาคเหนือไม่ได้หายไป

El amor trajo devoción, lealtad y el cálido vínculo del fuego.

ความรักนำมาซึ่งความภักดี ความภักดี

และความผูกพันที่อบอุ่นจากกองไฟ

Pero Buck también mantuvo sus instintos salvajes, agudos y siempre alerta.

แต่บัคก็ยังคงสัญชาตญาณดิบของเขาไว้อย่างเฉียบคมและตื่นตัวอยู่เสมอ

No era sólo una mascota domesticada de las suaves tierras de la civilización.

เขามิใช่เพียงสัตว์เลี้ยงที่เชื่องจากดินแดนอันอ่อนนุ่มแห่งอารยธรรม

Buck era un ser salvaje que había venido a sentarse junto al fuego de Thornton.

บัคเป็นสิ่งมีชีวิตป่าที่เข้ามาเพื่อมานั่งใกล้กองไฟของธอร์นตัน

Parecía un perro del Sur, pero en su interior vivía lo salvaje.

เขาดูเหมือนสุนัขพันธุ์เซาท์แลนด์ แต่มีความดุร้ายอยู่ในตัวเขา

Su amor por Thornton era demasiado grande como para permitirle robarle algo.

ความรักที่เขามีต่อธอร์นตันมีมากเกินกว่าที่จะยอมให้เกิดการขโมยของจากชายคนนั้นได้

Pero en cualquier otro campamento, robaría con valentía y sin pausa.

แต่ในค่ายอื่นเขาจะขโมยอย่างกล้าหาญและไม่หยุดพัก

Era tan astuto al robar que nadie podía atraparlo ni acusarlo.

เขามีความฉลาดในการขโมยมากจนไม่มีใครจับได้หรือกล่าวโทษเขาได้

Su rostro y su cuerpo estaban cubiertos de cicatrices de muchas peleas pasadas.

ใบหน้าและร่างกายของเขาเต็มไปด้วยรอยแผลเป็นจากการต่อสู้หลายครั้งในอดีต

Buck seguía luchando con fiereza, pero ahora luchaba con más astucia.

บัคยังคงต่อสู้อย่างดุเดือด แต่ตอนนี้เขาสู้ด้วยไหวพริบมากขึ้น

Skeet y Nig eran demasiado amables para pelear, y eran de Thornton.

สกีตและนิกอ่อนโยนเกินไปที่จะต่อสู้

และพวกเขาก็เป็นของธอร์นตัน

Pero cualquier perro extraño, por fuerte o valiente que fuese, cedía.

แต่สุนัขแปลกตัวใดก็ตาม ไม่ว่าจะแข็งแกร่งหรือกล้าหาญเพียงใด

ก็ต้องหลีกทางให้

De lo contrario, el perro se encontraría luchando contra Buck; luchando por su vida.

มิฉะนั้น

สุนัขก็จะพบว่าตัวเองต้องต่อสู้กับบั๊กเพื่อต่อสู้เพื่อชีวิตของมัน

Buck no tuvo piedad una vez que decidió pelear contra otro perro.

บัคไม่มีความเมตตาเลยเมื่อเขาเลือกที่จะต่อสู้กับสุนัขอีกตัว

Había aprendido bien la ley del garrote y el colmillo en las Tierras del Norte.

เขาเรียนรู้เรื่องกฎของชมรมและเขี้ยวในดินแดนเหนือมาเป็นอย่างดี

Él nunca renunció a una ventaja y nunca se retractó de la batalla.

เขาไม่เคยยอมสละข้อได้เปรียบและไม่เคยถอยหนีจากการต่อสู้

Había estudiado a los Spitz y a los perros más feroces del correo y de la policía.

เขาได้ศึกษาสุนัขพันธุ์สปิทซ์และสุนัขที่ดุร้ายที่สุดในบรรดาสุนัขไปรษณีย์และสุนัขตำรวจ

Sabía claramente que no había término medio en un combate salvaje.

เขาตระหนักชัดเจนว่าไม่มีจุดกึ่งกลางในต่อสู้อย่างดุเดือด

Él debía gobernar o ser gobernado; mostrar misericordia significaba mostrar debilidad.

พระองค์ต้องปกครองหรือถูกปกครอง

การแสดงความเมตตาหมายถึงการแสดงความอ่อนแอ

Mercy era una desconocida en el crudo y brutal mundo de la supervivencia.

ความเมตตาเป็นสิ่งที่ไม่สามารถพบได้ในโลกแห่งการเอาชีวิตรอด

ที่โหดร้ายและดิบเถื่อน

Mostrar misericordia era visto como miedo, y el miedo conducía rápidamente a la muerte.

การแสดงความเมตตาถูกมองว่าเป็นความกลัว

และความกลัวจะนำไปสู่ความตายอย่างรวดเร็ว

La antigua ley era simple: matar o ser asesinado, comer o ser comido.

กฎหมายเก่านั้นเรียบง่าย: ฆ่าหรือถูกฆ่า กินหรือถูกกิน

Esa ley vino desde las profundidades del tiempo, y Buck la siguió plenamente.

กฎนั้นมาจากส่วนลึกของกาลเวลา และบัคก็ปฏิบัติตามอย่างเต็มที่

Buck era mayor que su edad y el número de respiraciones que tomaba.

บัคมีอายุเกินอายุและจำนวนลมหายใจที่เขาหายใจเข้า

Conectó claramente el pasado antiguo con el momento presente.

เขาเชื่อมโยงอดีตอันยาวนานกับช่วงเวลาปัจจุบันได้อย่างชัดเจน

Los ritmos profundos de las épocas lo atravesaban como mareas.

จังหวะอันล้ำลึกของยุคสมัยเคลื่อนผ่านตัวเขาไปเหมือนกระแสน้ำ

El tiempo latía en su sangre con la misma seguridad con la que las estaciones movían la tierra.

เวลาไหลเวียนอยู่ในเลือดของเขาแน่นอนตามฤดูกาลที่หมุนเวียนไ
ปบนโลก

**Se sentó junto al fuego de Thornton, con el pecho fuerte y
los colmillos blancos.**

เขานั่งอยู่ใกล้กองไฟของธอร์นตัน

มีหน้าอกที่แข็งแรงและมีเขี้ยวสีขาว

**Su largo pelaje ondeaba, pero detrás de él los espíritus de los
perros salvajes observaban.**

ขนอันยาวของเขาพลิ้วไสว

แต่เบื้องหลังของเขานั้นมีวิญญาณสุนัขป่าเฝ้าดูอยู่

**Lobos medio y lobos completos se agitaron dentro de su
corazón y sus sentidos.**

หมาป่าครึ่งคนครึ่งหมาป่าเคลื่อนไหวอยู่ภายในใจและประสาทสัม

ผัสของเขา

Probaron su carne y bebieron la misma agua que él.

พวกเขาได้ชิมเนื้อของเขาและดื่มน้ำเดียวกับที่เขาทำ

Olfatearon el viento junto a él y escucharon el bosque.

พวกเขาสูดกลิ่นลมไปพร้อมกับเขาและฟังเสียงป่าไม้

**Susurraron los significados de los sonidos salvajes en la
oscuridad.**

พวกเขาได้กระซิบถึงความหมายของเสียงอันป่าเถื่อนในความมืด

**Ellos moldearon sus estados de ánimo y guiaron cada una de
sus reacciones tranquilas.**

พวกเขาสร้างอารมณ์ของเขาและชี้นำปฏิกิริยาอันเงียบสงบของเขา

แต่ละอย่าง

**Se quedaron con él mientras dormía y se convirtieron en
parte de sus sueños más profundos.**

พวกเขานอนกับเขาขณะที่เขาหลับและกลายเป็นส่วนหนึ่งของควา

มฝันอันล้ำลึกของเขา

**Soñaron con él, más allá de él, y constituyeron su propio
espíritu.**

พวกเขาฝันร่วมกับเขา เหนือเขา

และสร้างจิตวิญญาณของเขาขึ้นมา

**Los espíritus de la naturaleza llamaron con tanta fuerza que
Buck se sintió atraído.**

จิตวิญญาณแห่งป่าร้องเรียกอย่างแรงจนทำให้บัครู้สึกดึงดูด

**Cada día, la humanidad y sus reivindicaciones se
debilitaban más en el corazón de Buck.**

ทุกๆ วัน

มนุษยชาติและการเรียกร้องของพวกเขาจะอ่อนแอลงในใจของบัค

**En lo profundo del bosque, un llamado extraño y
emocionante estaba por surgir.**

ในป่าลึกมีเสียงเรียกที่แปลกและน่าตื่นเต้นดังขึ้น

**Cada vez que escuchaba el llamado, Buck sentía un impulso
que no podía resistir.**

ทุกครั้งที่ได้ยินเสียงเรียก

บัคก็จะรู้สึกอยากอะไรบางอย่างที่เขาไม่อาจต้านทานได้

**Él iba a alejarse del fuego y de los caminos humanos
trillados.**

เขาจะหันหลังให้กับไฟและจากเส้นทางมนุษย์ที่ถูกตี

Iba a adentrarse en el bosque, avanzando sin saber por qué.

เขาจะพุ่งเข้าไปในป่าโดยเดินไปข้างหน้าโดยไม่รู้ว่าทำไม

**Él no cuestionó esta atracción porque el llamado era
profundo y poderoso.**

เขาไม่ตั้งคำถามถึงการดึงดูดนี้

เพราะการเรียกร้องนั้นมีความลึกซึ้งและทรงพลัง

A menudo, alcanzaba la sombra verde y la tierra suave e intacta.

บ่อยครั้งเขาไปถึงร่มเงาสีเขียวและดินที่อ่อนนุ่มที่ไม่ถูกแตะต้อง

Pero entonces el fuerte amor por John Thornton lo atrajo de nuevo al fuego.

แต่แล้วความรักอันแรงกล้าที่มีต่อจอห์น

ธอร์นตันก็ดึงเขากลับเข้าสู่กองไฟอีกครั้ง

Sólo John Thornton realmente pudo sostener en sus manos el corazón salvaje de Buck.

มีเพียงจอห์น

ธอร์นตันเท่านั้นที่สามารถกุมหัวใจอันป่าเถื่อนของบัคไว้ได้อย่างแท้จริง

El resto de la humanidad no tenía ningún valor o significado duradero para Buck.

มนุษย์ที่เหลือไม่มีคุณค่าหรือความหมายที่ยั่งยืนสำหรับบัค

Los extraños podrían elogiarlo o acariciar su pelaje con manos amistosas.

คนแปลกหน้าอาจจะชื่นชมเขาหรือลูบขนของเขาด้วยมือที่เป็นมิตร

Buck permaneció impasible y se alejó por demasiado afecto.

บั๊กยังคงไม่ขยับเขยื้อนและเดินออกไปเนื่องจากมีความรักมากเกินไป

Hans y Pete llegaron con la balsa que habían esperado durante tanto tiempo.

ฮันส์และพีทมาถึงพร้อมกับแพที่รอคอยมานาน

Buck los ignoró hasta que supo que estaban cerca de Thornton.

บั๊กไม่สนใจพวกเขาจนกระทั่งเขารู้ว่าพวกเขาใกล้ชิดกับธอร์นตัน

Después de eso, los toleró, pero nunca les mostró total calidez.

หลังจากนั้นเขาก็อดทนกับพวกเขา

แต่ไม่เคยแสดงความอบอุ่นให้พวกเขาอย่างเต็มที่

Él aceptaba comida o gentileza de ellos como si les estuviera haciendo un favor.

พระองค์ทรงรับอาหารหรือความกรุณาจากพวกเขาเสมือนหนึ่งว่า

ทรงทำคุณประโยชน์แก่พวกเขา

Eran como Thornton: sencillos, honestos y claros en sus pensamientos.

พวกเขาเป็นเหมือนธอร์นตัน—เรียบง่าย ซื่อสัตย์

และมีความคิดชัดเจน

Todos juntos viajaron al aserradero de Dawson y al gran remolino.

พวกเขาทั้งหมดเดินทางไปที่โรงเลื่อยของ Dawson

และน้ำวนขนาดใหญ่

En su viaje aprendieron a comprender profundamente la naturaleza de Buck.

ในระหว่างการเดินทาง

พวกเขาได้เรียนรู้ที่จะเข้าใจธรรมชาติของบัคอย่างลึกซึ้ง

No intentaron acercarse como lo habían hecho Skeet y Nig.

พวกเขาไม่ได้พยายามที่จะใกล้ชิดกันเหมือนที่ Skeet และ Nig ได้ทำ

Pero el amor de Buck por John Thornton solo se profundizó con el tiempo.

แต่ความรักของบัคที่มีต่อจอห์น

ธอร์นตันก็ยิ่งลึกซึ้งมากขึ้นตามกาลเวลา

Sólo Thornton podía colocar una mochila en la espalda de Buck en el verano.

มีเพียงธอร์นตันเท่านั้นที่สามารถวางฝูงสัตว์ไว้บนหลังบัคได้ในฤดูร้อน

Cualquiera que fuera lo que Thornton ordenaba, Buck estaba dispuesto a hacerlo a cabalidad.

ไม่ว่าธอร์นตันจะสั่งอะไร บัคก็เต็มใจที่จะทำอย่างเต็มที่

Un día, después de que dejaron Dawson hacia las cabeceras del río Tanana,

วันหนึ่งหลังจากที่พวกเขาออกจากดอว์สันไปยังต้นน้ำของแม่น้ำทานานา

El grupo se sentó en un acantilado que caía un metro hasta el lecho rocoso desnudo.

กลุ่มคนเหล่านี้นั่งอยู่บนหน้าผาซึ่งสูงประมาณสามฟุตจนไปถึงชั้นหินแข็งที่โล่งเตียน

John Thornton se sentó cerca del borde y Buck descansó a su lado.

จอห์น ธอร์นตันนั่งอยู่ใกล้ขอบ และบัคก็พักผ่อนข้างๆ เขา

Thornton tuvo una idea repentina y llamó la atención de los hombres.

ธอร์นตันเกิดความคิดขึ้นมาอย่างกะทันหัน

และเรียกร้องความสนใจของพวกผู้ชาย

Señaló hacia el otro lado del abismo y le dio a Buck una única orden.

เขาชี้ข้ามหุบเหวและสั่งบัคเพียงคำเดียว

—¡Salta, Buck! —dijo, extendiendo el brazo por encima del precipicio.

"กระโดดสิ บั๊ก!" เขากล่าวพร้อมกับเหวี่ยงแขนออกไปเหนือจุดตก

En un momento, tuvo que agarrar a Buck, quien estaba saltando para obedecer.

ชั่วพริบตา เขาต้องคว้าบัคที่กำลังกระโจนเพื่อเชื่อฟัง

Hans y Pete corrieron hacia adelante y los pusieron a ambos a salvo.

ฮันส์และพีทรีบวิ่งไปข้างหน้าและดึงทั้งคู่กลับมายังที่ปลอดภัย

Cuando todo terminó y recuperaron el aliento, Pete habló.

หลังจากที่ทุกอย่างจบลง และพวกเขาได้พักหายใจ พีทก็พูดขึ้น

"El amor es extraño", dijo, conmocionado por la feroz devoción del perro.

"ความรักเป็นสิ่งที่น่าขนลุก"

เขากล่าวด้วยความหวั่นไหวจากความทุ่มเทอย่างแรงกล้าของสุนัข

Thornton meneó la cabeza y respondió con seriedad y calma.

ธอร์นตันส่ายหัวและตอบด้วยความสงบจริงจัง

"No, el amor es espléndido", dijo, "pero también terrible".

"ไม่หรอก ความรักนั้นวิเศษมาก" เขากล่าว "แต่ก็เลวร้ายเช่นกัน"

"A veces, debo admitirlo, este tipo de amor me da miedo".

"บางครั้งฉันต้องยอมรับว่าความรักแบบนี้ทำให้ฉันกลัว"

Pete asintió y dijo: "Odiaría ser el hombre que te toque".

พีทพยักหน้าและพูดว่า "ผมเกลียดที่จะเป็นผู้ชายที่แตะตัวคุณ"

Miró a Buck mientras hablaba, serio y lleno de respeto.

เขาจ้องดูบั๊กในขณะที่เขาพูดด้วยความจริงจังและเต็มไปด้วยความเคารพ

—¡Py Jingo! —dijo Hans rápidamente—. Yo tampoco, señor.

"ไพ จิงโก!" ฮันส์รีบตอบ "ฉันก็เหมือนกัน ไม่เอาหรอกท่าน"

Antes de que terminara el año, los temores de Pete se hicieron realidad en Circle City.

ก่อนปีจะสิ้นสุดลง ความกลัวของพีทก็เป็นจริงที่เซอร์เคิลซิตี้

Un hombre cruel llamado Black Burton provocó una pelea en el bar.

ชายโหดร้ายชื่อแบล็ค เบอร์ตัน ก่อเรื่องชกต่อยในบาร์

Estaba enojado y malicioso, arremetiendo contra un nuevo novato.

เขาโกรธและมุ่งร้าย โจมตีเด็กที่เพิ่งเกิดใหม่

John Thornton entró en escena, tranquilo y afable como siempre.

จอห์น ธอร์นตันเข้ามาด้วยความสงบและมีน้ำใจเช่นเคย

Buck yacía en un rincón, con la cabeza gacha, observando a Thornton de cerca.

บัคนอนอยู่ที่มุมหนึ่ง ก้มหน้าลง คอยดูธอร์นตันอย่างใกล้ชิด

Burton atacó de repente, y su puñetazo hizo que Thornton girara.

จู่ๆ เบอร์ตันก็โจมตี หมัดของเขาทำให้ธอร์นตันหมุนตัว

Sólo la barandilla de la barra evitó que se estrellara con fuerza contra el suelo.

มีเพียงราวเหล็กเท่านั้นที่ทำให้เขาไม่สามารถกระแทกพื้นอย่างแรงได้

Los observadores oyeron un sonido que no era un ladrido ni un aullido.

ผู้เฝ้าดูได้ยินเสียงที่ไม่ใช่เสียงเห่าหรือร้องโหยหวน

Un rugido profundo salió de Buck mientras se lanzaba hacia el hombre.

บั๊กส่งเสียงคำรามอันลึกออกมาขณะที่เขาพุ่งเข้าหาชายคนนั้น

Burton levantó el brazo y apenas salvó su vida.

เบอร์ตันยกแขนขึ้นแต่แทบจะช่วยชีวิตตัวเองไม่ได้

Buck se estrelló contra él y lo tiró al suelo.

บัคพุ่งเข้าใส่เขาจนเขาล้มลงกับพื้น

Buck mordió profundamente el brazo del hombre y luego se abalanzó sobre su garganta.

บัคกัดลึกเข้าไปในแขนของชายคนนั้น จากนั้นพุ่งเข้าที่ลำคอ

Burton sólo pudo bloquearlo parcialmente y su cuello quedó destrozado.

เบอร์ตันสามารถบล็อกได้เพียงบางส่วน

และคอของเขาก็ถูกฉีกขาด

Los hombres se apresuraron a entrar, con los garrotes en alto, y apartaron a Buck del hombre sangrante.

พวกผู้ชายบุกเข้ามา ยกกระบองขึ้น

และไล่บัคออกจากร่างของชายที่กำลังเลือดออก

Un cirujano trabajó rápidamente para detener la fuga de sangre.

ศัลยแพทย์ทำงานอย่างรวดเร็วเพื่อหยุดเลือด ไม่ให้ไหลออกมา

Buck caminaba de un lado a otro y gruñía, intentando atacar una y otra vez.

บัคก้าวไปมาพร้อมกับคำราม

พยายามที่จะโจมตีอีกครั้งแล้วครั้งเล่า

Sólo los golpes con los palos le impidieron llegar hasta Burton.

มีเพียงไม้กระบองเท่านั้นที่ขัดขวาง ไม่ให้เขาไปถึงเบอร์ตันได้

Allí mismo se convocó y celebró una asamblea de mineros.

มีการเรียกประชุมคนงานเหมืองและจัดขึ้นตรงนั้นทันที

Estuvieron de acuerdo en que Buck había sido provocado y votaron por liberarlo.

พวกเขาเห็นพ้องกันว่าบัคถูกยั่วยุและลงมติให้ปล่อยตัวเขาเป็นอิส

ระ

Pero el feroz nombre de Buck ahora resonaba en todos los campamentos de Alaska.

แต่ชื่ออันดุร้ายของบัคยังคงก้องอยู่ในทุกค่ายในอลาสก้า

Más tarde ese otoño, Buck salvó a Thornton nuevamente de una nueva manera.

ในฤดูใบไม้ร่วงนั้น บั๊กได้ช่วยธอร์นตันอีกครั้งด้วยวิธีใหม่

Los tres hombres guiaban un bote largo por rápidos agitados.

ชายทั้งสามกำลังบังคับเรือยาวล่องไปตามน้ำเชี่ยวกราก

Thornton tripulaba el bote, gritando instrucciones para llegar a la costa.

ธอร์นตันควบคุมเรือเพื่อส่งเสียงบอกทางไปยังชายฝั่ง

Hans y Pete corrieron por la tierra, sosteniendo una cuerda de árbol a árbol.

ฮันส์และพีทวิ่งขึ้นบกโดยถือเชือกจากต้นไม้ต้นหนึ่งไปอีกต้นหนึ่ง

Buck seguía el ritmo en la orilla, siempre observando a su amo.

บัคเดินไปบนฝั่งตลอดเวลาโดยคอยดูเจ้านายของเขาอยู่เสมอ

En un lugar desagradable, las rocas sobresalían bajo el agua rápida.

ในสถานที่แห่งหนึ่งที่น่ารังเกียจ

มีหินยื่นออกมาอยู่ใต้น้ำที่ไหลเชี่ยว

Hans soltó la cuerda y Thornton dirigió el bote hacia otro lado.

ฮันส์ปล่อยเชือก และธอร์นตันก็บังคับเรือให้กว้างออก

Hans corrió para alcanzar el barco nuevamente más allá de las rocas peligrosas.

ฮันส์รีบวิ่งไปขึ้นเรืออีกครั้งผ่านโขดหินอันตรายไป

El barco superó la cornisa pero se topó con una parte más fuerte de la corriente.

เรือเคลื่อนตัวผ่านขอบน้ำไปได้แต่ก็ไปชนกับกระแสน้ำที่แรงกว่า

Hans agarró la cuerda demasiado rápido y desequilibró el barco.

ฮันส์คว้าเชือกเร็วเกินไปจนทำให้เรือเสียสมดุล

El barco se volcó y se estrelló contra la orilla, boca abajo.

เรือพลิกคว่ำและพุ่งชนฝั่งจนจมลงไปข้างล่าง

Thornton fue arrojado y arrastrado hacia la parte más salvaje del agua.

ธอร์นตันถูกโยนออกไปและถูกพัดเข้าไปในส่วนที่ป่าเถื่อนที่สุดของน้ำ

Ningún nadador habría podido sobrevivir en esas aguas turbulentas y mortales.

นักว่ายน้ำไม่มีทางรอดชีวิตได้ในน้ำที่เชี่ยวกรากและอันตรายเหล่านั้น

Buck saltó instantáneamente y persiguió a su amo río abajo.

บัคกระโดดลงไปทันทีและไล่ตามเจ้านายของเขาลงไปตามแม่น้ำ

Después de trescientos metros, llegó por fin a Thornton.

หลังจากผ่านไปสามร้อยหลา เขาก็มาถึงธอร์นตันในที่สุด

Thornton agarró la cola de Buck y Buck se giró hacia la orilla.

ธอร์นตันคว้าหางของบัค และบัคก็หันหลังกลับไปที่ฝั่ง

Nadó con todas sus fuerzas, luchando contra el arrastre salvaje del agua.

เขาว่ายน้ำอย่างเต็มกำลัง ต่อสู้กับแรงต้านของน้ำ

Se movieron río abajo más rápido de lo que podían llegar a la orilla.

พวกเขามุ่งหน้าตามน้ำเร็วกว่าที่พวกเขาจะถึงฝั่งได้

Más adelante, el río rugía cada vez más fuerte mientras caía en rápidos mortales.

ข้างหน้าแม่น้ำคำรามดังขึ้นขณะที่ตกลงสู่น้ำเชี่ยวที่รุนแรง

Las rocas cortaban el agua como los dientes de un peine enorme.

ก้อนหินถูกเฉือนผ่านน้ำเหมือนฟันของหวีขนาดใหญ่

La atracción del agua cerca de la caída era salvaje e ineludible.

แรงดึงดูดของน้ำใกล้หยดน้ำนั้นรุนแรงและไม่อาจหลีกเลี่ยงได้

Thornton sabía que nunca podrían llegar a la costa a tiempo.

ธอร์นตันรู้ว่าพวกเขาไม่มีทางไปถึงฝั่งได้ทันเวลา

Raspó una roca, se estrelló contra otra,

เขาขูดหินก้อนหนึ่งแล้วกระแทกหินก้อนที่สอง

Y entonces se estrelló contra una tercera roca, agarrándola con ambas manos.

แล้วเขาก็พุ่งชนหินก้อนที่สาม โดยใช้มือทั้งสองข้างคว้ามันไว้

Soltó a Buck y gritó por encima del rugido: "¡Vamos, Buck! ¡Vamos!".

เขาปล่อยบั๊กแล้วตะโกนท่ามกลางเสียงคำราม "ไป บั๊ก ไป!"

Buck no pudo mantenerse a flote y fue arrastrado por la corriente.

บั๊กไม่สามารถลอยน้ำได้และถูกกระแสน้ำพัดไป

Luchó con todas sus fuerzas, intentando girar, pero no consiguió ningún progreso.

เขาต่อสู้อย่างหนักเพื่อหันกลับแต่ก็ไม่สามารถทำความคืบหน้าได้เ

ลย

Entonces escuchó a Thornton repetir la orden por encima del rugido del río.

แล้วเขาก็ได้ยินธอร์นตันพูดคำสั่งซ้ำท่ามกลางเสียงคำรามของแม่

น้ำ

Buck salió del agua y levantó la cabeza como para echar una última mirada.

บัคผงะตัวขึ้นจากน้ำ เงยหัวขึ้นเหมือนจะมองเป็นครั้งสุดท้าย

Luego se giró y obedeció, nadando hacia la orilla con resolución.

จากนั้นก็หันกลับและทำตาม โดยว่ายน้ำเข้าฝั่งอย่างมุ่งมั่น

Pete y Hans lo sacaron a tierra en el último momento posible.

พีทและฮันส์ดึงเขาขึ้นฝั่งในช่วงเวลาสุดท้ายที่เป็นไปได้

Sabían que Thornton podría aferrarse a la roca sólo por unos minutos más.

พวกเขารู้ว่าธอร์นตันจะเกาะหินนั้นได้เพียงไม่กี่นาทีเท่านั้น

Corrieron por la orilla hasta un lugar mucho más arriba de donde estaba colgado.

พวกเขาวิ่งขึ้นฝั่งไปจนเจอจุดที่อยู่สูงกว่าจุดที่เขาถูกแขวนคออยู่มาก

Ataron la cuerda del bote al cuello y los hombros de Buck con cuidado.

พวกเขาผูกเชือกเรือไว้กับคอและไหล่ของบัคอย่างระมัดระวัง

La cuerda estaba ajustada pero lo suficientemente suelta para permitir la respiración y el movimiento.

เชือกนั้นกระชับแต่ก็หลวมพอที่จะหายใจและเคลื่อนไหวได้

Luego lo lanzaron nuevamente al caudaloso y mortal río.

จากนั้นพวกเขาก็โยนเขาลงไปในแม่น้ำที่ไหลเชี่ยวและรุนแรงอีกครั้ง

Buck nadó con valentía, pero perdió su ángulo debido a la fuerza de la corriente.

บั๊กว่ายน้ำอย่างกล้าหาญแต่ก็พลาดทิศทางที่กระแสน้ำไหล

Se dio cuenta demasiado tarde de que iba a dejar atrás a Thornton.

เขาเห็นสายเกินไปแล้วว่าเขาจะลอยผ่านธอร์นตันไป

Hans tiró de la cuerda con fuerza, como si Buck fuera un barco que se hundía.

ฮันส์กระตุกเชือกให้ตึงราวกับว่าบัคเป็นเรือที่กำลังล่ม

La corriente lo arrastró hacia abajo y desapareció bajo la superficie.

กระแสน้ำดึงเขาลงไปใต้น้ำ แล้วเขาก็หายไปใต้ผิวน้ำ

Su cuerpo chocó contra el banco antes de que Hans y Pete pudieran sacarlo.

ร่างของเขาพุ่งชนฝั่งก่อนที่ฮันส์และพีทจะดึงเขาออกมา

Estaba medio ahogado y le sacaron el agua a golpes.

เขาจมน้ำเกือบครึ่ง และพวกเขาก็ทุบน้ำออกจากตัวเขา

Buck se puso de pie, se tambaleó y volvió a desplomarse en el suelo.

บัคยืนขึ้น เซไป และล้มลงบนพื้นอีกครั้ง

Entonces oyeron la voz de Thornton llevada débilmente por el viento.

แล้วพวกเขาก็ได้ยินเสียงของธอร์นตันที่พัดมาตามลมอย่างแผ่วเบา

Aunque las palabras no eran claras, sabían que estaba cerca de morir.

แม้คำพูดจะไม่ชัดเจน แต่พวกเขารู้ว่าเขาใกล้จะตายแล้ว

El sonido de la voz de Thornton golpeó a Buck como una sacudida eléctrica.

เสียงของธอร์นตันกระทบบัคเหมือนกับถูกไฟฟ้าช็อต

Saltó y corrió por la orilla, regresando al punto de lanzamiento.

เขาโดดขึ้นและวิ่งขึ้นฝั่งกลับไปยังจุดปล่อยตัว

Nuevamente ataron la cuerda a Buck, y nuevamente entró al arroyo.

พวกเขาผูกเชือกกับบั๊กอีกครั้ง และเขาก็กลับเข้าสู่ลำธารอีกครั้ง

Esta vez nadó directo y firmemente hacia el agua que palpitaba.

คราวนี้ เขาว่ายน้ำตรงลงไปในน้ำที่ไหลเชี่ยวอย่างมั่นคง

Hans soltó la cuerda con firmeza mientras Pete evitaba que se enredara.

ฮันส์ปล่อยเชือกออกอย่างต่อเนื่องในขณะที่พีทพยายามไม่ให้เชือกพันกัน

Buck nadó con fuerza hasta que estuvo alineado justo encima de Thornton.

บั๊กว่ายน้ำอย่างหนักจนกระทั่งเขาไปยืนเรียงแถวเหนือธอร์นตัน

Luego se dio la vuelta y se lanzó hacia abajo como un tren a toda velocidad.

จากนั้นเขาก็หันตัวและพุ่งลงมาเหมือนรถไฟด้วยความเร็วสูงสุด

Thornton lo vio venir, se preparó y le rodeó el cuello con los brazos.

ธอร์นตันเห็นเขาเข้ามา จึงตั้งตัวและล็อกแขนไว้รอบคอของเขา

Hans ató la cuerda fuertemente alrededor de un árbol mientras ambos eran arrastrados hacia abajo.

ฮันส์ผูกเชือกไว้แน่นรอบต้นไม้ขณะที่ทั้งสองถูกดึงลงไปใต้ต้นไม้

Cayeron bajo el agua y se estrellaron contra rocas y escombros del río.

พวกเขาตกลงไปใต้น้ำและกระแทกเข้ากับหินและเศษซากในแม่น้ำ

En un momento Buck estaba arriba y al siguiente Thornton se levantó jadeando.

ชั่วพริบตาเดียวบัคก็อยู่ด้านบน

ขณะต่อมาธอร์นตันก็ลุกขึ้นพร้อมหายใจแรง

Maltratados y asfixiados, se desviaron hacia la orilla y se pusieron a salvo.

พวกเขาได้รับบาดเจ็บและหายใจไม่ออก

จึงต้องหันตัวไปที่ฝั่งที่ปลอดภัย

Thornton recuperó el conocimiento, acostado sobre un tronco a la deriva.

ธอร์นตันฟื้นคืนสติโดยนอนทับท่อนไม้ลอยน้ำ

Hans y Pete trabajaron duro para devolverle el aliento y la vida.

ฮันส์และพีททำงานหนักเพื่อให้เขากลับมามีลมหายใจและชีวิตอีกครั้ง

Su primer pensamiento fue para Buck, que yacía inmóvil y flácido.

ความคิดแรกของเขาคือบัคที่นอนนิ่งและหมดแรง

Nig aulló sobre el cuerpo de Buck y Skeet le lamió la cara suavemente.

นิกส่งเสียงหอนไปทั่วร่างของบัค และสกีตก็เลียหน้าเขาเบาๆ

Thornton, dolorido y magullado, examinó a Buck con manos cuidadosas.

ธอร์นตันซึ่งมีอาการเจ็บปวดและมีรอยฟกช้ำ

ตรวจบัคด้วยมืออย่างระมัดระวัง

Encontró tres costillas rotas, pero ninguna herida mortal en el perro.

เขาพบซี่โครงหัก 3 ซี่ แต่ไม่มีบาดแผลสาหัสในตัวสุนัข

"Eso lo resuelve", dijo Thornton. "Acamparemos aquí". Y así lo hicieron.

"นั่นทำให้เรื่องจบลง" ธอร์นตันกล่าว "เราตั้งแคมป์ที่นี่"

และพวกเขาก็ทำเช่นนั้น

Se quedaron hasta que las costillas de Buck sanaron y pudo caminar nuevamente.

พวกเขาอยู่ที่นั่นจนกระทั่งซี่โครงของบัคหายดีและเขาสามารถเดิน
ได้อีกครั้ง

Ese invierno, Buck realizó una hazaña que aumentó aún más su fama.

ในฤดูหนาวปีนั้น

บัคได้แสดงความสามารถที่ทำให้ชื่อเสียงของเขาโด่งดังขึ้นไปอีก

Fue menos heroico que salvar a Thornton, pero igual de impresionante.

มันดูกล้าหาญน้อยกว่าการช่วยธอร์นตัน แต่ก็ประทับใจไม่แพ้กัน

En Dawson, los socios necesitaban suministros para un viaje lejano.

ที่ Dawson

พันธมิตรต้องการสิ่งของที่จำเป็นสำหรับการเดินทางไกล

Querían viajar hacia el Este, hacia tierras vírgenes y silvestres.

พวกเขาต้องการเดินทางไปทางทิศตะวันออก

สู่ดินแดนป่าดงดิบที่ยังคงความสมบูรณ์

La escritura de Buck en el Eldorado Saloon hizo posible ese viaje.

การกระทำของบัคใน Eldorado Saloon

ทำให้การเดินทางครั้งนั้นเป็นไปได้

Todo empezó con hombres alardeando de sus perros mientras bebían.

มันเริ่มต้นจากผู้ชายคุยโม้เกี่ยวกับสุนัขของพวกเขาขณะดื่มเครื่องดื่
ม

La fama de Buck lo convirtió en blanco de desafíos y dudas.

ชื่อเสียงของบัคทำให้เขาตกเป็นเป้าหมายของการท้าทายและความสงสัย

Thornton, orgulloso y tranquilo, se mantuvo firme en la defensa del nombre de Buck.

ธอร์นตันมีความภาคภูมิใจและสงบ

ยืนหยัดอย่างมั่นคงในการปกป้องชื่อของบัค

Un hombre dijo que su perro podía levantar doscientos cincuenta kilos con facilidad.

ชายคนหนึ่งกล่าวว่าสุนัขของเขาสามารถลากน้ำหนักห้าร้อยปอนด์ได้อย่างง่ายดาย

Otro dijo seiscientos, y un tercero se jactó de setecientos.

อีกคนบอกว่าหกร้อย และคนที่สามอวดว่าเจ็ดร้อย

"¡Pfft!" dijo John Thornton, "Buck puede tirar de un trineo de mil libras".

"ฮึ่ย!" จอห์น ธอร์นตันพูด

"บัคสามารถลากเลื่อนน้ำหนักพันปอนด์ได้นะ"

Matthewson, un Rey de Bonanza, se inclinó hacia delante y lo desafió.

แมทธิวสัน ราชาโบนันซ่า โน้มตัวไปข้างหน้าและท้าทายเขา

¿Crees que puede poner tanto peso en movimiento?

"คุณคิดว่าเขาจะสามารถเคลื่อนไหวได้มากขนาดนั้นเหรอ?"

"¿Y crees que puede tirar del peso cien yardas enteras?"

"แล้วคุณคิดว่าเขาสามารถดึงน้ำหนักได้เต็มร้อยหลาหรือเปล่า?"

Thornton respondió con frialdad: «Sí. Buck es lo suficientemente bueno como para hacerlo».

ธอร์นตันตอบอย่างเย็นชา "ใช่ บัคเป็นหมาที่ทำได้"

"Pondrá mil libras en movimiento y las arrastrará cien yardas".

"เขาจะเคลื่อนย้ายน้ำหนักหนึ่งพันปอนด์

และดึงมันออกมาได้ร้อยหลา"

Matthewson sonrió lentamente y se aseguró de que todos los hombres escucharan sus palabras.

แมทธิวสันยิ้มช้าๆ และให้แน่ใจว่าทุกคนได้ยินคำพูดของเขา

Tengo mil dólares que dicen que no puede. Ahí está.

"ฉันมีเงินหนึ่งพันเหรียญที่บอกว่าเขาทำไม่ได้ นั่นไง"

Arrojó un saco de polvo de oro del tamaño de una salchicha sobre la barra.

เขาตบกระสอบผงทองคำขนาดเท่าไส้กรอกลงบนเคาน์เตอร์บาร์

Nadie dijo una palabra. El silencio se hizo denso y tenso a su alrededor.

ไม่มีใครพูดอะไรสักคำ

ความเงียบเริ่มหนักหน่วงและตึงเครียดขึ้นรอบตัวพวกเขา

El engaño de Thornton —si es que lo hubo— había sido tomado en serio.

การหลอกลวงของ Thornton หากเป็นอย่างนั้น

ก็ได้รับการพิจารณาอย่างจริงจัง

Sintió que el calor le subía a la cara mientras la sangre le subía a las mejillas.

เขารู้สึกถึงความร้อนขึ้นบนใบหน้าขณะที่เลือดพุ่งขึ้นแก้ม

En ese momento su lengua se había adelantado a su razón.

ลิ้นของเขาได้พัฒนาไปเร็วกว่าเหตุผลในขณะนั้น

Realmente no sabía si Buck podría mover mil libras.

เขาไม่รู้จริงๆ ว่าบัคจะสามารถขนเงินหนึ่งพันปอนด์ได้หรือไม่

¡Media tonelada! Solo su tamaño le hacía sentir un gran peso en el corazón.

ครึ่งตัน! ขนาดของมันเพียงอย่างเดียวก็ทำเอาใจเขาหนักอึ้งแล้ว

Tenía fe en la fuerza de Buck y creía que era capaz.

เขาศรัทธาในความแข็งแกร่งของบัคและคิดว่าเขาสามารถทำได้

Pero nunca se había enfrentado a un desafío así, no de esta manera.

แต่เขาไม่เคยเผชิญกับความท้าทายแบบนี้มาก่อน

Una docena de hombres lo observaban en silencio, esperando ver qué haría.

ชายนับสิบคนเฝ้าดูเขาอย่างเงียบๆ รอดูว่าเขาจะทำอย่างไร

Él no tenía el dinero, ni tampoco Hans ni Pete.

เขาไม่มีเงิน—ทั้งฮันส์และพีทก็ไม่มีเช่นกัน

"Tengo un trineo afuera", dijo Matthewson fría y directamente.

"ฉันมีรถเลื่อนอยู่ข้างนอก"

แมทธิวสันพูดอย่างเย็นชาและตรงไปตรงมา

"Está cargado con veinte sacos de cincuenta libras cada uno, todo de harina.

"มันบรรจุด้วยกระสอบยี่สิบใบ ใบละห้าสิบปอนด์

เป็นแป้งทั้งหมด

Así que no dejen que un trineo perdido sea su excusa ahora", añadió.

ดังนั้นอย่าปล่อยให้รถเลื่อนที่หายไปกลายมาเป็นข้ออ้างของคุณอีก

ต่อไป" เขากล่าวเสริม

Thornton permaneció en silencio. No sabía qué decir.

ธอร์นตันยืนเงียบ เขาไม่รู้จะพูดอะไรดี

Miró a su alrededor los rostros sin verlos con claridad.

เขาเหลือบมองดูใบหน้าเหล่านั้นแต่ไม่สามารถมองเห็นได้ชัดเจน

Parecía un hombre congelado en sus pensamientos, intentando reiniciarse.

เขาดูเหมือนคนที่หยุดนิ่งอยู่ในความคิดและพยายามจะเริ่มต้นใหม่อีกครั้ง

Luego vio a Jim O'Brien, un amigo de la época de Mastodon.

แล้วเขาก็ได้พบกับจิม โอไบรอัน เพื่อนจากยุคแมสโตดอน

Ese rostro familiar le dio un coraje que no sabía que tenía.

ใบหน้าที่คุ้นเคยทำให้เขามีความกล้าหาญที่เขาไม่รู้ว่าตนมี

Se giró y preguntó en voz baja: "¿Puedes prestarme mil?"

เขาหันมาถามด้วยเสียงต่ำว่า "คุณให้ฉันยืมเงินหนึ่งพันได้ไหม"

"Claro", dijo O'Brien, dejando caer un pesado saco junto al oro.

"แน่นอน" โอไบรอันกล่าวพร้อมกับทิ้งกระสอบหนักๆ ไว้ข้างๆ

ทองคำแล้ว

"Pero la verdad, John, no creo que la bestia pueda hacer esto".

"แต่พูดจริงนะจอห์น

ฉันไม่เชื่อว่าสัตว์ร้ายจะสามารถทำเช่นนั้นได้"

Todos los que estaban en el Eldorado Saloon corrieron hacia afuera para ver el evento.

ทุกคนในโรงเตี๊ยมเอลโดราโดรีบวิ่งออกไปเพื่อชมงาน

Abandonaron las mesas y las bebidas, e incluso los juegos se pausaron.

พวกเขาวางโต๊ะและวางเครื่องดื่ม และแม้แต่เกมก็ยังหยุดด้วย

Comerciantes y jugadores acudieron para presenciar el final de la audaz apuesta.

เหล่าเจ้ามือและนักพนันต่างมาเป็นพยานในจุดสิ้นสุดของการเดิม

พันอันกล้าหาญ

Cientos de personas se reunieron alrededor del trineo en la calle helada y abierta.

ผู้คนนับร้อยรวมตัวกันรอบรถเลื่อนบนถนนที่เปิดโล่งและมีน้ำแข็งปกคลุม

El trineo de Matthewson estaba cargado con un montón de sacos de harina.

รถเลื่อนของแมทธิวสันยืนอยู่พร้อมกระสอบแป้งเต็มบรรทุก

El trineo había permanecido parado durante horas a temperaturas bajo cero.

รถเลื่อนคันดังกล่าวจอดอยู่เป็นเวลานานหลายชั่วโมงภายใต้อุณหภูมิติดลบ

Los patines del trineo estaban congelados y pegados a la nieve compacta.

นักวิ่งเลื่อนถูกแช่แข็งจนแน่นเนื่องจากหิมะที่อัดแน่น

Los hombres ofrecieron dos a uno de que Buck no podría mover el trineo.

ผู้ชายเสนออัตราต่อรองสองต่อหนึ่งว่าบัคจะไม่สามารถเคลื่อนย้ายเลื่อนได้

Se desató una disputa sobre lo que realmente significaba "break out".

เกิดข้อโต้แย้งขึ้นว่าคำว่า "break out" หมายความว่าอะไรกันแน่

O'Brien dijo que Thornton debería aflojar la base congelada del trineo.

โอไบรอันกล่าวว่าธอร์นตันควรคลายฐานที่เป็นน้ำแข็งของรถเลื่อน

Buck pudo entonces "escapar" de un comienzo sólido e inmóvil.

จากนั้นบัคก็สามารถ "หลุดออกมา"

ได้จากการเริ่มต้นที่มั่นคงและไม่เคลื่อนไหว

Matthewson argumentó que el perro también debe liberar a los corredores.

แมทธิวสันโต้แย้งว่าสุนัขจะต้องปล่อยนักวิ่งให้เป็นอิสระด้วยเช่น
กัน

Los hombres que habían escuchado la apuesta estuvieron de acuerdo con la opinión de Matthewson.

คนที่ได้ยินการพนันก็เห็นด้วยกับทัศนะของแมทธิวสัน

Con esa decisión, las probabilidades aumentaron a tres a uno en contra de Buck.

จากคำตัดสินดังกล่าว

ทำให้โอกาสที่บัคจะได้เปรียบเพิ่มขึ้นเป็นสามต่อหนึ่ง

Nadie se animó a asumir las crecientes probabilidades de tres a uno.

ไม่มีใครก้าวออกมาเพื่อรับโอกาสที่เพิ่มขึ้นสามต่อหนึ่ง

Ningún hombre creyó que Buck pudiera realizar la gran hazaña.

ไม่มีผู้ชายคนเดียวที่เชื่อว่าบัคจะสามารถทำสิ่งยิ่งใหญ่เช่นนั้นได้

Thornton se había apresurado a hacer la apuesta, cargado de dudas.

ธอร์นตันถูกเร่งให้เข้าร่วมเดิมพันพร้อมกับความสงสัยมากมาย

Ahora miró el trineo y el equipo de diez perros que estaba a su lado.

ตอนนี้เขาหันไปมองรถลากเลื่อนและสุนัข 10 ตัวที่อยู่ข้างๆ

Ver la realidad de la tarea la hizo parecer más imposible.

เมื่อเห็นความเป็นจริงของงานก็ดูเป็นไปไม่ได้มากขึ้น

Matthewson estaba lleno de orgullo y confianza en ese momento.

แมทธิวสันเต็มไปด้วยความภาคภูมิใจและมั่นใจในช่วงเวลานั้น

—¡Tres a uno! —gritó—. ¡Apuesto mil más, Thornton!

"สามต่อหนึ่ง!" เขาร้องตะโกน "ฉันจะเดิมพันอีกพันหนึ่ง

ธอร์นตัน!"

"¿Qué dices?" añadió lo suficientemente alto para que todos lo oyeran.

"คุณพูดอะไร" เขาพูดเสริมเสียงดังพอให้ทุกคนได้ยิน

El rostro de Thornton mostraba sus dudas, pero su ánimo se había elevado.

ใบหน้าของธอร์นตันแสดงถึงความสงสัย

แต่จิตวิญญาณของเขากลับฟื้นคืนมา

Ese espíritu de lucha ignoraba las probabilidades y no temía a nada en absoluto.

จิตวิญญาณนักสู้ไม่สนอุปสรรคและไม่เกรงกลัวสิ่งใดเลย

Llamó a Hans y Pete para que trajeran todo su dinero a la mesa.

เขาเรียกฮันส์กับพีทให้เอาเงินสดทั้งหมดมาที่โต๊ะ

Les quedaba poco: sólo doscientos dólares en total.

พวกเขามีเงินเหลือไม่มากนัก

รวมกันแล้วมีเพียงสองร้อยดอลลาร์เท่านั้น

Esta pequeña suma constituía su fortuna total en tiempos difíciles.

เงินจำนวนเล็กน้อยนี้คือทรัพย์สมบัติทั้งหมดของพวกเขาในช่วงเวลาที่ยากลำบาก

Aún así, apostaron toda su fortuna contra la apuesta de Matthewson.

อย่างไรก็ตาม

พวกเขากลับยอมวางเดิมพันทั้งหมดลงกับแมททิวสัน

El equipo de diez perros fue desenganchado y se alejó del trineo.

ทีมสุนัข 10 ตัวถูกปลดเชือกและเคลื่อนตัวออกไปจากรถลากเลื่อน

Buck fue colocado en las riendas, vistiendo su arnés familiar.

บัคถูกจับใส่สายบังเหียนโดยสวมสายรัดที่คุ้นเคย

Había captado la energía de la multitud y sentía la tensión.

เขาได้สัมผัสพลังของฝูงชนและรู้สึกถึงความตึงเครียด

De alguna manera, sabía que tenía que hacer algo por John Thornton.

เขาตระหนักดีว่าเขาต้องทำอะไรบางอย่างเพื่อจอห์น ธอร์นตัน

La gente murmuraba con admiración ante la orgullosa figura del perro.

ผู้คนต่างพากันพึมพำด้วยความชื่นชมต่อรูปร่างอันภาคภูมิใจของสุนัข

Era delgado y fuerte, sin un solo gramo de carne extra.

เขามีรูปร่างผอมบางและแข็งแรงโดยไม่มีเนื้อหนังส่วนเกินแม้แต่น้อย

Su peso total de ciento cincuenta libras era todo potencia y resistencia.

น้ำหนักรวมของเขาหนึ่งร้อยห้าสิบปอนด์นั้นล้วนเป็นกำลังและความอดทนทั้งสิ้น

El pelaje de Buck brillaba como la seda, espeso y saludable.

ขนของบัคเป็นมันเงาเหมือนผ้าไหม

หนาไปด้วยสุขภาพและความแข็งแรง

El pelaje a lo largo de su cuello y hombros pareció levantarse y erizarse.

ขนตามคอและไหล่ของเขาดูเหมือนจะยกขึ้นและแข็งขึ้น

Su melena se movía levemente, cada cabello vivo con su gran energía.

แผงคอของเขามีการเคลื่อนไหวเล็กน้อย

โดยเส้นผมแต่ละเส้นมีชีวิตชีวาด้วยพลังงานอันยิ่งใหญ่ของเขา

Su pecho ancho y sus piernas fuertes hacían juego con su cuerpo pesado y duro.

หน้าอกกว้างและขาที่แข็งแรงเข้ากับรูปร่างที่หนักและแข็งแกร่งของเขา

Los músculos se ondulaban bajo su abrigo, tensos y firmes como hierro.

กล้ามเนื้อเป็นริ้วๆ ใต้เสื้อคลุมของเขา

แน่นหนาและมั่นคงราวกับเหล็กที่ถูกมัดไว้

Los hombres lo tocaron y juraron que estaba construido como una máquina de acero.

ผู้คนต่างจับต้องเขาและสาบานว่าเขามีรูปร่างสูงใหญ่เหมือนเครื่องจักรเหล็กกล้า

Las probabilidades bajaron levemente a dos a uno contra el gran perro.

อัตราต่อรองลดลงเล็กน้อยเหลือสองต่อหนึ่งต่อสุนัขตัวใหญ่

Un hombre de los bancos Skookum se adelantó, tartamudeando.

ชายคนหนึ่งจาก Skookum Benches ผลักไปข้างหน้าอย่างติดขัด

—¡Bien, señor! ¡Ofrezco ochocientas libras por él, antes del examen, señor!

"ดีท่าน! ผมเสนอเงินแปดร้อยให้เขาก่อนการทดสอบครับท่าน!"

"¡Ochocientos, tal como está ahora mismo!" insistió el hombre.

"แปดร้อยเท่าที่เขายืนอยู่ตอนนี้!" ชายผู้นั้นยืนกราน

Thornton dio un paso adelante, sonrió y meneó la cabeza con calma.

ธอร์นตันก้าวไปข้างหน้า ยิ้มและส่ายหัวอย่างสงบ

Matthewson intervino rápidamente con una voz de advertencia y el ceño fruncido.

แมทธิวสันก้าวเข้าอย่างรวดเร็วด้วยน้ำเสียงเตือนและขมวดคิ้ว

—Debes alejarte de él —dijo—. Dale espacio.

“คุณต้องถอยห่างจากเขา” เขากล่าว “ให้พื้นที่เขาบ้าง”

La multitud quedó en silencio; sólo los jugadores seguían ofreciendo dos a uno.

ฝูงชนต่างเงียบลง

มีเพียงนักพนันเท่านั้นที่เสนอเดิมพันสองต่อหนึ่ง

Todos admiraban la complexión de Buck, pero la carga parecía demasiado grande.

ทุกคนต่างชื่นชมรูปร่างของบัค แต่น้ำหนักที่บรรทุกดูมากเกินไป

Veinte sacos de harina, cada uno de cincuenta libras de peso, parecían demasiados.

แป้งยี่สิบกระสอบ—กระสอบละห้าสิบปอนด์—ดูจะมากเกินไป

Nadie estaba dispuesto a abrir su bolsa y arriesgar su dinero.

ไม่มีใครเต็มใจที่จะเปิดกระเป๋าและเสี่ยงเงินของตน

Thornton se arrodilló junto a Buck y tomó su cabeza con ambas manos.

ธอร์นตันคุกเข่าลงข้างๆ บัคและเอามือทั้งสองข้างจับศีรษะของเขา

Presionó su mejilla contra la de Buck y le habló al oído.

เขาเอาแก้มแนบกับแก้มของบัคแล้วพูดที่หูของเขา

Ya no había apretones juguetones ni susurros de insultos amorosos.

ตอนนี้ไม่มีการสั่นกระดิ่งเล่นๆ

หรือกระซิบด่าทอด้วยความรักอีกต่อไป

Él sólo murmuró suavemente: "Tanto como me amas, Buck".

เขาเพียงพึมพำเบาๆ "คุณรักฉันมากเท่าที่คุณรัก บัค"

Buck dejó escapar un gemido silencioso, su entusiasmo apenas fue contenido.

บั๊กครางออกมาเบาๆ ความกระตือรือร้นของเขาแทบจะห้ามไม่อยู่

Los espectadores observaron con curiosidad cómo la tensión llenaba el aire.

ผู้ชมมองดูด้วยความอยากรู้ในขณะที่บรรยากาศเต็มไปด้วยความตึ

งเครียด

El momento parecía casi irreal, como algo más allá de la razón.

ช่วงเวลานั้นรู้สึกแทบจะไม่จริง

เหมือนมีอะไรบางอย่างอยู่เหนือเหตุผล

Cuando Thornton se puso de pie, Buck tomó suavemente su mano entre sus mandíbulas.

เมื่อธอร์นตันยืนขึ้น บัคก็จับมือเขาอย่างอ่อนโยน

Presionó con los dientes y luego lo soltó lenta y suavemente.

เขาใช้ฟันกดลงไปแล้วค่อย ๆ ปล่อยออกอย่างช้า ๆ และเบามือ

Fue una respuesta silenciosa de amor, no dicha, pero entendida.

มันเป็นคำตอบแห่งความรักที่เงียบงัน ไม่ใช่คำพูด แต่เข้าใจได้

Thornton se alejó bastante del perro y dio la señal.

ธอร์นตันก้าวถอยห่างจากสุนัขและส่งสัญญาณ

—Ahora, Buck —dijo, y Buck respondió con calma y concentración.

"ตอนนี้ บัค" เขากล่าว

และบัคก็ตอบสนองด้วยความสงบและมุ่งมั่น

Buck apretó las correas y luego las aflojó unos centímetros.

บัครัดรอยให้แน่น แล้วคลายออกประมาณสองสามนิ้ว

Éste era el método que había aprendido; su manera de romper el trineo.

นี่เป็นวิธีที่เขาเรียนรู้มาเพื่อเป็นทางทำลายเลื่อน

—¡Caramba! —gritó Thornton con voz aguda en el pesado silencio.

“โห!”

ธอร์นตันตะโกนด้วยน้ำเสียงที่แหลมสูงท่ามกลางความเงียบอันห

นักหน่วง

Buck giró hacia la derecha y se lanzó con todo su peso.

บั๊กหันไปทางขวาและพุ่งเข้าใส่ด้วยน้ำหนักทั้งหมดของเขา

La holgura desapareció y la masa total de Buck golpeó las cuerdas apretadas.

ความหย่อนยานหายไป

และมวลทั้งหมดของบัคก็ตกลงบนรอยที่แน่นหนา

El trineo tembló y los patines produjeron un crujido crujiente.

รถเลื่อนสั่นไหว และผู้วิ่งก็ส่งเสียงกรอบแกรบดัง

—¡Ja! —ordenó Thornton, cambiando nuevamente la dirección de Buck.

“ฮอว์!” ธอร์นตันสั่งพร้อมเปลี่ยนทิศทางของบัคอีกครั้ง

Buck repitió el movimiento, esta vez tirando bruscamente hacia la izquierda.

บั๊กทำการเคลื่อนไหวซ้ำอีกครั้ง

คราวนี้ดึงไปทางซ้ายอย่างกะทันหัน

El trineo crujió más fuerte y los patines crujieron y se movieron.

รถเลื่อนเริ่มดังกรอบแกรบ ขณะที่ผู้วิ่งก็ขยับและขยับตัว

La pesada carga se deslizó ligeramente hacia un lado sobre la nieve congelada.

น้ำหนักบรรทุกอันหนักหน่วงเลื่อนไปทางด้านข้างเล็กน้อยบนหิม

ะที่แข็งตัว

¡El trineo se había soltado del sendero helado!

รถเลื่อนหลุดจากการเกาะยึดของเส้นทางน้ำแข็งแล้ว!

Los hombres contenían la respiración, sin darse cuenta de que ni siquiera estaban respirando.

ผู้ชายกลั้นหายใจโดยไม่รู้ว่าตัวเองไม่ได้หายใจด้วยซ้ำ

—¡Ahora, TIRA! —gritó Thornton a través del silencio helado.

"ตอนนี้ ดึง!"

ธอร์นตันร้องออกมาท่ามกลางความเงียบอันหนาวเหน็บ

La orden de Thornton sonó aguda, como el chasquido de un látigo.

คำสั่งของธอร์นตันดังขึ้นอย่างแหลมคม เหมือนกับเสียงแส้

Buck se lanzó hacia adelante con una estocada feroz y estremecedora.

บัคพุ่งตัวไปข้างหน้าด้วยการพุ่งเข้าอย่างรุนแรงและกระแทกอย่าง

แรง

Todo su cuerpo se tensó y se arrugó por la enorme tensión.

โครงร่างของเขาตึงและรวมกันเป็นก้อนจากแรงกดดันอันมหาศาล

Los músculos se ondulaban bajo su pelaje como serpientes que cobraban vida.

กล้ามเนื้อเป็นริ้วๆ ใต้ขนของเขาเหมือนกับงูที่กำลังมีชีวิตขึ้นมา

Su gran pecho estaba bajo y la cabeza estirada hacia delante, hacia el trineo.

อกใหญ่ของเขาต่ำและศีรษะยื่นไปข้างหน้าหารถเลื่อน

Sus patas se movían como un rayo y sus garras cortaban el suelo helado.

อุ้งเท้าของเขาเคลื่อนไหวเหมือนสายฟ้า

กรงเล็บเฉือนพื้นดินที่แข็งตัว

Los surcos se abrieron profundos mientras luchaba por cada centímetro de tracción.

ร่องถูกตัดลึกในขณะที่เขาต่อสู้เพื่อแรงยึดเกาะทุกตารางนิ้ว

El trineo se balanceó, tembló y comenzó un movimiento lento e inquieto.

รถเลื่อนโยกเยก สั่นไหว และเริ่มเคลื่อนที่ช้าๆ อย่างไม่มั่นคง

Un pie resbaló y un hombre entre la multitud gimió en voz alta.

เท้าข้างหนึ่งลื่น

และชายคนหนึ่งในฝูงชนก็ร้องครวญครางออกมาดังๆ

Entonces el trineo se lanzó hacia adelante con un movimiento brusco y espasmódico.

จากนั้นรถเลื่อนก็พุ่งไปข้างหน้าด้วยการเคลื่อนไหวแบบกระตุกแล

ะรุนแรง

No se detuvo de nuevo: media pulgada... una pulgada... dos pulgadas más.

มันไม่หยุดอีกเลย—ครึ่งนิ้ว...หนึ่งนิ้ว...อีกสองนิ้ว

Los tirones se hicieron más pequeños a medida que el trineo empezó a ganar velocidad.

อาการกระตุกเริ่มน้อยลงเมื่อรถเลื่อนเริ่มเคลื่อนที่ด้วยความเร็วมาก

ขึ้น

Pronto Buck estaba tirando con una potencia suave, uniforme y rodante.

ในไม่ช้า บัคก็เริ่มดึงด้วยพลังที่นุ่มนวลและสม่ำเสมอ

Los hombres jadearon y finalmente recordaron respirar de nuevo.

พวกผู้ชายต่างพากันหายใจเฮือกใหญ่

และในที่สุดก็นึกขึ้นได้ว่าพวกเขาต้องหายใจอีกครั้ง

No se habían dado cuenta de que su respiración se había detenido por el asombro.

พวกเขาไม่ทันสังเกตว่าลมหายใจของพวกเขาหยุดลงด้วยความหว

าดกลัว

Thornton corrió detrás, gritando órdenes breves y alegres.

ธอร์นตันวิ่งไปด้านหลังพร้อมร้องคำสั่งสั้นๆ อย่างร่าเริง

Más adelante había una pila de leña que marcaba la distancia.

ข้างหน้ามีกองฟืนบอกระยะทาง

A medida que Buck se acercaba a la pila, los vítores se hacían cada vez más fuertes.

เมื่อบั๊กเข้าใกล้กองเงิน เสียงเชียร์ก็ดังขึ้นเรื่อยๆ

Los aplausos aumentaron hasta convertirse en un rugido cuando Buck pasó el punto final.

เสียงโห่ร้องดังขึ้นเป็นคำรามขณะที่บัคผ่านจุดสิ้นสุด

Los hombres saltaron y gritaron, incluso Matthewson sonrió.

พวกผู้ชายกระโดดและตะโกน แม้แต่แมทธิวสันยังยิ้มออกมา

Los sombreros volaron por el aire y los guantes fueron arrojados sin pensar ni rumbo.

หมวกปลิวขึ้นไปในอากาศ

ถุงมือถูกโยนออกไปโดยไม่ได้คิดหรือมุ่งหมาย

Los hombres se abrazaron y se dieron la mano sin saber a quién.

ชายทั้งสองคว้ามือและจับมือกันโดยไม่ทราบว่าใคร

Toda la multitud vibró en una celebración salvaje y alegre.

ฝูงชนทั้งหมดส่งเสียงเฉลิมฉลองอย่างรื่นเริงอย่างบ้าคลั่ง

Thornton cayó de rodillas junto a Buck con manos temblorosas.

ธอร์นตันคุกเข่าลงข้างๆ บัคด้วยมือสั่นเทา

Apretó su cabeza contra la de Buck y lo sacudió suavemente hacia adelante y hacia atrás.

เขาเอาหัวแนบไปที่บัคและเขย่าไปมาเบาๆ

Los que se acercaron le oyeron maldecir al perro con silencioso amor.

ผู้ที่เข้ามาใกล้ได้ยินเขาสาปสุนัขด้วยความรักอันเงียบสงบ

Maldijo a Buck durante un largo rato, suavemente, cálidamente, con emoción.

เขาด่าบั๊กเป็นเวลานาน—อย่างอ่อนโยน อบอุ่น และด้วยอารมณ์

—¡Bien, señor! ¡Bien, señor! —gritó el rey del Banco Skookum a toda prisa.

"ดีแล้วครับท่าน ดีแล้วครับท่าน!"

ราชาม้านั่งสกูคัมร้องออกมาอย่างรีบร้อน

—¡Le daré mil, no, mil doscientos, por ese perro, señor!

"ผมยอมให้คุณพันหนึ่ง—ไม่ใช่หนึ่งพันสองร้อย—

เพื่อแลกกับสุนัขตัวนั้นครับท่าน!"

Thornton se puso de pie lentamente, con los ojos brillantes de emoción.

ธอร์นตันลุกขึ้นยืนอย่างช้าๆ

ดวงตาของเขาเปล่งประกายด้วยอารมณ์

Las lágrimas corrían abiertamente por sus mejillas sin ninguna vergüenza.

น้ำตาไหลอาบแก้มอย่างเปิดเผยโดยไม่มีความละอายเลย

"Señor", le dijo al rey del Banco Skookum, firme y firme.

"ท่านเจ้าข้า" เขากล่าวกับราชาสกูคัมเบ็งก์อย่างมั่นคงและแน่วแน่

—No, señor. Puede irse al infierno, señor. Esa es mi última respuesta.

"ไม่หรอกท่าน ท่านไปลงนรกได้เลย

นั่นคือคำตอบสุดท้ายของฉัน"

Buck agarró suavemente la mano de Thornton con sus fuertes mandíbulas.

บัคคว้ามือของธอร์นตันอย่างอ่อนโยนด้วยขากรรไกรที่แข็งแรงขอ

งเขา

Thornton lo sacudió juguetonamente; su vínculo era más profundo que nunca.

ธอร์นตันเขย่าตัวเขาอย่างเล่นๆ

ความสัมพันธ์ของพวกเขายังคงลึกซึ้งเช่นเคย

La multitud, conmovida por el momento, retrocedió en silencio.

ฝูงชนที่เคลื่อนไหวไปตามสถานการณ์ก็ก้าวถอยกลับไปในความเงียบ

Desde entonces nadie se atrevió a interrumpir tan sagrado afecto.

ตั้งแต่นั้นเป็นต้นมาไม่มีใครกล้าขัดขวางความรักอันศักดิ์สิทธิ์เช่นนี้อีก

El sonido de la llamada
เสียงเรียก

Buck había ganado mil seiscientos dólares en cinco minutos.
บัคได้รับเงินหนึ่งพันหกร้อยดอลลาร์ในเวลาห้านาที

El dinero permitió a John Thornton pagar algunas de sus deudas.
เงินดังกล่าวช่วยให้จอห์น ธอร์นตันสามารถชำระหนี้บางส่วนได้

Con el resto del dinero se dirigió al Este con sus socios.
เขาพร้อมด้วยเงินที่เหลือ

มุ่งหน้าไปทางตะวันออกพร้อมกับหุ้นส่วนของเขา

Buscaban una legendaria mina perdida, tan antigua como el país mismo.
พวกเขาตามหาเหมืองแร่ในตำนานที่สูญหายไป

ซึ่งมีอายุเก่าแก่พอๆ กับประเทศนี้

Muchos hombres habían buscado la mina, pero pocos la habían encontrado.
ผู้คนจำนวนมากได้ค้นหาเหมือง

แต่มีเพียงไม่กี่คนเท่านั้นที่เคยพบมัน

Más de unos pocos hombres habían desaparecido durante la peligrosa búsqueda.
ชายหลายคู่หายตัวไประหว่างภารกิจอันตรายครั้งนี้

Esta mina perdida estaba envuelta en misterio y vieja tragedia.
เหมืองที่หายไปแห่งนี้เต็มไปด้วยความลึกลับและ โศกนาฏกรรมเก่

าๆ

Nadie sabía quién había sido el primer hombre que encontró la mina.

ไม่มีใครรู้ว่าใครคือมนุษย์คนแรกที่พบเหมืองนี้

Las historias más antiguas no mencionan a nadie por su nombre.

เรื่องราวเก่าแก่ที่สุดไม่มีการกล่าวถึงชื่อใครเลย

Siempre había habido allí una antigua y destartalada cabaña.

เคยมีกระท่อมเก่าๆ ทรุดโทรมอยู่ที่นั่นเสมอมา

Los hombres moribundos habían jurado que había una mina al lado de aquella vieja cabaña.

ชายที่กำลังจะตายสาบานว่ามีเหมืองอยู่ข้างๆ กระท่อมเก่าหลังนั้น

Probaron sus historias con oro como ningún otro en ningún otro lugar.

พวกเขาพิสูจน์เรื่องราวของพวกเขาด้วยทองคำในแบบที่ไม่มีใครพบเห็นที่อื่น

Ningún alma viviente había jamás saqueado el tesoro de aquel lugar.

ไม่เคยมีใครมีชีวิตไปขโมยสมบัติจากสถานที่นั้นเลย

Los muertos estaban muertos, y los muertos no cuentan historias.

คนตายก็ตายไปแล้ว และคนตายก็ไม่สามารถเล่าเรื่องใดๆ ได้อีก

Entonces Thornton y sus amigos se dirigieron al Este.

ธอร์นตันและเพื่อนๆ ของเขาจึงมุ่งหน้าไปทางทิศตะวันออก

Pete y Hans se unieron, trayendo a Buck y seis perros fuertes.

พีทและฮันส์เข้าร่วมโดยพาบัคและสุนัขตัวเก่งอีกหกตัวมาด้วย

Se embarcaron en un camino desconocido donde otros habían fracasado.

พวกเขาออกเดินทางลงไปตามเส้นทางที่ไม่รู้จักซึ่งคนอื่นๆ ล้มเหลวมาก่อน

Se deslizaron en trineo setenta millas por el congelado río Yukón.

พวกเขาลากเลื่อนขึ้นไปตามแม่น้ำยูคอนที่เป็นน้ำแข็งเป็นระยะทางเจ็ดสิบไมล์

Giraron a la izquierda y siguieron el sendero hacia Stewart.

พวกเขาเลี้ยวซ้ายแล้วเดินตามเส้นทางเข้าไปในสจ๊วร์ต

Pasaron Mayo y McQuestion y siguieron adelante.

พวกเขาเดินผ่าน Mayo และ McQuestion แล้วก้าวต่อไป

El río Stewart se encogió y se convirtió en un arroyo, atravesando picos irregulares.

สจ๊วร์ตหดตัวกลายเป็นลำธารที่ไหลผ่านยอดเขาสูงชัน

Estos picos afilados marcaban la columna vertebral del continente.

ยอดเขาที่แหลมคมเหล่านี้เป็นสัญลักษณ์ของกระดูกสันหลังของทวีป

John Thornton exigía poco a los hombres y a la tierra salvaje.

จอห์น ธอร์นตันเรียกร้องเพียงเล็กน้อยจากมนุษย์หรือผืนดินป่า

No temía a nada de la naturaleza y se enfrentaba a lo salvaje con facilidad.

เขาไม่กลัวสิ่งใดในธรรมชาติ

และเผชิญกับความป่าเถื่อนได้อย่างง่ายดาย

Con sólo sal y un rifle, podría viajar a donde quisiera.

ด้วยเพียงเกลือและปืนไรเฟิล

เขาก็สามารถเดินทางไปไหนก็ได้ที่เขาต้องการ

Al igual que los nativos, cazaba alimentos mientras viajaba.

เช่นเดียวกับชาวพื้นเมือง เขาออกล่าอาหารระหว่างเดินทาง

Si no pescaba nada, seguía adelante, confiando en que la suerte le acompañaría.

หากไม่ติดอะไรเลย เขาก็จะเดินต่อไป

โดยอาศัยโชคช่วยที่อยู่ข้างหน้า

En este largo viaje, la carne era lo principal que comían.

ในการเดินทางอันยาวไกลครั้งนี้ พวกเขากินเนื้อสัตว์เป็นหลัก

El trineo contenía herramientas y municiones, pero no un horario estricto.

รถเลื่อนบรรทุกเครื่องมือและกระสุน แต่ไม่มีตารางเวลาที่แน่นอน

A Buck le encantaba este vagabundeo, la caza y la pesca interminables.

บัคชื่นชอบการท่องเที่ยวแบบนี้

การล่าสัตว์และตกปลาอย่างไม่มีที่สิ้นสุด

Durante semanas estuvieron viajando día tras día.

พวกเขาเดินทางอย่างต่อเนื่องวันแล้ววันเล่าเป็นเวลาหลายสัปดาห์

Otras veces montaban campamentos y permanecían allí durante semanas.

คราวอื่นพวกเขาตั้งค่ายและอยู่นิ่งเฉยเป็นเวลาหลายสัปดาห์

Los perros descansaron mientras los hombres cavaban en la tierra congelada.

สุนัขพักผ่อนในขณะที่คนงานขุดดินที่เป็นน้ำแข็ง

Calentaron sartenes sobre el fuego y buscaron oro escondido.

พวกเขาเอากระทะมาอุ่นบนไฟแล้วค้นหาทองคำที่ซ่อนอยู่

Algunos días pasaban hambre y otros días tenían fiestas.

บางวันพวกเขาอดอาหาร บางวันพวกเขาก็มีงานเลี้ยงฉลอง

Sus comidas dependían de la presa y de la suerte de la caza.

มื้ออาหารของพวกเขาขึ้นอยู่กับเกมและโชคของการล่าสัตว์

Cuando llegaba el verano, los hombres y los perros cargaban cargas sobre sus espaldas.

เมื่อฤดูร้อนมาถึง ผู้ชายและสุนัขจะบรรทุกของมากมายไว้บนหลัง

Navegaron por lagos azules escondidos en bosques de montaña.

พวกเขาล่องแพข้ามทะเลสาบสีฟ้าที่ซ่อนตัวอยู่ในป่าภูเขา

Navegaban en delgadas embarcaciones por ríos que ningún hombre había cartografiado jamás.

พวกเขาล่องเรือลำเล็กไปตามแม่น้ำที่ยังไม่มีมนุษย์คนใดเคยสำรวจ

มาก่อน

Esos barcos se construyeron a partir de árboles que cortaban en la naturaleza.

เรือเหล่านั้นสร้างขึ้นจากต้นไม้ที่พวกเขาเลื่อยในป่า

Los meses pasaron y ellos serpentearon por tierras salvajes y desconocidas.

เดือนหลายเดือนผ่านไป

และพวกเขาเดินทางผ่านดินแดนอันไม่รู้จัก

No había hombres allí, aunque había rastros antiguos que indicaban que había habido hombres.

ที่นั่นไม่มีผู้ชาย แต่ร่องรอยเก่าแก่บ่งชี้ว่าเคยมีผู้ชายอยู่

Si la Cabaña Perdida fue real, entonces otras personas habían pasado por allí alguna vez.

หากกระท่อมที่สาบสูญนั้นมีจริง คนอื่นก็เคยมาทางนี้แล้ว

Cruzaron pasos altos en medio de tormentas de nieve, incluso en verano.

พวกเขาเดินผ่านช่องเขาสูงในช่วงพายุหิมะ

แม้กระทั่งในช่วงฤดูร้อน

Temblaban bajo el sol de medianoche en las laderas desnudas de las montañas.

พวกเขาสั่นเทิ้มภายใต้ดวงอาทิตย์เที่ยงคืนบนเนินเขาที่โล่งเปล่า

Entre la línea de árboles y los campos de nieve, subieron lentamente.

ระหว่างแนวต้นไม้และทุ่งหิมะ พวกเขาค่อยๆ ปีนขึ้นไปอย่างช้าๆ

En los valles cálidos, aplastaban nubes de mosquitos y moscas.

ในหุบเขาที่อบอุ่น พวกเขาตบฝูงแมลงวันและแมลงวัน

Recogieron bayas dulces cerca de los glaciares en plena floración del verano.

พวกเขาเก็บผลเบอร์รี่หวาน ๆ

ใกล้ธารน้ำแข็งในช่วงที่ดอกบานเต็มที่ในฤดูร้อน

Las flores que encontraron eran tan hermosas como las de las Tierras del Sur.

ดอกไม้ที่พวกเขาพบนั้นงดงาม ไม่แพ้ดอกไม้ที่แดนใต้เลยทีเดียว

Ese otoño llegaron a una región solitaria llena de lagos silenciosos.

ในฤดูใบไม้ร่วงนั้นพวกเขามาถึงดินแดนอันเงียบสงัดที่เต็มไปด้วย

ทะเลสาบอันเงียบสงบ

La tierra estaba triste y vacía, una vez llena de pájaros y bestias.

ดินแดนแห่งนี้เศร้าโศกและว่างเปล่า

ครั้งหนึ่งเคยอุดมไปด้วยนกและสัตว์ต่างๆ

Ahora no había vida, sólo el viento y el hielo formándose en charcos.

ตอนนี้ไม่มีชีวิตอีกแล้ว มีเพียงลมและน้ำแข็งที่ก่อตัวในสระน้ำ

Las olas golpeaban las orillas vacías con un sonido suave y triste.

คลื่นซัดเข้าสู่ชายฝั่งที่ว่างเปล่าด้วยเสียงอันนุ่มนวลและเศร้าโศก

Llegó otro invierno y volvieron a seguir los viejos y tenues senderos.

ฤดูหนาวอีกครั้งมาถึงและพวกเขาก็เดินตามเส้นทางเก่าๆ
ที่ไม่ชัดเจนอีกครั้ง

**Éstos eran los rastros de hombres que habían buscado
mucho antes que ellos.**

นี่เป็นเส้นทางของผู้คนที่ได้ค้นหามานานก่อนหน้าพวกเขา

**Un día encontraron un camino que se adentraba
profundamente en el bosque oscuro.**

เมื่อพวกเขาพบเส้นทางที่ตัดลึกเข้าไปในป่าที่มืดมิด

**Era un sendero antiguo y sintieron que la cabaña perdida
estaba cerca.**

มันเป็นเส้นทางเก่าและพวกเขารู้สึกว่ากระท่อมที่หายไปอยู่ใกล้ๆ

**Pero el sendero no conducía a ninguna parte y se perdía en
el espeso bosque.**

แต่เส้นทางไม่ได้นำไปสู่ที่ไหนและค่อยๆ หายไปในป่าทึบ

Nadie sabe quién hizo el sendero ni por qué lo hizo.

ใครก็ตามที่สร้างเส้นทางนี้ และทำไมพวกเขาถึงทำมัน

ไม่มีใครทราบ

**Más tarde encontraron los restos de una cabaña escondidos
entre los árboles.**

ต่อมาได้พบซากกระท่อมซ่อนอยู่ท่ามกลางต้นไม้

**Mantas podridas yacían esparcidas donde alguna vez
alguien había dormido.**

ผ้าห่มที่เน่าเปื่อยวางกระจัดกระจายอยู่ตรงที่ครั้งหนึ่งเคยมีใครนอ

นหลับ

**John Thornton encontró una pistola de chispa de cañón
largo enterrada en el interior.**

จอห์น ธอร์นตันพบปืนคาบศิลาลำกล้องยาวฝังอยู่ข้างใน

**Sabía que se trataba de un cañón de la Bahía de Hudson
desde los primeros días de su comercialización.**

เขารู้ว่านี่คือปืนฮัดสันเบย์ตั้งแต่สมัยเริ่มซื้อขาย

En aquella época, estas armas se intercambiaban por montones de pieles de castor.

ในสมัยนั้น ปืนดังกล่าวถูกแลกเปลี่ยนกับกองหนังบีเวอร์

Eso fue todo: no quedó ninguna pista del hombre que construyó el albergue.

นั่นก็คือทั้งหมด—ไม่มีเบาะแสใดๆ

เหลืออยู่ของชายผู้สร้างกระท่อม

Llegó nuevamente la primavera y no encontraron ninguna señal de la Cabaña Perdida.

ฤดูใบไม้ผลิมาถึงอีกครั้งแล้ว

และพวกเขาก็ไม่พบสัญญาณของกระท่อมที่หายไปเลย

En lugar de eso encontraron un valle amplio con un arroyo poco profundo.

กลับพบแต่หุบเขากว้างมีลำธารตื้นๆ

El oro se extendía sobre el fondo de las sartenes como mantequilla suave y amarilla.

ทองคำเคลือบอยู่บนก้นกระทะราวกับเนยสีเหลืองเนียน

Se detuvieron allí y no buscaron más la cabaña.

พวกเขาหยุดอยู่ตรงนั้นและไม่ค้นหากระท่อมอีก

Cada día trabajaban y encontraban miles en polvo de oro.

พวกเขาทำงานทุกวันและพบทองคำเป็นจำนวนนับพันอยู่ในผงทอ

งคำ

Empaquetaron el oro en bolsas de piel de alce, de cincuenta libras cada una.

พวกเขาบรรจุทองคำลงในถุงหนังมูส ถุงละ 50 ปอนด์

Las bolsas estaban apiladas como leña afuera de su pequeña cabaña.

กระเป๋าเหล่านั้นถูกวางซ้อนกันเหมือนฟืนอยู่ข้างนอกที่พักเล็กๆ
ของพวกเขา

Trabajaron como gigantes y los días pasaban como sueños
rápidos.

พวกเขาทำงานราวกับยักษ์ใหญ่

และวันเวลาผ่านไปราวกับความฝันอันรวดเร็ว

Acumularon tesoros a medida que los días interminables
transcurrían rápidamente.

พวกเขาสะสมสมบัติไว้มากมายในขณะที่วันเวลาอันยาวนานผ่านไ
ปอย่างรวดเร็ว

Los perros no tenían mucho que hacer excepto transportar
carne de vez en cuando.

สุนัขแทบไม่ได้ทำอะไรเลยนอกจากลากเนื้อเป็นครั้งคราว

Thornton cazó y mató el animal, y Buck se quedó tendido
junto al fuego.

ธอร์นตันออกล่าและฆ่าสัตว์ และบัคก็นอนอยู่ข้างกองไฟ

Pasó largas horas en silencio, perdido en sus pensamientos y
recuerdos.

เขาใช้เวลาหลายชั่วโมงในความเงียบ

จมอยู่กับความคิดและความทรงจำ

La imagen del hombre peludo venía cada vez más a la mente
de Buck.

ภาพของชายมีขนดกปรากฏขึ้นในใจของบัคบ่อยขึ้น

Ahora que el trabajo escaseaba, Buck soñaba mientras
parpadeaba ante el fuego.

ตอนนี้งานหายากแล้ว บัคก็ฝันในขณะที่กระพริบตาไปที่ไฟ

En esos sueños, Buck vagaba con el hombre en otro mundo.

ในความฝันนั้น บัคได้ร่วมเดินทางกับชายคนนั้นในอีกโลกหนึ่ง

El miedo parecía el sentimiento más fuerte en ese mundo distante.

ความกลัวดูเหมือนเป็นความรู้สึกที่รุนแรงที่สุดในโลกที่ห่างไกลนั้
น

Buck vio al hombre peludo dormir con la cabeza gacha.

บั๊กเห็นชายมีขนนอนหลับโดยก้มหัวลงต่ำ

Tenía las manos entrelazadas y su sueño era inquieto y entrecortado.

มือของเขาถูกประกบไว้ และเขานอนไม่หลับอย่างกระสับกระส่าย

Solía despertarse sobresaltado y mirar con miedo hacia la oscuridad.

เขามักจะตื่นขึ้นด้วยความตกใจและจ้องมองไปในความมืดด้วยคว
ามหวาดกลัว

Luego echaba más leña al fuego para mantener la llama brillante.

จากนั้นเขาจะโยนไม้เข้าไปในกองไฟอีกครั้งเพื่อให้เปลวไฟยังคง
สว่างอยู่

A veces caminaban por una playa junto a un mar gris e interminable.

บางทีพวกเขาเดินไปตามชายหาดริมทะเลสีเทาอันกว้างใหญ่สุดลูก
หูลูกตา

El hombre peludo recogía mariscos y los comía mientras caminaba.

ชายมีขนดกเดินไปเก็บหอยมากิน

Sus ojos buscaban siempre peligros ocultos en las sombras.

ดวงตาของเขาค้นหาอันตรายที่ซ่อนเร้นอยู่ในเงามืดอยู่เสมอ

Sus piernas siempre estaban listas para correr ante la primera señal de amenaza.

ขาของเขาพร้อมเสมอที่จะวิ่งทันทีเมื่อพบสัญญาณคุกคาม

Se arrastraron por el bosque, silenciosos y cautelosos, uno al lado del otro.

พวกเขาค่อยๆ เดินลัดเลาะผ่านป่าไปอย่างเงียบๆ และระมัดระวัง

เคียงข้างกัน

Buck lo siguió de cerca y ambos se mantuvieron alerta.

บั๊กเดินตามเขาไป และทั้งสองก็ยังคงระวังตัว

Sus orejas se movían y temblaban, sus narices olfateaban el aire.

หูของพวกเขาขยับและขยับ จมูกของพวกเขาดมกลิ่นอากาศ

El hombre podía oír y oler el bosque tan agudamente como Buck.

ชายคนนี้ได้ยินและได้กลิ่นป่าได้ชัดเจนเท่ากับบัค

El hombre peludo se balanceó entre los árboles con una velocidad repentina.

ชายมีขนดกแกว่งผ่านต้นไม้ด้วยความเร็วฉับพลัน

Saltaba de rama en rama sin perder nunca su agarre.

เขาโดดจากกิ่งหนึ่งไปยังอีกกิ่งหนึ่งโดยไม่พลาดการยึดเกาะของเข

าเลย

Se movió tan rápido sobre el suelo como sobre él.

เขาเคลื่อนไหวเร็วทั้งเหนือพื้นดินและบนพื้นดิน

Buck recordó las largas noches bajo los árboles, haciendo guardia.

บัคจำได้ว่าต้องเฝ้าสังเกตใต้ต้นไม้จนดึกดื่น

El hombre dormía recostado en las ramas, aferrado fuertemente.

ชายคนนั้นนอนหลับเกาะอยู่บนกิ่งไม้โดยเกาะแน่น

Esta visión del hombre peludo estaba estrechamente ligada al llamado profundo.

วิสัยทัศน์ของชายมีขนนี้เชื่อมโยงอย่างใกล้ชิดกับเสียงเรียกที่ลึก

El llamado aún resonaba en el bosque con una fuerza inquietante.

เสียงเรียกยังคงดังไปทั่วป่าด้วยพลังที่น่าสะเทือนใจ

La llamada llenó a Buck de anhelo y una inquieta sensación de alegría.

เสียงโทรดังกล่าวทำให้บัครู้สึกโหยหาและมีความสุขอย่างไม่สงบ

Sintió impulsos y agitaciones extrañas que no podía nombrar.

เขาสัมผัสได้ถึงความรู้สึกกระตุ้นและการเคลื่อนไหวแปลกๆ ที่เขาไม่สามารถระบุชื่อได้

A veces seguía la llamada hasta lo profundo del tranquilo bosque.

บางทีเขาตามเสียงเรียกเข้าไปในป่าอันเงียบสงบลึกเข้าไป

Buscó el llamado, ladrando suave o agudamente mientras caminaba.

เขาค้นหาเสียงร้อง โดยเห่าอย่างเบาหรือแหลมขณะเดิน

Olfateó el musgo y la tierra negra donde crecían las hierbas.

เขาดมกลิ่นมอสและดินสีดำที่หญ้าขึ้นอยู่

Resopló de alegría ante los ricos olores de la tierra profunda.

เขาผงะถอยด้วยความพอใจเมื่อได้กลิ่นอันหอมฟุ้งจากพื้นดินลึก

Se agazapó durante horas detrás de troncos cubiertos de hongos.

เขาหมอบอยู่หลังลำต้นที่เต็มไปด้วยเชื้อราเป็นเวลาหลายชั่วโมง

Se quedó quieto, escuchando con los ojos muy abiertos cada pequeño sonido.

เขายังคงนิ่งอยู่ ตั้งใจฟังเสียงเล็กๆ น้อยๆ ทุกเสียง

Quizás esperaba sorprender al objeto que le había hecho el llamado.

เขาอาจหวังที่จะสร้างความประหลาดใจให้กับสิ่งที่โทรมา

Él no sabía por qué actuaba así: simplemente lo hacía.

เขาไม่รู้ว่าทำไมเขาจึงทำเช่นนี้—เขาเพียงแค่ทำไปอย่างนั้นเอง

Los impulsos venían desde lo más profundo, más allá del pensamiento o la razón.

แรงกระตุ้นนั้นมาจากส่วนลึกภายใน เหนือความคิดหรือเหตุผล

Impulsos irresistibles se apoderaron de Buck sin previo aviso ni razón.

แรงกระตุ้นที่ไม่อาจต้านทานได้เข้าครอบงำบั๊กโดยไม่มีการเตือนล่วงหน้าหรือเหตุผล

A veces dormitaba perezosamente en el campamento bajo el calor del mediodía.

บางครั้งเขาจะงีบหลับอย่างขี้เกียจอยู่ในค่ายภายใต้ความร้อนในช่วงเที่ยงวัน

De repente, su cabeza se levantó y sus orejas se levantaron en alerta.

ทันใดนั้น ศีรษะของเขาก็เงยขึ้น และหูของเขาก็ตั้งขึ้นอย่างตื่นตัว

Entonces se levantó de un salto y se lanzó hacia lo salvaje sin detenerse.

จากนั้นเขาก็กระโดดขึ้นและวิ่งเข้าไปในป่าโดยไม่หยุดพัก

Corrió durante horas por senderos forestales y espacios abiertos.

เขาวิ่งเป็นเวลาหลายชั่วโมงผ่านเส้นทางป่าและพื้นที่โล่ง

Le encantaba seguir los lechos de los arroyos secos y espiar a los pájaros en los árboles.

เขาชอบเดินตามลำธารแห้งแล้งและมองดูนกบนต้นไม้

Podría permanecer escondido todo el día, mirando a las perdices pavonearse.

เขาสามารถซ่อนตัวอยู่ได้ตลอดทั้งวัน

เพื่อดูนกกระทาเดินอวดโฉมไปมา

Ellos tamborilearon y marcharon, sin percatarse de la presencia todavía de Buck.

พวกเขาตีกลองและเดินขบวน โดยไม่รู้ว่าบัคยังคงอยู่ที่นั่น

Pero lo que más le gustaba era correr al atardecer en verano.

แต่สิ่งที่เขาชอบมากที่สุดคือการวิ่งในช่วงพลบค่ำของฤดูร้อน

La tenue luz y los sonidos soñolientos del bosque lo llenaron de alegría.

แสงสลัวและเสียงป่าอันง่วงนอนทำให้เขาเต็มไปด้วยความสุข

Leyó las señales del bosque tan claramente como un hombre lee un libro.

เขาอ่านป้ายในป่าได้ชัดเจนเท่ากับคนอ่านหนังสือ

Y siempre buscaba aquella cosa extraña que lo llamaba.

และเขาค้นหาสิ่งแปลกประหลาดที่เรียกเขาอยู่เสมอ

Ese llamado nunca se detuvo: lo alcanzaba despierto o dormido.

เสียงเรียกนั้นไม่เคยหยุดเลย

ไม่ว่าจะดังไปถึงเขาตอนตื่นหรือตอนหลับก็ตาม

Una noche, se despertó sobresaltado, con los ojos alerta y las orejas alerta.

คืนหนึ่ง เขาตื่นขึ้นด้วยความตกใจ ตาจ้องเขม็งและหูตั้งสูง

Sus fosas nasales se crisparon mientras su melena se erizaba en ondas.

รูจมูกของเขาขยับขณะที่แผงคอของเขาตั้งชันเป็นคลื่น

Desde lo profundo del bosque volvió a oírse el sonido, el viejo llamado.

จากลึกเข้าไปในป่า ก็ได้ยินเสียงร้องอีกครั้ง เป็นเสียงเรียกเดิมๆ

Esta vez el sonido sonó claro, un aullido largo, inquietante y familiar.

คราวนี้เสียงดังขึ้นชัดเจน เป็นเสียงหอนอันยาวนาน คุ้นเคย

และหลอนหลอก

Era como el grito de un husky, pero extraño y salvaje en tono.

มันเหมือนเสียงร้องของสุนัขไซบีเรียนฮัสกี้

แต่มีน้ำเสียงแปลกและดุร้าย

Buck reconoció el sonido al instante: había oído exactamente el mismo sonido hacía mucho tiempo.

บัคจำเสียงนั้นได้ทันที เขาได้ยินเสียงนี้มานานแล้ว

Saltó a través del campamento y desapareció rápidamente en el bosque.

เขาพุ่งทะลุค่ายไปแล้วหายลับเข้าไปในป่าอย่างรวดเร็ว

A medida que se acercaba al sonido, disminuyó la velocidad y se movió con cuidado.

เมื่อเขาเข้าใกล้บริเวณเสียง

เขาก็ชะลอความเร็วและเคลื่อนไหวด้วยความระมัดระวัง

Pronto llegó a un claro entre espesos pinos.

ในไม่ช้าเขาก็มาถึงบริเวณที่โล่งระหว่างต้นสนหนาทึบ

Allí, erguido sobre sus cuartos traseros, estaba sentado un lobo de bosque alto y delgado.

มีสุนัขป่าตัวสูงผอมนั่งอยู่ตรงนั้น

La nariz del lobo apuntaba hacia el cielo, todavía haciendo eco del llamado.

จมูกของหมาป่าชี้ขึ้นฟ้า ยังคงส่งเสียงร้องสะท้อน

Buck no había emitido ningún sonido, pero el lobo se detuvo y escuchó.

แม้ว่าบั๊กจะไม่ส่งเสียงใดๆ ออกมา แต่หมาป่าก็หยุดและฟัง

Sintiendo algo, el lobo se tensó y buscó en la oscuridad.

เมื่อสัมผัสได้ถึงสิ่งบางอย่าง

หมาป่าก็ตึงเครียดและค้นหาในความมืด

Buck apareció sigilosamente, con el cuerpo agachado y los pies quietos sobre el suelo.

บัคคลานเข้ามาในสายตา ร่างของเขาต่ำลง เท้าของเขานิ่งอยู่บนพื้น

Su cola estaba recta y su cuerpo enroscado por la tensión.

หางของมันตรงและลำตัวขดตัวแน่นด้วยความตึงเครียด

Mostró al mismo tiempo una amenaza y una especie de
amistad ruda.

เขาแสดงให้เห็นทั้งความคุกคามและมิตรภาพที่หยาบคาย

Fue el saludo cauteloso que compartían las bestias salvajes.

เป็นคำทักทายอันระมัดระวังที่สัตว์ป่าต่างแบ่งปันกัน

Pero el lobo se dio la vuelta y huyó tan pronto como vio a
Buck.

แต่หมาป่ากลับหันหลังและวิ่งหนีไปทันทีเมื่อเห็นบั๊ก

Buck lo persiguió, saltando salvajemente, ansioso por
alcanzarlo.

บั๊กวิ่งไล่ตามพร้อมกระโดดอย่างบ้าคลั่งเพราะอยากจะแซงมันไป

Siguió al lobo hasta un arroyo seco bloqueado por un atasco
de madera.

เขาเดินตามหมาป่าเข้าไปในลำธารแห้งที่ถูกขวางกั้นด้วยไม้

Acorralado, el lobo giró y se mantuvo firme.

เมื่อถูกต้อนจนมุม หมาป่าก็หมุนตัวกลับและยืนหยัดอยู่

El lobo gruñó y mordió a su presa como un perro husky
atrapado en una pelea.

หมาป่าคำรามและขย้ำอย่างสุนัขฮัสกี้ที่ถูกขังไว้ในการต่อสู้

Los dientes del lobo chasquearon rápidamente y su cuerpo
se erizó de furia salvaje.

ฟันของหมาป่ากระทบกันอย่างรวดเร็ว

ร่างกายของมันเต็มไปด้วยความโกรธเกรี้ยว

Buck no atacó, sino que rodeó al lobo con cautelosa
amabilidad.

บั๊กไม่ได้โจมตีแต่เดินวนรอบหมาป่าด้วยความเป็นมิตรอย่างระมัดระวัง

Intentó bloquear su escape con movimientos lentos e inofensivos.

เขาพยายามขัดขวางการหลบหนีของเขาโดยการเคลื่อนไหวที่ช้าและไม่เป็นอันตราย

El lobo estaba cauteloso y asustado: Buck pesaba tres veces más que él.

หมาป่าระมัดระวังและหวาดกลัว บั๊กมีน้ำหนักมากกว่าเขาสามเท่า

La cabeza del lobo apenas llegaba hasta el enorme hombro de Buck.

ศีรษะของหมาป่าแทบจะถึงไหล่ขนาดใหญ่ของบัคด้วยซ้ำ

Al acecho de un hueco, el lobo salió disparado y la persecución comenzó de nuevo.

หมาป่ามองหาช่องว่างแล้วจึงวิ่งหนีและการไล่ตามก็เริ่มต้นอีกครั้ง

Varias veces Buck lo acorraló y el baile se repitió.

บัคไล่ต้อนเขาจนมุมหลายครั้ง และการเต้นรำก็เกิดขึ้นซ้ำอีก

El lobo estaba delgado y débil, de lo contrario Buck no podría haberlo atrapado.

หมาป่าผอมและอ่อนแอ ไม่เช่นนั้นบัคก็คงจับมันไม่ได้

Cada vez que Buck se acercaba, el lobo giraba y lo enfrentaba con miedo.

ทุกครั้งที่บั๊กเข้ามาใกล้

หมาป่าก็จะหมุนตัวและเผชิญหน้ากับเขาด้วยความกลัว

Luego, a la primera oportunidad, se lanzó de nuevo al bosque.

จากนั้นเมื่อมีโอกาส เขาก็รีบวิ่งกลับเข้าไปในป่าอีกครั้ง

Pero Buck no se dio por vencido y finalmente el lobo comenzó a confiar en él.

แต่บัคไม่ยอมแพ้ และในที่สุดหมาป่าก็ไว้วางใจเขา

Olió la nariz de Buck y los dos se pusieron juguetones y alertas.

เขาดมจมูกของบัค และทั้งสองก็เล่นกันอย่างสนุกสนานและตื่นตัว

Jugaban como animales salvajes, feroces pero tímidos en su alegría.

พวกเขาเล่นกันเหมือนสัตว์ป่า ดุร้ายแต่ก็ขี้อายในความสุข

Después de un rato, el lobo se alejó trotando con calma y propósito.

หลังจากนั้นไม่นาน หมาป่าก็เดินออกไปด้วยความตั้งใจที่สงบ

Le demostró claramente a Buck que tenía la intención de que lo siguieran.

เขาแสดงให้บัคเห็นอย่างชัดเจนว่าเขาตั้งใจให้ติดตาม

Corrieron uno al lado del otro a través de la penumbra del crepúsculo.

พวกเขาวิ่งเคียงข้างกันในความมืดสลัวยามพลบค่ำ

Siguieron el lecho del arroyo hasta el desfiladero rocoso.

พวกเขาเดินตามลำธารขึ้นไปสู่หุบเขาหิน

Cruzaron una divisoria fría donde había comenzado el arroyo.

พวกเขาก้าวข้ามช่องเขาอันหนาวเย็นซึ่งเป็นจุดเริ่มต้นของลำธาร

En la ladera más alejada encontraron un extenso bosque y numerosos arroyos.

บริเวณเนินเขาที่อยู่ไกลออกไปพบป่ากว้างและลำธารหลายแห่ง

Por esta vasta tierra corrieron durante horas sin parar.

ตลอดดินแดนอันกว้างใหญ่นี้พวกเขาได้วิ่งเป็นเวลาหลายชั่วโมงโดยไม่หยุดเลย

El sol salió más alto, el aire se calentó, pero ellos siguieron corriendo.

ดวงอาทิตย์ขึ้นสูงขึ้น อากาศอบอุ่น แต่พวกเขาก็ยังคงวิ่งต่อไป

Buck estaba lleno de alegría: sabía que estaba respondiendo a su llamado.

บัคเต็มไปด้วยความสุข เขารู้ว่าเขากำลังตอบรับการเรียกของเขา

Corrió junto a su hermano del bosque, más cerca de la fuente del llamado.

เขาวิ่งไปข้างๆ พี่ชายของเขาที่อยู่ในป่า ใกล้กับที่มาของเสียงเรียก

Los viejos sentimientos regresaron, poderosos y difíciles de ignorar.

ความรู้สึกเก่าๆ กลับคืนมา รุนแรงและยากที่จะเพิกเฉย

Éstas eran las verdades detrás de los recuerdos de sus sueños.

นี่คือความจริงเบื้องหลังความทรงจำจากความฝันของเขา

Todo esto ya lo había hecho antes, en un mundo distante y sombrío.

เขาเคยทำสิ่งเหล่านี้มาก่อนในโลกที่ห่างไกลและลึกลับ

Ahora lo hizo de nuevo, corriendo salvajemente con el cielo abierto encima.

ตอนนี้เขาทำสิ่งนี้อีกครั้ง

โดยวิ่งอย่างบ้าคลั่งท่ามกลางท้องฟ้าเปิดด้านบน

Se detuvieron en un arroyo para beber del agua fría que fluía.

พวกเขาหยุดพักที่ลำธารเพื่อดื่มน้ำเย็นที่ไหลมา

Mientras bebía, Buck de repente recordó a John Thornton.

ในขณะที่เขาดื่ม บัคก็นึกถึงจอห์น ธอร์นตันขึ้นมาทันที

Se sentó en silencio, desgarrado por la atracción de la lealtad y el llamado.

เขานั่งลงอย่างเงียบงัน

รู้สึกขัดแย้งกับแรงดึงดูดของความภักดีและการเรียกร้อง

El lobo siguió trotando, pero regresó para impulsar a Buck a seguir adelante.

หมาป่าวิ่งต่อไปแต่ก็กลับมาเร่งบั๊กให้เดินไปข้างหน้า

Le olisqueó la nariz y trató de convencerlo con gestos suaves.

เขาดมจมูกของเขาและพยายามล่อลวงเขาด้วยท่าทางที่อ่อนโยน

Pero Buck se dio la vuelta y comenzó a regresar por donde había venido.

แต่บัคหันหลังกลับและเริ่มเดินกลับทางเดิม

El lobo corrió a su lado durante un largo rato, gimiendo silenciosamente.

หมาป่าวิ่งไปข้างๆ เขาเป็นเวลานานพร้อมส่งเสียงร้องเบาๆ

Luego se sentó, levantó la nariz y dejó escapar un largo aullido.

แล้วเขาก็ลงนั่ง ยกจมูกขึ้น และร้องหอนยาวๆ

Fue un grito triste, que se suavizó cuando Buck se alejó.

มันเป็นเสียงร้องไห้โศกเศร้า ก่อนจะเบาลงเมื่อบัคเดินจากไป

Buck escuchó mientras el sonido del grito se desvanecía lentamente en el silencio del bosque.

บั๊กฟังขณะที่เสียงร้องค่อยๆ จางหายไปในความเงียบของป่า

John Thornton estaba cenando cuando Buck irrumpió en el campamento.

จอห์น ธอร์นตันกำลังกินอาหารเย็นในขณะที่บัคบุกเข้ามาในค่าย

Buck saltó sobre él salvajemente, lamiéndolo, mordiéndolo y haciéndolo caer.

บั๊กกระโจนใส่เขาอย่างดุร้าย เลีย กัด และกลิ้งเขาลงไป

Lo derribó, se subió encima y le besó la cara.

เขาก็ล้มเขาลงแล้วปีนขึ้นไปจูบใบหน้าของเขา

Thornton lo llamó con cariño "hacer el tonto en general".

ธอร์นตันเรียกการกระทำนี้ว่า "การเล่นตลกแบบทอมทั่วไป"

ด้วยความรัก

Mientras tanto, maldijo a Buck suavemente y lo sacudió de un lado a otro.

ขณะนั้น เขาก็สาปแช่งบัคอย่างอ่อนโยนและเขย่าเขาไปมา

Durante dos días y dos noches enteras, Buck no abandonó el campamento ni una sola vez.

ตลอดเวลาสองวันสองคืนที่บัคไม่เคยออกจากค่ายเลยแม้แต่ครั้งเดี

ยว

Se mantuvo cerca de Thornton y nunca lo perdió de vista.

เขาใกล้ชิดกับธอร์นตันและไม่เคยปล่อยให้เขาคลาดสายตา

Lo siguió mientras trabajaba y lo observó mientras comía.

เขาเดินตามเขาไปขณะทำงานและเฝ้าดูเขาขณะที่เขารับประทานอา

หาร

Acompañaba a Thornton con sus mantas por la noche y lo salía cada mañana.

เขาเห็นธอร์นตันอยู่ในผ้าห่มของเขาตอนกลางคืนและออกไปข้าง

นอกทุกเช้า

Pero pronto el llamado del bosque regresó, más fuerte que nunca.

แต่ไม่นาน เสียงร้องของป่าก็กลับมาอีกครั้ง ดังยิ่งกว่าเดิม

Buck volvió a inquietarse, agitado por los pensamientos del lobo salvaje.

บั๊กเริ่มกระสับกระส่ายอีกครั้ง เพราะนึกถึงหมาป่าป่า

Recordó el terreno abierto y correr uno al lado del otro.

เขาจดจำพื้นที่โล่งกว้างและวิ่งเคียงข้างกัน

Comenzó a vagar por el bosque una vez más, solo y alerta.

เขาเริ่มเดินเข้าไปในป่าอีกครั้งเพียงลำพังและระมัดระวัง

Pero el hermano salvaje no regresó y el aullido no se escuchó.

แต่เจ้าป่านั้นไม่กลับมา และไม่ได้ยินเสียงหอนนั้นด้วย

Buck comenzó a dormir a la intemperie, manteniéndose alejado durante días.

บัคเริ่มนอนข้างนอก โดยอยู่ห่างไปหลายวัน

Una vez cruzó la alta divisoria donde había comenzado el arroyo.

ครั้งหนึ่งเขาข้ามช่องเขาสูงที่ลำธารเริ่มต้น

Entró en la tierra de la madera oscura y de los arroyos anchos y fluidos.

พระองค์เสด็จเข้าสู่ดินแดนแห่งไม้ดำและลำธารที่กว้างใหญ่

Durante una semana vagó en busca de señales del hermano salvaje.

เขาออกเดินเตร่ไปหนึ่งสัปดาห์เพื่อตามหาสัญญาณของพี่ชายคนป่

า

Mataba su propia carne y viajaba con pasos largos e incansables.

เขาฆ่าเนื้อของตัวเองและเดินทางด้วยก้าวที่ยาวนานและไม่รู้จักเห

นื่อย

Pescaba salmón en un ancho río que llegaba al mar.

เขาตกปลาแซลมอนในแม่น้ำกว้างที่ไหลลงสู่ทะเล

Allí luchó y mató a un oso negro enloquecido por los insectos.

ที่นั่น เขาต่อสู้และฆ่าหมีดำที่คลั่งไคล้แมลง

El oso estaba pescando y corrió ciegamente entre los árboles.

หมีได้ตกปลาและวิ่งไปอย่างไร้จุดหมายผ่านต้นไม้

La batalla fue feroz y despertó el profundo espíritu de lucha de Buck.

การต่อสู้เป็นไปอย่างดุเดือด

ช่วยปลุกจิตวิญญาณนักสู้ในตัวบัคให้ตื่นขึ้น

Dos días después, Buck regresó y encontró glotones en su presa.

สองวันต่อมา บั๊กกลับมาพบวูล์ฟเวอรีนอยู่ที่จุดที่เขาฆ่า

Una docena de ellos se pelearon con furia y ruidosidad por la carne.

พวกมันนับสิบตัวทะเลาะกันเรื่องเนื้ออย่างโกรธจัด

Buck cargó y los dispersó como hojas en el viento.

บัคชาร์จและกระจายพวกมันออกไปเหมือนใบไม้ในสายลม

Dos lobos permanecieron atrás, silenciosos, sin vida e inmóviles para siempre.

หมาป่าสองตัวยังคงอยู่เบื้องหลัง นิ่งเงียบ ไร้ชีวิต

และไม่เคลื่อนไหวตลอดไป

La sed de sangre se hizo más fuerte que nunca.

ความกระหายเลือดเพิ่มมากขึ้นกว่าเดิม

Buck era un cazador, un asesino, que se alimentaba de criaturas vivas.

บัคเป็นนักล่าและนักฆ่าที่กินสิ่งมีชีวิตเป็นอาหาร

Sobrevivió solo, confiando en su fuerza y sus sentidos agudos.

เขาเอาชีวิตรอดเพียงลำพังโดยอาศัยความแข็งแกร่งและประสาทสัมผัสที่เฉียบแหลมของตน

Prosperó en la naturaleza, donde sólo los más resistentes podían vivir.

เขาเติบโตได้ดีในป่าซึ่งมีแต่ผู้แข็งแกร่งที่สุดเท่านั้นที่จะดำรงอยู่ได้

A partir de esto, un gran orgullo surgió y llenó todo el ser de Buck.

จากนี้ ความภาคภูมิใจที่ยิ่งใหญ่ก็เกิดขึ้นและเต็มไปทั่วร่างของบัค

Su orgullo se reflejaba en cada uno de sus pasos, en el movimiento de cada músculo.

ความภาคภูมิใจของเขาปรากฏอยู่ในทุกย่างก้าวของเขา

ในการเคลื่อนไหวของกล้ามเนื้อทุกมัด

Su orgullo era tan claro como sus palabras, y se reflejaba en su manera de comportarse.

ความเย่อหยิ่งของเขานั้นชัดเจนเหมือนคำพูด

เห็นได้จากวิธีที่เขาประพฤติตน

Incluso su grueso pelaje parecía más majestuoso y brillaba más.

แม้แต่ขนที่หนาของเขาก็ยังดูสง่างามและเปล่งประกายสดใสมากขึ้น

Buck podría haber sido confundido con un lobo gigante.

บัคอาจถูกเข้าใจผิดว่าเป็นหมาป่าไม้ขนาดยักษ์

A excepción del color marrón en el hocico y las manchas sobre los ojos.

ยกเว้นสีน้ำตาลบนปากกระบอกปืนและจุดเหนือดวงตา

Y la raya blanca de pelo que corría por el centro de su pecho.

และเส้นขนสีขาวที่วิ่งลงกลางหน้าอกของเขา

Era incluso más grande que el lobo más grande de esa feroz raza.

เขายังตัวใหญ่กว่าหมาป่าตัวใหญ่ที่สุดในสายพันธุ์ดุร้ายนั้นด้วยซ้ำ

Su padre, un San Bernardo, le dio tamaño y complexión robusta.

พ่อของเขาซึ่งเป็นสุนัขพันธุ์เซนต์เบอร์นาร์ดทำให้เขาตัวใหญ่และมีโครงร่างใหญ่

Su madre, una pastora, moldeó esa masa hasta darle forma de lobo.

แม่ของเขาซึ่งเป็นคนเลี้ยงแกะ ได้ปั้นร่างใหญ่ๆ นั้นให้มีลักษณะคล้ายหมาป่า

Tenía el hocico largo de un lobo, aunque más pesado y ancho.

เขามีปากกระบอกปืนยาวเหมือนหมาป่า

แม้ว่าจะหนักและกว้างกว่าก็ตาม

Su cabeza era la de un lobo, pero construida en una escala enorme y majestuosa.

หัวของเขาเป็นหัวหมาป่า แต่มีขนาดใหญ่โตมโหฬารและสง่างาม

La astucia de Buck era la astucia del lobo y de la naturaleza.

ความฉลาดของบัคเป็นความฉลาดของหมาป่าและของป่า

Su inteligencia provenía tanto del pastor alemán como del san bernardo.

ความฉลาดของเขาได้มาจากทั้งสุนัขพันธุ์เยอรมันเชพเพิร์ดและเซ

นต์เบอร์นาร์ด

Todo esto, más la dura experiencia, lo convirtieron en una criatura temible.

ทั้งหมดนี้บวกกับประสบการณ์อันเลวร้ายทำให้เขากลายเป็นสิ่งมีชี

วิตที่น่ากลัว

Era tan formidable como cualquier bestia que vagaba por las tierras salvajes del norte.

เขาเป็นสัตว์ที่น่าเกรงขามไม่แพ้สัตว์ป่าชนิดใดๆ

ที่เคยอาศัยอยู่ในป่าทางตอนเหนือ

Viviendo sólo de carne, Buck alcanzó el máximo nivel de su fuerza.

บัคใช้ชีวิตด้วยเพียงเนื้อสัตว์เท่านั้น

จนเขาถึงจุดสูงสุดของพละกำลังของเขา

Rebosaba poder y fuerza masculina en cada fibra de él.

เขาเปี่ยมล้นด้วยพลังและความเป็นชายอยู่ในทุกอณูของร่างกาย

Cuando Thornton le acarició la espalda, sus pelos brillaron con energía.

เมื่อธอร์นตันลูบหลังเขา

ขนของเขาก็เริ่มเปล่งประกายด้วยพลังงาน

Cada cabello crujió, cargado con el toque de un magnetismo vivo.

เส้นผมแต่ละเส้นแตกกรอบราวกับถูกพลังแม่เหล็กดึงดูด

Su cuerpo y su cerebro estaban afinados al máximo nivel posible.

ร่างกายและสมองของเขาได้รับการปรับให้เหมาะสมที่สุดเท่าที่จะเป็นไปได้

Cada nervio, fibra y músculo trabajaba en perfecta armonía.

เส้นประสาท เส้นใย

และกล้ามเนื้อทุกเส้นทำงานสอดประสานกันอย่างสมบูรณ์แบบ

Ante cualquier sonido o visión que requiriera acción, él respondía instantáneamente.

ต่อเสียงหรือภาพใดๆ ที่ต้องการการกระทำ เขาก็ตอบสนองทันที

Si un husky saltaba para atacar, Buck podía saltar el doble de rápido.

หากสุนัขฮัสกี้กระโจนเข้าโจมตี

บัคสามารถกระโจนได้เร็วขึ้นสองเท่า

Reaccionó más rápido de lo que los demás pudieron verlo o escuchar.

เขาตอบสนองเร็วกว่าที่คนอื่นๆ เห็นหรือได้ยินด้วยซ้ำ

La percepción, la decisión y la acción se produjeron en un momento fluido.

การรับรู้ การตัดสินใจ

และการกระทำทั้งหมดเกิดขึ้นในช่วงเวลาอันราบรื่น

En realidad, estos actos fueron separados, pero demasiado rápidos para notarlos.

แท้จริงแล้ว การกระทำเหล่านี้แยกจากกัน

แต่เกิดขึ้นอย่างรวดเร็วเกินกว่าจะสังเกตเห็นได้

Los intervalos entre estos actos fueron tan breves que parecían uno solo.

ช่องว่างระหว่างการกระทำเหล่านี้สั้นมาก

จนดูเหมือนเป็นอันหนึ่งอันเดียวกัน

Sus músculos y su ser eran como resortes fuertemente enrollados.

กล้ามเนื้อและตัวตนของเขาเปรียบเสมือนสปริงที่ขดแน่น

Su cuerpo rebosaba de vida, salvaje y alegre en su poder.

ร่างกายของเขาเต็มไปด้วยชีวิตชีวา ดุจดังและเปี่ยมไปด้วยพลัง

A veces sentía como si la fuerza fuera a estallar fuera de él por completo.

บางครั้งเขารู้สึกเหมือนว่าพลังจะระเบิดออกมาจากตัวเขาทั้งหมด

"Nunca vi un perro así", dijo Thornton un día tranquilo.

"ไม่เคยมีสุนัขแบบนี้มาก่อน"

ธอร์นตันกล่าวในวันอันเงียบสงบวันหนึ่ง

Los socios observaron a Buck alejarse orgullosamente del campamento.

หุ้นส่วนทั้งสองเฝ้าดูบั๊กก้าวเดินอย่างภาคภูมิใจออกจากค่าย

"Cuando lo crearon, cambió lo que un perro puede ser", dijo Pete.

"เมื่อเขาถูกสร้างขึ้น เขาได้เปลี่ยนแปลงสิ่งที่สุนัขสามารถเป็นได้"

พีทกล่าว

—¡Por Dios! Yo también lo creo —respondió Hans rápidamente.

"โดยพระเยซู! ฉันก็คิดอย่างนั้นเหมือนกัน" ฮันส์รีบตกลงทันที

Lo vieron marcharse, pero no el cambio que vino después.

พวกเขาเห็นเขาเดินออกไป

แต่ไม่ได้เห็นการเปลี่ยนแปลงที่เกิดขึ้นหลังจากนั้น

Tan pronto como entró en el bosque, Buck se transformó por completo.

ทันทีที่เขาเข้าไปในป่า บัคก็เปลี่ยนแปลงไปอย่างสิ้นเชิง

Ya no marchaba, sino que se movía como un fantasma salvaje entre los árboles.

เขาไม่เดินอีกต่อไป แต่เคลื่อนไหวเหมือนผีป่าท่ามกลางต้นไม้

Se quedó en silencio, con pasos de gato, un destello que pasaba entre las sombras.

เขาเงียบลง เท้าเหมือนแมว มีแสงแวบผ่านเงา

Utilizó la cubierta con habilidad, arrastrándose sobre su vientre como una serpiente.

เขาใช้ที่กำบังอย่างชำนาญโดยคลานไปบนท้องเหมือนงู

Y como una serpiente, podía saltar hacia adelante y atacar en silencio.

และเหมือนกับงู

เขาสามารถกระโจนไปข้างหน้าและโจมตีอย่างเงียบๆ

Podría robar una perdiz nival directamente de su nido escondido.

เขาสามารถขโมยนกกระทาป่าโดยตรงจากรังที่ซ่อนอยู่ได้

Mató conejos dormidos sin hacer un solo sonido.

เขาฆ่ากระต่ายที่กำลังนอนหลับโดยไม่ส่งเสียงแม้แต่เสียงเดียว

Podía atrapar ardillas en el aire cuando huían demasiado lentamente.

เขาสามารถจับชิปมังกในอากาศได้ เนื่องจากมันวิ่งหนีช้าเกินไป

Ni siquiera los peces en los estanques podían escapar de sus ataques repentinos.

แม้แต่ปลาที่อยู่ในสระก็ไม่อาจหนีรอดจากการโจมตีอย่างกะทันหั
นของเขาได้

Ni siquiera los castores más inteligentes que arreglaban presas estaban a salvo de él.

แม้แต่บีเวอร์ที่ฉลาดในการซ่อมเขื่อนก็ไม่ปลอดภัยจากเขา

Él mataba por comida, no por diversión, pero prefería matar a sus propias víctimas.

เขาฆ่าเพื่อเป็นอาหาร ไม่ใช่เพื่อความสนุกสนาน

แต่เขาก็ชอบการฆ่าของตัวเองที่สุด

Aun así, un humor astuto impregnaba algunas de sus cacerías silenciosas.

อย่างไรก็ตาม

อารมณ์ขันอันเจ้าเล่ห์ยังคงปรากฏอยู่ในการล่าเงียบๆ

ของเขาบางครั้ง

Se acercó sigilosamente a las ardillas, pero las dejó escapar.

เขาค่อยๆ คืบคลานเข้าไปใกล้กระรอก

เพียงเพื่อปล่อยให้มันหนีออกไป

Iban a huir hacia los árboles, parloteando con terrible indignación.

พวกมันจะวิ่งหนีเข้าไปในป่าและร้องจ้อด้วยความหวาดกลัว

A medida que llegaba el otoño, los alces comenzaron a aparecer en mayor número.

เมื่อฤดูใบไม้ร่วงมาถึง มูสก็เริ่มปรากฏตัวมากขึ้น

Avanzaron lentamente hacia los valles bajos para encontrarse con el invierno.

พวกเขาเคลื่อนตัวช้าๆ เข้าไปในหุบเขาลึกเพื่อรับมือกับฤดูหนาว

Buck ya había derribado a un ternero joven y perdido.

บัคได้จับลูกวัวหลงตัวหนึ่งลงมาแล้ว

Pero anhelaba enfrentarse a presas más grandes y peligrosas.

แต่เขาปรารถนาที่จะเผชิญหน้ากับเหยื่อที่ใหญ่กว่าและอันตรายยิ่ง
ขึ้น

Un día, en la divisoria, a la altura del nacimiento del arroyo, encontró su oportunidad.

วันหนึ่งบนทางแยกที่ต้นลำธาร เขาพบโอกาสของตน

Una manada de veinte alces había cruzado desde tierras boscosas.

ฝูงมูสจำนวน 20 ตัวได้เดินข้ามมาจากดินแดนป่า

Entre ellos había un poderoso toro; el líder del grupo.

ท่ามกลางพวกมันมีกระทิงตัวใหญ่ตัวหนึ่งซึ่งเป็นจ่าฝูง

El toro medía más de seis pies de alto y parecía feroz y salvaje.

กระทิงตัวนั้นสูงกว่าหกฟุตและดูดุร้ายและดุร้าย

Lanzó sus anchas astas, con catorce puntas ramificándose hacia afuera.

เขาโยนเขาอันกว้างใหญ่ของเขาออกไป ซึ่งมีกิ่งก้าน 14 แฉกแผ่ออกไป

Las puntas de esas astas se extendían siete pies de ancho.

ปลายเขาเหล่านั้นทอดยาวออกไปประมาณเจ็ดฟุต

Sus pequeños ojos ardieron de rabia cuando vio a Buck cerca.

ดวงตาเล็กๆ

ของเขาร้อนรุ่มไปด้วยความโกรธเมื่อเขาเห็นบั๊กอยู่ใกล้ๆ

Soltó un rugido furioso, temblando de furia y dolor.

เขาปล่อยเสียงคำรามอันโกรธจัด

ตัวสั่นด้วยความโกรธและความเจ็บปวด

Una punta de flecha sobresalía cerca de su flanco, emplumada y afilada.

ปลายลูกศรยื่นออกมาใกล้สีข้างลำตัวของเขา มีขนนและแหลมคม

Esta herida ayudó a explicar su humor salvaje y amargado.

บาดแผลนี้ช่วยอธิบายอารมณ์ป่าเถื่อนขมขื่นของเขาได้

Buck, guiado por su antiguo instinto de caza, hizo su movimiento.

บัคซึ่งได้รับแรงบันดาลใจจากสัญชาตญาณการล่าที่เก่าแก่ได้เริ่มเคลื่อนไหว

Su objetivo era separar al toro del resto de la manada.

เขามุ่งหมายที่จะแยกวัวออกจากฝูงที่เหลือ

No fue una tarea fácil: requirió velocidad y una astucia feroz.

นี่ไม่ใช่เรื่องง่ายเลย ต้องใช้ความเร็วและไหวพริบอันเฉียบแหลม

Ladró y bailó cerca del toro, fuera de su alcance.

เขาเห่าและเต้นรำไปใกล้ๆ กระทิง แต่อยู่นอกระยะโจมตี

El alce atacó con enormes pezuñas y astas mortales.

มูสพุ่งออกมาด้วยกีบขนาดใหญ่และเขาอันอันตราย

Un golpe podría haber acabado con la vida de Buck en un instante.

การโจมตีเพียงครั้งเดียวก็สามารถยุติชีวิตของบัคได้ในพริบตา

Incapaz de dejar atrás la amenaza, el toro se volvió loco.

กระทิงไม่อาจละทิ้งภัยคุกคามไว้เบื้องหลังได้ จึงเกิดอาการคลั่ง

Él cargó con furia, pero Buck siempre se le escapaba.

เขาพุ่งเข้ามาด้วยความโกรธ แต่บัคก็หลบหนีไปได้เสมอ

Buck fingió debilidad, lo que lo alejó aún más de la manada.

บัคแสร้งทำเป็นอ่อนแอเพื่อล่อให้ห่างจากฝูงมากขึ้น

Pero los toros jóvenes estaban a punto de atacar para proteger al líder.

แต่ลูกวัวหนุ่มก็กำลังวิ่งกลับมาเพื่อปกป้องจ่าฝูง

Obligaron a Buck a retirarse y al toro a reincorporarse al grupo.

พวกเขาบังคับให้บัคล่าถอยและบังคับให้กระทิงกลับเข้าร่วมกลุ่ม

Hay una paciencia en lo salvaje, profunda e imparable.

ในป่าลึกมีความอดทนอย่างไม่หยุดยั้ง

Una araña espera inmóvil en su red durante incontables horas.

แมงมุมคอยอยู่นิ่งๆ ในใยเป็นเวลานานนับไม่ถ้วน

Una serpiente se enrosca sin moverse y espera hasta que llega el momento.

งูจะขดตัวโดยไม่กระตุก และรอจนกว่าจะถึงเวลา

Una pantera acecha hasta que llega el momento.

เสือดำซุ่มโจมตีอยู่จนกระทั่งถึงเวลา

Ésta es la paciencia de los depredadores que cazan para sobrevivir.

นี่คือความอดทนของผู้ล่าที่ล่าเพื่อเอาชีวิตรอด

Esa misma paciencia ardía dentro de Buck mientras se quedaba cerca.

ความอดทนแบบเดียวกันนี้ยังคงลุกโชนอยู่ภายในตัวบัคขณะที่เขา

อยู่ใกล้ๆ

Se quedó cerca de la manada, frenando su marcha y sembrando el miedo.

เขาอยู่ใกล้ฝูงสัตว์โดยชะลอการเคลื่อนที่ของมันและก่อให้เกิดควา

มกลัว

Provocaba a los toros jóvenes y acosaba a las vacas madres.

เขาแกล้งลูกวัวและรังควานแม่วัว

Empujó al toro herido hacia una rabia más profunda e impotente.

เขาทำให้กระทิงที่บาดเจ็บโกรธจนช่วยตัวเองไม่ได้มากขึ้น

Durante medio día, la lucha se prolongó sin descanso alguno.

การต่อสู้ดำเนินไปนานครึ่งวันโดยไม่ได้พักผ่อนเลย

Buck atacó desde todos los ángulos, rápido y feroz como el viento.

บัคโจมตีจากทุกทิศทุกทางอย่างรวดเร็วและรุนแรงราวกับสายลม

Impidió que el toro descansara o se escondiera con su manada.

เขาควบคุมไม่ให้กระทิงได้พักผ่อนหรือซ่อนตัวอยู่กับฝูง

Buck desgastó la voluntad del alce más rápido que su cuerpo.

บั๊กทำให้ความตั้งใจของมูสหมดไปเร็วกว่าร่างกายของมัน

El día transcurrió y el sol se hundió en el cielo del noroeste.

เมื่อวันผ่านไป พระอาทิตย์ก็ลับขอบฟ้าทางทิศตะวันตกเฉียงเหนือ

Los toros jóvenes regresaron más lentamente para ayudar a su líder.

เหล่ากระทิงหนุ่มหันกลับมาอย่างช้าๆ เพื่อช่วยจ่าฝูงของมัน

Las noches de otoño habían regresado y la oscuridad ahora duraba seis horas.

คืนฤดูใบไม้ร่วงกลับมาอีกครั้ง

และความมืดมิดกินเวลานานถึงหกชั่วโมง

El invierno los estaba empujando cuesta abajo hacia valles más seguros y cálidos.

ฤดูหนาวกำลังผลักดันพวกเขาลงสู่หุบเขาที่ปลอดภัยและอบอุ่นกว่

า

Pero aún así no pudieron escapar del cazador que los retenía.

แต่พวกเขาก็ยังไม่สามารถหลบหนีจากนายพรานที่คอยจับพวกเขาเ

อาไว้ได้

Sólo una vida estaba en juego: no la de la manada, sino la de su líder.

มีเพียงชีวิตเดียวเท่านั้นที่ตกอยู่ในอันตราย ไม่ใช่ของฝูง

แต่เป็นเพียงชีวิตผู้นำของพวกมันเท่านั้น

Eso hizo que la amenaza fuera distante y no su preocupación urgente.

นั่นทำให้ภัยคุกคามนั้นอยู่ห่างไกลและไม่ใช่เรื่องที่พวกเขาต้องกัง

วลอย่างเร่งด่วน

Con el tiempo, aceptaron ese coste y dejaron que Buck se llevara al viejo toro.

เมื่อถึงเวลาพวกเขาก็ยอมรับต้นทุนนี้และปล่อยให้บัคเอากระทิงแก่ตัวนั้นไป

Al caer la tarde, el viejo toro permanecía con la cabeza gacha.

เมื่อพลบค่ำลง กระทิงแก่ก็ยืนก้มหัวลง

Observó cómo la manada que había guiado se desvanecía en la luz que se desvanecía.

เขาเฝ้าดูฝูงสัตว์ที่เขาจูงหายไปในแสงที่กำลังจะดับลง

Había vacas que había conocido, terneros que una vez había engendrado.

มีวัวหลายตัวที่เขาเคยรู้จัก และลูกวัวที่เขาเคยเป็นพ่อ

Había toros más jóvenes con los que había luchado y gobernado en temporadas pasadas.

มีกระทิงหนุ่มอีกหลายตัวที่เขาเคยต่อสู้และปกครองในฤดูกาลที่ผ่านมา

No pudo seguirlos, pues frente a él estaba agazapado nuevamente Buck.

เขาไม่สามารถติดตามพวกเขาไปได้

เพราะก่อนหน้านั้นบัคก็หมอบลงอีกแล้ว

El terror despiadado con colmillos bloqueó cualquier camino que pudiera tomar.

ความหวาดกลัวเขี้ยวที่ไร้ความปราณีปิดกั้นทุกเส้นทางที่เขาอาจเลือกเดิน

El toro pesaba más de trescientos kilos de densa potencia.

กระทิงตัวนี้มีน้ำหนักมากกว่าสามร้อยปอนด์ซึ่งถือเป็นพลังอันหนาแน่น

Había vivido mucho tiempo y luchado con ahínco en un mundo de luchas.

เขาได้มีชีวิตอยู่มายาวนานและต่อสู้ดิ้นรนอย่างหนักในโลกแห่งกา
รดิ้นรน

Pero ahora, al final, la muerte vino de una bestia muy
inferior a él.

บัดนี้ เมื่อถึงที่สุด ความตายก็มาเยือนจากสัตว์ร้ายที่อยู่ต่ำกว่าเขา

La cabeza de Buck ni siquiera llegó a alcanzar las enormes
rodillas del toro.

แม้แต่หัวของบั๊กก็ยังไม่ถึงเข่าข้อใหญ่ๆ ของกระทิงด้วยซ้ำ

A partir de ese momento, Buck permaneció con el toro noche
y día.

ตั้งแต่นั้นเป็นต้นมา

บัคก็อยู่กับกระทิงตัวนี้ทั้งกลางวันและกลางคืน

Nunca le dio descanso, nunca le permitió pastar ni beber.

เขาไม่เคยให้เขาได้พักผ่อน

ไม่เคยอนุญาตให้เขากินหญ้าหรือดื่มน้ำ

El toro intentó comer brotes tiernos de abedul y hojas de
sauce.

กระทิงพยายามกินต้นเบิร์ชและใบหลิวที่ยังอ่อนอยู่

Pero Buck lo ahuyentó, siempre alerta y siempre atacando.

แต่บัคก็ไล่เขาออกไปโดยคอยระวังตัวและโจมตีตลอดเวลา

Incluso ante arroyos que goteaban, Buck bloqueó cada
intento de sed.

แม้แต่ในลำธารที่ไหลหยด

บัคก็ขัดขวางความพยายามที่กระหายน้ำทุกครั้ง

A veces, desesperado, el toro huía a toda velocidad.

บางครั้งเมื่อหมดหวัง วัวก็วิ่งหนีด้วยความเร็วสูงสุด

Buck lo dejó correr, trotando tranquilamente detrás, nunca
muy lejos.

บั๊กปล่อยให้เขาวิ่งไป โดยวิ่งตามหลังอย่างสงบไม่ห่างออกไป

Cuando el alce se detuvo, Buck se acostó, pero se mantuvo listo.

เมื่อมูสหยุดพัก บัคก็นอนลง แต่ยังเตรียมพร้อมอยู่

Si el toro intentaba comer o beber, Buck atacaba con toda furia.

ถ้าหากว่ากระทิงพยายามจะกินหรือดื่ม

บัคก็จะโจมตีด้วยความโกรธเต็มที่

La gran cabeza del toro se hundió aún más bajo sus enormes astas.

หัวอันใหญ่ของกระทิงห้อยต่ำลงใต้เขาอันใหญ่โตของมัน

Su paso se hizo más lento, el trote se hizo pesado, un paso tambaleante.

เขาเริ่มเดินช้าลง และวิ่งเหยาะๆ เหมือนเดินสะดุด

A menudo se quedaba quieto con las orejas caídas y la nariz pegada al suelo.

เขามักยืนนิ่ง โดยมีหูตกและจมูกแนบพื้น

Durante esos momentos, Buck se tomó tiempo para beber y descansar.

ในช่วงเวลานั้นบัคก็หาเวลาดื่มและพักผ่อน

Con la lengua afuera y los ojos fijos, Buck sintió que la tierra estaba cambiando.

บั๊กแลบลิ้นและจ้องตาอย่างจ้องจับใจ

รับรู้ได้ว่าแผ่นดินกำลังเปลี่ยนแปลงไป

Sintió algo nuevo moviéndose a través del bosque y el cielo.

เขาสัมผัสได้ถึงสิ่งใหม่ที่กำลังเคลื่อนที่ผ่านป่าและท้องฟ้า

A medida que los alces regresaban, también lo hacían otras criaturas salvajes.

เมื่อมูสกลับมา สิ่งมีชีวิตอื่น ๆ ในป่าก็กลับมาด้วย

La tierra se sentía viva, con presencia, invisible pero fuertemente conocida.

แผ่นดินนี้รู้สึกมีชีวิตชีวาด้วยสิ่งที่มองไม่เห็นแต่เป็นสิ่งที่รู้จักอย่างชัดเจน

No fue por el sonido, ni por la vista, ni por el olfato que Buck supo esto.

บัครู้เรื่องนี้ไม่ใช่ด้วยเสียง เห็นหรือได้กลิ่น

Un sentimiento más profundo le decía que nuevas fuerzas estaban en movimiento.

ความรู้สึกที่ลึกซึ้งยิ่งขึ้นบอกเขาว่ามีพลังใหม่กำลังเคลื่อนตัว

Una vida extraña se agitaba en los bosques y a lo largo de los arroyos.

ชีวิตแปลกประหลาดเคลื่อนไหวไปทั่วป่าและตามลำธาร

Decidió explorar este espíritu, después de que la caza se completara.

เขาตัดสินใจที่จะสำรวจจิตวิญญาณนี้หลังจากการล่าเสร็จสิ้น

Al cuarto día, Buck finalmente logró derribar al alce.

ในวันที่สี่ บัคก็สามารถนำมูสลงมาได้ในที่สุด

Se quedó junto a la presa durante un día y una noche enteros, alimentándose y descansando.

เขาอยู่กับสัตว์นั้นตลอดทั้งวันทั้งคืนเพื่อกินอาหารและพักผ่อน

Comió, luego durmió, luego volvió a comer, hasta que estuvo fuerte y lleno.

เขากินแล้วก็นอน แล้วก็กินอีก จนกระทั่งเขาแข็งแรงและอิ่ม

Cuando estuvo listo, regresó hacia el campamento y Thornton.

เมื่อเขาพร้อมแล้ว เขาก็หันกลับไปยังค่ายและธอร์นตัน

Con ritmo constante, inició el largo viaje de regreso a casa.

เขาเริ่มออกเดินทางกลับบ้านอันยาวไกลด้วยจังหวะที่มั่นคง

Corría con su incansable galope, hora tras hora, sin desviarse jamás.

เขาวิ่งอย่างไม่รู้จักเหนื่อย ชั่วโมงแล้วชั่วโมงเล่า

ไม่เคยออกนอกเส้นทางแม้แต่น้อย

A través de tierras desconocidas, se movió recto como la aguja de una brújula.

ผ่านดินแดนที่ไม่รู้จัก เขาได้เดินทางตรงไปเหมือนเข็มทิศ

Su sentido de la orientación hacía que el hombre y el mapa parecieran débiles en comparación.

ความรู้สึกของเขาต่อทิศทางทำให้มนุษย์กับแผนที่ดูอ่อนแอเมื่อเปรียบเทียบกัน

A medida que Buck corría, sentía con más fuerza la agitación en la tierra salvaje.

ขณะที่บั๊กวิ่งไป

เขาสัมผัสได้ถึงความปั่นป่วนในดินแดนป่าเถื่อนมากขึ้น

Era un nuevo tipo de vida, diferente a la de los tranquilos meses de verano.

มันเป็นชีวิตแบบใหม่ ไม่เหมือนกับช่วงฤดูร้อนที่แสนสงบ

Este sentimiento ya no llegaba como un mensaje sutil o distante.

ความรู้สึกนี้ไม่ได้มาจากการส่งข้อความที่ละเอียดอ่อนหรือห่างไกลอีกต่อไป

Ahora los pájaros hablaban de esta vida y las ardillas parloteaban sobre ella.

ขณะนี้ นกพูดคุยเกี่ยวกับชีวิตนี้ และกระรอกก็พูดคุยเรื่องนี้ด้วย

Incluso la brisa susurraba advertencias a través de los árboles silenciosos.

แม้แต่สายลมยังกระซิบเตือนผ่านต้นไม้อันเงียบงัน

Varias veces se detuvo y olió el aire fresco de la mañana.

เขาหยุดเพื่อดมกลิ่นอากาศยามเช้าอันสดชื่นหลายครั้ง

Allí leyó un mensaje que le hizo avanzar más rápido.

เขาอ่านข้อความในนั้นซึ่งทำให้เขากระโดดไปข้างหน้าเร็วขึ้น

Una fuerte sensación de peligro lo llenó, como si algo hubiera salido mal.

ความรู้สึกอันตรายอันหนักหน่วงแผ่ซ่านไปทั่วร่างของเขา

ราวกับว่ามีบางอย่างผิดปกติเกิดขึ้น

Temía que se avecinara una calamidad, o que ya hubiera ocurrido.

เขาเกรงว่าภัยพิบัติจะมาถึงหรือได้เกิดขึ้นแล้ว

Cruzó la última cresta y entró en el valle de abajo.

เขาข้ามสันเขาสุดท้ายและเข้าสู่หุบเขาเบื้องล่าง

Se movió más lentamente, alerta y cauteloso con cada paso.

เขาเคลื่อนไหวช้าลงมากขึ้น ระมัดระวังและตื่นตัวทุกก้าว

A tres millas de distancia encontró un nuevo rastro que lo hizo ponerse rígido.

เมื่อออกไปได้สามไมล์ เขาพบเส้นทางใหม่ที่ทำให้เขาเกร็งขึ้น

El cabello de su cuello se onduló y se erizó en señal de alarma.

เส้นผมที่คอของเขาขยับและหยิกด้วยความตื่นตระหนก

El sendero conducía directamente al campamento donde Thornton esperaba.

เส้นทางนำตรงไปยังค่ายที่ธอร์นตันรออยู่

Buck se movió más rápido ahora, su paso era silencioso y rápido.

ตอนนี้บั๊กเคลื่อนไหวเร็วขึ้น ทั้งก้าวเดินที่เงียบและรวดเร็ว

Sus nervios se tensaron al leer señales que otros no verían.

ความกังวลของเขาตึงเครียดขึ้นเมื่อเขาอ่านสัญญาณที่คนอื่นจะมอ

งข้าม

Cada detalle del recorrido contaba una historia, excepto la pieza final.

รายละเอียดแต่ละอย่างในเส้นทางจะบอกเล่าเรื่องราว

ยกเว้นส่วนสุดท้าย

Su nariz le contaba sobre la vida que había transcurrido por allí.

จมูกของเขาบอกเล่าถึงชีวิตที่ผ่านมาทางนี้

El olor le dio una imagen cambiante mientras lo seguía de cerca.

กลิ่นดังกล่าวทำให้เขาเปลี่ยนภาพไปเมื่อเขาเดินตามหลังมาอย่างใ

กล้ชิด

Pero el bosque mismo había quedado en silencio; anormalmente quieto.

แต่ป่าเองก็เงียบสงบลงอย่างผิดปกติ

Los pájaros habían desaparecido, las ardillas estaban escondidas, silenciosas y quietas.

นกหายไปแล้ว กระรอกก็ซ่อนตัวอยู่ เงียบและนิ่ง

Sólo vio una ardilla gris, tumbada sobre un árbol muerto.

เขาเห็นกระรอกสีเทาเพียงตัวเดียวนอนราบอยู่บนต้นไม้ที่ตายแล้ว

La ardilla se mimetizó, rígida e inmóvil como una parte del bosque.

กระรอกกลมกลืนไปกับสภาพแวดล้อมอย่างแข็งทื่อและนิ่งเฉยเห

มือนกับเป็นส่วนหนึ่งของป่า

Buck se movía como una sombra, silencioso y seguro entre los árboles.

บัคเคลื่อนไหวเหมือนเงา เงียบและมั่นใจท่ามกลางต้นไม้

Su nariz se movió hacia un lado como si una mano invisible la tirara.

จมูกของเขากระตุกไปทางด้านข้างราวกับว่ามีมือที่มองไม่เห็นดึง

Se giró y siguió el nuevo olor hasta lo profundo de un matorral.

เขาหันกลับและตามกลิ่นใหม่เข้าไปในพุ่มไม้ลึก

Allí encontró a Nig, que yacía muerto, atravesado por una flecha.

ที่นั่นเขาพบนิกนอนตายอยู่โดยถูกลูกศรแทง

La flecha atravesó su cuerpo y aún se le veían las plumas.

ด้ามดาบทะลุผ่านร่างกายของเขาไปอย่างชัดเจน

โดยที่ขนยังคงปรากฏให้เห็น

Nig se arrastró hasta allí, pero murió antes de llegar para recibir ayuda.

นิคลากตัวเองไปที่นั่น แต่เสียชีวิตก่อนที่จะไปถึงความช่วยเหลือ

Cien metros más adelante, Buck encontró otro perro de trineo.

อีกร้อยหลาถัดมา บัคพบสุนัขลากเลื่อนอีกตัว

Era un perro que Thornton había comprado en Dawson City.

มันเป็นสุนัขที่ Thornton ซื้อกลับมาที่ Dawson City

El perro se encontraba en una lucha a muerte, agitándose con fuerza en el camino.

สุนัขตัวดังกล่าวกำลังดิ้นรนอย่างเอาเป็นเอาตายและวิ่งหนีอย่างสุด ชีวิตไปตามเส้นทาง

Buck pasó a su alrededor, sin detenerse, con los ojos fijos hacia adelante.

บั๊กเดินผ่านเขาไปโดยไม่หยุด และจ้องมองไปข้างหน้า

Desde la dirección del campamento llegaba un canto distante y rítmico.

จากทิศทางของค่าย

มีเสียงสวดมนต์จังหวะอันไพเราะดังขึ้นในระยะไกล

Las voces subían y bajaban en un tono extraño, inquietante y cantarín.

เสียงต่างๆ ขึ้นๆ ลงๆ ในน้ำเสียงที่แปลก น่ากลัว และเป็นเพลง

Buck se arrastró hacia el borde del claro en silencio.

บัคคลานไปข้างหน้าจนถึงขอบของบริเวณโล่งในความเงียบ

Allí vio a Hans tendido boca abajo, atravesado por muchas flechas.

ที่นั่นเขาเห็นฮันส์นอนคว่ำหน้าและถูกยิงธนูจำนวนมาก

Su cuerpo parecía el de un puercoespín, erizado de plumas.

ร่างกายของเขาดูเหมือนเม่นซึ่งมีขนเป็นพวงเต็มไปหมด

En ese mismo momento, Buck miró hacia la cabaña en ruinas.

ขณะเดียวกัน บัคก็มองไปยังกระท่อมที่พังทลาย

La visión hizo que se le erizara el pelo de la nuca y de los hombros.

ภาพที่เห็นนั้นทำให้ขนบนคอและไหล่ของเขาลุกขึ้นแข็ง

Una tormenta de furia salvaje recorrió todo el cuerpo de Buck.

พายุแห่งความโกรธเกรี้ยวรุนแรงพัดผ่านร่างของบัคไปทั้งหมด

Gruñó en voz alta, aunque no sabía que lo había hecho.

เขาขู่เสียงดังแม้ว่าเขาจะไม่รู้ว่าเขาทำไปแล้วก็ตาม

El sonido era crudo, lleno de furia aterradora y salvaje.

เสียงนั้นดิบและเต็มไปด้วยความโกรธเกรี้ยวที่น่ากลัวและป่าเถื่อน

Por última vez en su vida, Buck perdió la razón ante la emoción.

เป็นครั้งสุดท้ายในชีวิตของเขาที่บัคสูญเสียเหตุผลของอารมณ์

Fue el amor por John Thornton lo que rompió su cuidadoso control.

ความรักที่มีต่อจอห์น ธอร์นตัน ทำให้เขาควบคุมตัวเองได้ไม่เต็มที่

Los Yeehats estaban bailando alrededor de la cabaña de abetos en ruinas.

กลุ่ม Yeehats กำลังเต้นรำรอบๆ ต้นสนที่พังยับเยิน

Entonces se escuchó un rugido y una bestia desconocida cargó hacia ellos.

จากนั้นก็มีเสียงคำรามดังขึ้น

และสัตว์ร้ายที่ไม่รู้จักก็พุ่งเข้ามาหาพวกเขา

Era Buck; una furia en movimiento; una tormenta viviente de venganza.

มันคือบัค ความโกรธที่พุ่งพล่าน

เป็นพายุแห่งความแก้แค้นที่ยังคงดำรงอยู่

Se arrojó en medio de ellos, loco por la necesidad de matar.

เขาพุ่งตัวเข้าไปอยู่ท่ามกลางพวกเขา

รู้สึกบ้าคลั่งเพราะความต้องการที่จะฆ่า

Saltó hacia el primer hombre, el jefe Yeehat, y acertó.

เขาพุ่งเข้าหาชายคนแรก หัวหน้า Yeehat

และทำการโจมตีอย่างถูกต้อง

Su garganta fue desgarrada y la sangre brotó a chorros.

ลำคอของเขาถูกฉีกออก และมีเลือดพุ่งออกมาเป็นสาย

Buck no se detuvo, sino que desgarró la garganta del siguiente hombre de un salto.

บั๊กไม่หยุด

แต่กลับฉีกคอชายคนถัดไปด้วยการกระโดดเพียงครั้งเดียว

Era imparable: desgarraba, cortaba y nunca se detenía a descansar.

เขาไม่หยุดยั้ง—ฉีก เฉือน และไม่เคยหยุดพักเลย

Se lanzó y saltó tan rápido que sus flechas no pudieron tocarlo.

เขาได้พุ่งและกระโจนเร็วมากจนลูกศรของพวกเขาไม่สามารถแตะ

ต้องเขาได้

Los Yeehats estaban atrapados en su propio pánico y confusión.

พวก Yeehats ตกอยู่ในความตื่นตระหนกและสับสนของตนเอง

Sus flechas no alcanzaron a Buck y se alcanzaron entre sí.

ลูกศรของพวกเขาพลาดเป้าไปที่บั๊ก แต่กลับถูกกันเองแทน

Un joven le lanzó una lanza a Buck y golpeó a otro hombre.

เยาวชนคนหนึ่งขว้างหอกไปที่บั๊กและถูกชายอีกคน

La lanza le atravesó el pecho y la punta le atravesó la espalda.

หอกแทงทะลุหน้าอกของเขา ปลายหอกแทงทะลุหลังของเขา

El terror se apoderó de los Yeehats y se retiraron por completo.

ความหวาดกลัวเข้าครอบงำกลุ่ม Yeehats

และพวกเขาก็ล่าถอยไปหมด

Gritaron al Espíritu Maligno y huyeron hacia las sombras del bosque.

พวกเขาตะโกนเรียกวิญญาณชั่วร้ายแล้ววิ่งหนีเข้าไปในเงาของป่า

En verdad, Buck era como un demonio mientras perseguía a los Yeehats.

จริงอยู่ บัคเป็นเหมือนปีศาจในขณะที่เขาไล่ตามพวก Yeehats

Él los persiguió a través del bosque, derribándolos como si fueran ciervos.

พระองค์ทรงไล่ตามพวกเขาไปในป่า จนล้มลงเหมือนกวาง

Se convirtió en un día de destino y terror para los asustados Yeehats.

มันกลายเป็นวันที่เต็มไปด้วยโชคชะตาและความหวาดกลัวสำหรับ

เหล่า Yeehats ที่หวาดกลัว

Se dispersaron por toda la tierra, huyendo lejos en todas direcciones.

พวกเขากระจายกันไปทั่วแผ่นดิน หนีไปไกลในทุกทิศทุกทาง

Pasó una semana entera antes de que los últimos supervivientes se reunieran en un valle.

ผ่านไปหนึ่งสัปดาห์เต็มก่อนที่ผู้รอดชีวิตกลุ่มสุดท้ายจะพบกันใน

หุบเขา

Sólo entonces contaron sus pérdidas y hablaron de lo sucedido.

จากนั้นพวกเขาจึงนับความสูญเสียและเล่าถึงสิ่งที่เกิดขึ้น

Buck, después de cansarse de la persecución, regresó al campamento en ruinas.

บัคกลับมายังค่ายที่พังทลายหลังจากเหนื่อยจากการไล่ตาม

Encontró a Pete, todavía en sus mantas, muerto en el primer ataque.

เขาพบพีทยังอยู่ในผ้าห่มเสียชีวิตในการโจมตีครั้งแรก

Las señales de la última lucha de Thornton estaban marcadas en la tierra cercana.

ร่องรอยการต่อสู้ครั้งสุดท้ายของธอร์นตันปรากฏอยู่บนพื้นดินบริ

เวณใกล้เคียง

Buck siguió cada rastro, olfateando cada marca hasta un punto final.

บั๊กเดินตามร่องรอยทุกประการ

ดมกลิ่นแต่ละรอยจนกระทั่งถึงจุดสุดท้าย

En el borde de un estanque profundo, encontró al fiel Skeet, tumbado inmóvil.

ที่ขอบสระน้ำลึก เขาพบสกีตผู้ซื่อสัตย์นอนนิ่งอยู่

La cabeza y las patas delanteras de Skeet estaban en el agua, inmóviles por la muerte.

ศีรษะและอุ้งเท้าหน้าของสกีตจมอยู่ในน้ำ

ไม่ขยับเขยื้อนเพราะความตาย

La piscina estaba fangosa y contaminada por el agua que salía de las compuertas.

สระว่ายน้ำเป็นโคลนและมีน้ำเสียจากกล่องระบายน้ำ

Su superficie nublada ocultaba lo que había debajo, pero Buck sabía la verdad.

พื้นผิวที่มีเมฆมากซ่อนสิ่งที่อยู่ข้างใต้ไว้ แต่บั๊กรู้ความจริง

Siguió el rastro del olor de Thornton hasta la piscina, pero el olor no lo condujo a ningún otro lugar.

เขาตามกลิ่นของธอร์นตันไปจนถึงสระน้ำ—

แต่กลิ่นนั้นไม่ได้พาไปที่อื่นเลย

No había ningún olor que indicara que salía, solo el silencio de las aguas profundas.

ไม่มีกลิ่นใด ๆ ลอยออกมา มีเพียงความเงียบของน้ำลึกเท่านั้น

Buck permaneció todo el día cerca de la piscina, paseando de un lado a otro del campamento con tristeza.

ตลอดทั้งวัน บั๊กอยู่ใกล้สระน้ำ เดินไปมาในค่ายด้วยความโศกเศร้า

Vagaba inquieto o permanecía sentado en silencio, perdido en pesados pensamientos.

เขาเดินเตร่ไปมาอย่างกระสับกระส่าย หรือไม่ก็นั่งนิ่งๆ

จมอยู่กับความคิดหนักๆ

Él conocía la muerte; el fin de la vida; la desaparición de todo movimiento.

พระองค์ทรงรู้จักความตาย ความสิ้นสุดของชีวิต

และความดับไปของการเคลื่อนไหวทั้งปวง

Comprendió que John Thornton se había ido y que nunca regresaría.

เขาเข้าใจว่าจอห์น ธอร์นตันจากไปแล้ว และไม่มีวันกลับมาอีก

La pérdida dejó en él un vacío que palpitaba como el hambre.

ความสูญเสียทิ้งช่องว่างว่างเปล่าไว้ในตัวเขาซึ่งเต้นระรัวเหมือนคว

ามหิวโหย

Pero ésta era un hambre que la comida no podía calmar, por mucho que comiera.

แต่ความหิวนี้ไม่อาจบรรเทาลงได้

ไม่ว่าเขาจะกินมากแค่ไหนก็ตาม

A veces, mientras miraba a los Yeehats muertos, el dolor se desvanecía.

บางครั้งเมื่อเขาได้มองดู Yeehats ที่ตายแล้ว

ความเจ็บปวดก็จางหายไป

Y entonces un orgullo extraño surgió dentro de él, feroz y completo.

และจากนั้นความภาคภูมิใจประหลาดก็เกิดขึ้นในตัวเขา

ดุร้ายและสมบูรณ์แบบ

Había matado al hombre, la presa más alta y peligrosa de todas.

เขาได้ฆ่ามนุษย์ซึ่งเป็นเกมที่สูงส่งและอันตรายที่สุด

IIabía matado desafiando la antigua ley del garrote y el colmillo.

เขาได้ฆ่าคนโดยฝ่าฝืนกฎโบราณว่าด้วยกระบองและเขี้ยว

Buck olió sus cuerpos sin vida, curioso y pensativo.

บั๊กดมร่างไร้วิญญาณของพวกเขาด้วยความอยากรู้และครุ่นคิด

Habían muerto con tanta facilidad, mucho más fácil que un husky en una pelea.

พวกมันตายได้ง่ายมาก—

ง่ายกว่าสุนัขไซบีเรียนฮัสกี้ในการต่อสู้มาก

Sin sus armas, no tenían verdadera fuerza ni representaban una amenaza.

หากปราศจากอาวุธ

พวกเขาก็ไม่มีความแข็งแกร่งหรือภัยคุกคามที่แท้จริง

Buck nunca volvería a temerles, a menos que estuvieran armados.

บัคจะไม่มีวันกลัวพวกเขาอีกต่อไป เว้นแต่ว่าพวกเขาจะมีอาวุธ

Sólo tenía cuidado cuando llevaban garrotes, lanzas o flechas.

เฉพาะเมื่อพวกเขาพกกระบอง หอก

หรือลูกศรเท่านั้นที่เขาจะระวัง

Cayó la noche y la luna llena se elevó por encima de las copas de los árboles.

เมื่อตกกลางคืน พระจันทร์เต็มดวงก็ขึ้นสูงเหนือยอดไม้

La pálida luz de la luna bañaba la tierra con un resplandor suave y fantasmal, como el del día.

แสงจันทร์สลัวสาดส่องไปทั่วแผ่นดินด้วยแสงนวลอ่อนๆ

เหมือนกลางวัน

A medida que la noche avanzaba, Buck seguía de luto junto al estanque silencioso.

เมื่อคืนล่วงเลยไป บัคยังคงโศกเศร้าอยู่ข้างสระน้ำอันเงียบสงัด

Entonces se dio cuenta de que había un movimiento diferente en el bosque.

จากนั้นเขาเริ่มรู้สึกถึงความเคลื่อนไหวที่แตกต่างไปในป่า

El movimiento no provenía de los Yeehats, sino de algo más antiguo y más profundo.

การปลุกเร้านี้ไม่ได้มาจาก Yeehats

แต่มาจากบางสิ่งที่เก่ากว่าและลึกซึ้งกว่า

Se puso de pie, con las orejas levantadas y la nariz palpando la brisa con cuidado.

เขาจึงยืนขึ้น โดยยกหูขึ้นและจมูกคอยทดสอบลมด้วยความระมัด

ระวัง

Desde lejos llegó un grito débil y agudo que rompió el silencio.

จากระยะไกล มีเสียงร้องแหลมๆ ดังขึ้นท่ามกลางความเงียบ

Luego, un coro de gritos similares siguió de cerca al primero.

จากนั้นก็มีเสียงร้องทำนองเดียวกันตามมาติดๆ จากกลุ่มแรก

El sonido se acercaba cada vez más y se hacía más fuerte a cada momento que pasaba.

เสียงนั้นดังใกล้เข้ามาเรื่อยๆ และดังขึ้นเรื่อยๆ

ในแต่ละช่วงเวลาที่ผ่านไป

Buck conocía ese grito: venía de ese otro mundo en su memoria.

บัครู้จักเสียงร้องนี้ดี—

มันมาจากอีกโลกหนึ่งในความทรงจำของเขา

Caminó hasta el centro del espacio abierto y escuchó atentamente.

เขาเดินไปที่ใจกลางของพื้นที่โล่งและฟังอย่างตั้งใจ

El llamado resonó, múltiple y más poderoso que nunca.

เสียงเรียกดังขึ้นหลายครั้งและทรงพลังยิ่งกว่าเดิม

Y ahora, más que nunca, Buck estaba listo para responder a su llamado.

และตอนนี้ บัคพร้อมที่จะตอบรับการเรียกของเขามากกว่าที่เคย

John Thornton había muerto y ya no tenía ningún vínculo con el hombre.

จอห์น ธอร์นตันเสียชีวิตแล้ว และไม่มีความผูกพันใดๆ

ต่อมนุษย์เหลืออยู่ในตัวเขาอีกต่อไป

El hombre y todos sus derechos humanos habían desaparecido: él era libre por fin.

มนุษย์และคำอ้างสิทธิของมนุษย์ทั้งหมดสูญสิ้น—

ในที่สุดเขาก็เป็นอิสระ

La manada de lobos estaba persiguiendo carne como lo hicieron alguna vez los Yeehats.

ฝูงหมาป่ากำลังไล่ล่าเนื้อเช่นเดียวกับที่พวก Yeehats เคยทำ

Habían seguido a los alces desde las tierras boscosas.

พวกเขาติดตามมูสลงมาจากดินแดนที่มีต้นไม้

Ahora, salvajes y hambrientos de presa, cruzaron hacia su valle.

ตอนนี้ พวกมันดุร้ายและหิวโหยเหยื่อ

จึงข้ามเข้าไปในหุบเขาของเขา

Llegaron al claro iluminado por la luna, fluyendo como agua plateada.

พวกเขาไหลเข้ามาในทุ่งโล่งที่มีแสงจันทร์เหมือนน้ำสีเงิน

Buck permaneció quieto en el centro, inmóvil y esperándolos.

บัคยืนนิ่งอยู่ตรงกลาง ยืนรอพวกเขา

Su tranquila y gran presencia dejó a la manada en un breve silencio.

การปรากฏตัวอันสงบนิ่งและยิ่งใหญ่ของเขาทำให้ฝูงสัตว์ตะลึงจน

เงียบไปชั่วขณะ

Entonces el lobo más atrevido saltó hacia él sin dudarlo.

จากนั้นหมาป่าที่กล้าหาญที่สุดก็กระโจนเข้าหาเขาโดยไม่ลังเล

Buck atacó rápidamente y rompió el cuello del lobo de un solo golpe.

บั๊กโจมตีอย่างรวดเร็วและหักคอหมาป่าได้ในครั้งเดียว

Se quedó inmóvil nuevamente mientras el lobo moribundo se retorcía detrás de él.

เขาหยุดนิ่งอีกครั้งขณะที่หมาป่าที่กำลังจะตายบิดตัวอยู่ข้างหลังเขา

Tres lobos más atacaron rápidamente, uno tras otro.

หมาป่าอีกสามตัวโจมตีอย่างรวดเร็วตัวต่อตัว

Todos retrocedieron sangrando, con la garganta o los hombros destrozados.

แต่ละคนถอยหนีไปโดยมีเลือดไหล และคอและไหล่ถูกเฉือน

Eso fue suficiente para que toda la manada se lanzara a una carga salvaje.

นั่นเพียงพอที่จะกระตุ้นให้กลุ่มทั้งหมดเข้าสู่การโจมตีแบบดุเดือด

Se precipitaron juntos, demasiado ansiosos y apiñados para golpear bien.

พวกเขารีบวิ่งเข้ามาด้วยกันด้วยความกระหายและแออัดจนไม่สามารถโจมตีได้ดี

La velocidad y habilidad de Buck le permitieron mantenerse por delante del ataque.

ความเร็วและทักษะของบัคทำให้เขาอยู่เหนือการโจมตีได้

Giró sobre sus patas traseras, chasqueando y golpeando en todas direcciones.

เขาหมุนตัวด้วยขาหลัง เหวี่ยงออกไปและโจมตีไปในทุกทิศทาง

Para los lobos, esto parecía como si su defensa nunca se abriera ni flaqueara.

สำหรับหมาป่า

ดูเหมือนการป้องกันของเขาจะไม่เคยเปิดหรือล้มเหลวเลย

Se giró y atacó tan rápido que no pudieron alcanzarlo.

เขาหันตัวและฟันอย่างรวดเร็วมากจนพวกเขาไม่สามารถตามหลังเขาไปได้

Sin embargo, su número le obligó a ceder terreno y retroceder.

อย่างไรก็ตาม

จำนวนของพวกเขาทำให้เขาต้องยอมแพ้และถอยกลับ

Pasó junto a la piscina y bajó al lecho rocoso del arroyo.

เขาเดินผ่านสระน้ำและลงไปในลำธารที่มีหิน

Allí se topó con un empinado banco de grava y tierra.

ที่นั่นเขามาถึงเนินดินและกรวดชัน

Se metió en un rincón cortado durante la antigua excavación de los mineros.

เขาก้าวเข้าไปในทางตัดมุมระหว่างการขุดของคนงานเหมือง

Ahora, protegido por tres lados, Buck se enfrentaba únicamente al lobo frontal.

ตอนนี้ได้รับการปกป้องจากสามด้าน

บัคเผชิญหน้ากับหมาป่าด้านหน้าเท่านั้น

Allí se mantuvo a raya, listo para la siguiente ola de asalto.

เขายืนอยู่ตรงนั้น เตรียมพร้อมสำหรับการโจมตีระลอกต่อไป

Buck se mantuvo firme con tanta fiereza que los lobos retrocedieron.

บั๊กยืนหยัดอย่างแข็งแกร่งจนทำให้หมาป่าถอยหนี

Después de media hora, estaban agotados y visiblemente derrotados.

หลังจากผ่านไปครึ่งชั่วโมง

พวกเขาก็หมดแรงและพ่ายแพ้อย่างเห็นได้ชัด

Sus lenguas colgaban y sus colmillos blancos brillaban a la luz de la luna.

ลิ้นของพวกเขาห้อยออกมา

เขี้ยวสีขาวของพวกเขาเป็นประกายในแสงจันทร์

Algunos lobos se tumbaron, con la cabeza levantada y las orejas apuntando hacia Buck.

หมาป่าบางตัวนอนลง โดยยกหัวขึ้นและหูชี้ไปทางบัค

Otros permanecieron inmóviles, alertas y observando cada uno de sus movimientos.

คนอื่นๆ ยืนนิ่งเฉย คอยระวังและเฝ้าดูทุกการเคลื่อนไหวของเขา

Algunos se acercaron a la piscina y bebieron agua fría.

ไม่กี่คนเดินไปที่สระว่ายน้ำและดื่มน้ำเย็นๆ

Entonces un lobo gris, largo y delgado, se acercó sigilosamente.

จากนั้น

หมาป่าสีเทาตัวยาวผอมตัวหนึ่งก็คืบคลานไปข้างหน้าอย่างอ่อนโยน

Buck lo reconoció: era el hermano salvaje de antes.

บัคจำเขาได้—เป็นพี่ชายป่าเถื่อนคนเดิม

El lobo gris gimió suavemente y Buck respondió con un gemido.

หมาป่าสีเทาส่งเสียงครางเบาๆ และบัคก็ตอบกลับด้วยเสียงคราง

Se tocaron las narices, en silencio y sin amenaza ni miedo.

พวกเขาสัมผัสจมูกกันอย่างเงียบ ๆ

โดยไม่มีภัยคุกคามหรือความกลัวใด ๆ

Luego vino un lobo más viejo, demacrado y lleno de cicatrices por muchas batallas.

ถัดมาคือหมาป่าแก่ตัวหนึ่ง

มันผอมโซและมีรอยแผลเป็นจากการสู้รบหลายครั้ง

Buck empezó a gruñir, pero se detuvo y olió la nariz del viejo lobo.

บั๊กเริ่มขู่คำราม แต่หยุดลงแล้วดมจมูกของหมาป่าแก่ตัวนั้น

El viejo se sentó, levantó la nariz y aulló a la luna.

เจ้าคนแก่ก็นั่งลง ยกจมูกขึ้น และหอนไปทางดวงจันทร์

El resto de la manada se sentó y se unió al largo aullido.

ส่วนที่เหลือของฝูงนั่งลงและร่วมส่งเสียงหอนยาวๆ

Y ahora el llamado llegó a Buck, inconfundible y fuerte.

และตอนนี้เสียงเรียกก็มาถึงบัค ซึ่งชัดเจนและหนักแน่น

Se sentó, levantó la cabeza y aulló con los demás.

เขาลงนั่งยกหัวขึ้นและโวยวายพร้อมกับคนอื่นๆ

Cuando terminaron los aullidos, Buck salió de su refugio rocoso.

เมื่อเสียงหอนจบลง

บัคก็ก้าวออกมาจากที่กำบังที่เต็มไปด้วยหินของเขา

La manada se cerró a su alrededor, olfateando con amabilidad y cautela.

ฝูงสัตว์เดินเข้ามาหาเขาโดยดมกลิ่นอย่างใจดีและระมัดระวัง

Entonces los líderes dieron un grito y salieron corriendo hacia el bosque.

จากนั้นหัวหน้าก็ส่งเสียงร้องและวิ่งหนีเข้าไปในป่า

Los demás lobos los siguieron, aullando a coro, salvajes y rápidos en la noche.

หมาป่าตัวอื่นๆ

ร้องตามและร้องเป็นเสียงเดียวกันอย่างดุร้ายและรวดเร็วในยามค่ำคืน

Buck corrió con ellos, al lado de su hermano salvaje, aullando mientras corría.

บั๊กวิ่งไปกับพวกเขา ข้างๆ น้องชายป่าของเขา

พร้อมกับส่งเสียงหอนไปด้วย

Aquí la historia de Buck llega bien a su fin.

คราวนี้เรื่องราวของบัคคงใกล้จะจบลงแล้ว

En los años siguientes, los Yeehat notaron lobos extraños.

ในปีต่อๆ มา Yeehats ได้สังเกตเห็นหมาป่าประหลาดๆ

Algunos tenían la cabeza y el hocico de color marrón y el pecho de color blanco.

บางตัวมีสีน้ำตาลบนหัวและปาก และมีสีขาวบนหน้าอก

Pero aún más temían una figura fantasmal entre los lobos.

แต่สิ่งที่เลวร้ายกว่านั้น พวกเขายังกลัวร่างผีๆ ในหมู่หมาป่าอีกด้วย

Hablaban en susurros del Perro Fantasma, líder de la manada.

พวกมันพูดคุยกันด้วยเสียงกระซิบถึงสุนัขผี ผู้เป็นจ่าฝูง

Este perro fantasma tenía más astucia que el cazador Yeehat más audaz.

สุนัขผีตัวนี้มีความฉลาดแกมโกงมากกว่านักล่า Yeehat

ที่กล้าหาญที่สุด

El perro fantasma robó de los campamentos en pleno invierno y destrozó sus trampas.

สุนัขผีขโมยของจากค่ายในช่วงฤดูหนาวที่หนาวจัด

และฉีกกับดักของพวกมันออกเป็นชิ้นๆ

El perro fantasma mató a sus perros y escapó de sus flechas sin dejar rastro.

สุนัขผีฆ่าสุนัขของพวกเขาและหนีจากลูกศรของพวกเขาได้อย่างไร้ร่องรอย

Incluso sus guerreros más valientes temían enfrentarse a este espíritu salvaje.

แม้กระทั่งนักรบที่กล้าหาญที่สุดของพวกเขาก็ยังกลัวที่จะเผชิญหน้ากับวิญญาณป่าเถื่อนนี้

No, la historia se vuelve aún más oscura a medida que pasan los años en la naturaleza.

ไม่ เรื่องราวยิ่งมืดมนมากขึ้นเมื่อกาลเวลาผ่านไปในป่า

Algunos cazadores desaparecen y nunca regresan a sus campamentos distantes.

นักล่าบางคนหายตัวไปและไม่เคยกลับไปยังค่ายที่อยู่ห่างไกลอีกเลย

Otros aparecen con la garganta abierta, muertos en la nieve.

ส่วนคนอื่นๆ ถูกพบมีคอฉีกขาด ถูกฆ่าในหิมะ

Alrededor de sus cuerpos hay huellas más grandes que las que cualquier lobo podría dejar.

รอบตัวพวกมันมีรอยเท้าซึ่งใหญ่เกินกว่าหมาป่าตัวไหนจะขีดได้

Cada otoño, los Yeehats siguen el rastro del alce.

ในฤดูใบไม้ร่วงทุกๆ ปี นก Yeehats จะเดินตามรอยของกวางมูส

Pero evitan un valle con el miedo grabado en lo profundo de sus corazones.

แต่พวกเขาหลีกเลี่ยงหุบเขาแห่งหนึ่งเพราะความกลัวฝังลึกอยู่ในใจพวกเขา

Dicen que el valle fue elegido por el Espíritu Maligno para vivir.

พวกเขาบอกว่าหุบเขานี้ถูกวิญญาณชั่วร้ายเลือกให้เป็นบ้านของเขา

Y cuando se cuenta la historia, algunas mujeres lloran junto al fuego.

และเมื่อนิทานเรื่องนี้ถูกเล่าขึ้นก็มีผู้หญิงบางคนร้องไห้อยู่ข้างกองไฟ

Pero en verano, un visitante llega a ese tranquilo valle sagrado.

แต่ในฤดูร้อนจะมีผู้มาเยือนหนึ่งคนมาเยือนหุบเขาอันเงียบสงบและศักดิ์สิทธิ์แห่งนี้

Los Yeehats no saben de él, ni tampoco pueden entenderlo.

ชาวเยฮัต ไม่รู้จักเขา และพวกเขาก็ไม่เข้าใจเช่นกัน

El lobo es grande, revestido de gloria, como ningún otro de su especie.

หมาป่าเป็นสัตว์ที่ยิ่งใหญ่ มีขนอันสง่างาม

ไม่เหมือนกับหมาป่าตัวอื่น

Él solo cruza el bosque verde y entra en el claro.

เขาเพียงคนเดียวที่ข้ามจากป่าเขียวขจีและเข้าสู่ป่าโปร่ง

Allí, el polvo dorado de los sacos de piel de alce se filtra en el suelo.

มีฝุ่นสีทองจากกระสอบหนังมูสซึมซาบลงไปในดิน

La hierba y las hojas viejas han ocultado el amarillo al sol.

หญ้าและใบไม้เก่าซ่อนความเหลืองจากแสงแดด

Aquí, el lobo permanece en silencio, pensando y recordando.

ที่นี่หมาป่ายืนนิ่งคิดและจดจำ

Aúlla una vez, largo y triste, antes de darse la vuelta para irse.

เขาคร่ำครวญครั้งหนึ่งยาวนานและ โศกเศร้า ก่อนจะหันหลังไป

Pero no siempre está solo en la tierra del frío y la nieve.

แต่เขาไม่ได้อยู่คนเดียวในดินแดนแห่งความหนาวเย็นและหิมะเสมอไป

Cuando las largas noches de invierno descienden sobre los valles inferiores.

เมื่อคืนฤดูหนาวอันยาวนานปกคลุมหุบเขาด้านล่าง

Cuando los lobos persiguen a la presa a través de la luz de la luna y las heladas.

เมื่อหมาป่าติดตามเกมผ่านแสงจันทร์และน้ำค้างแข็ง

Luego corre a la cabeza del grupo, saltando alto y salvajemente.

จากนั้นเขาก็วิ่ง ไปอยู่หัวฝูงพร้อมกระ โดดสูงและดุร้าย

Su figura se eleva sobre las demás y su garganta está llena de canciones.

รูปร่างของเขาดูสูงกว่าคนอื่นๆ ลำคอของเขาเต็มไปด้วยเสียงเพลง

Es la canción del mundo más joven, la voz de la manada.

เป็นเพลงของโลกเยาวชน เป็นเสียงของฝูง

Canta mientras corre: fuerte, libre y eternamente salvaje.

เขาร้องเพลงขณะวิ่ง—แข็งแกร่ง อิสระ และดุร้ายตลอดไป

www.ingramcontent.com/pod-product-compliance
Lightning Source LLC
Chambersburg PA
CBHW011725020426
42333CB00024B/2733
* 9 7 8 1 8 0 5 7 2 8 7 3 3 *